中國學術思想 研究輯刊

二十編

林慶彰 主編

第 10 冊

歐陽修《詩本義》研究新探
——重估漢宋《詩經》學的轉變與意義（下）

陳戰峰 著

花木蘭文化出版社

國家圖書館出版品預行編目資料

歐陽修《詩本義》研究新探——重估漢宋《詩經》學的轉變與
意義（下）／陳戰峰 著 — 初版 — 新北市：花木蘭文化出版社，
2015〔民104〕
目 4+162 面；19×26 公分
（中國學術思想研究輯刊 二十編；第 10 冊）
ISBN 978-986-322-999-5（精裝）
1. 詩經 2. 研究考訂
030.8   103026837

ISBN-978-986-322-999-5

9 789863 229995

中國學術思想研究輯刊
二十編 第 十 冊   ISBN：978-986-322-999-5

歐陽修《詩本義》研究新探
——重估漢宋《詩經》學的轉變與意義（下）

作　　者　陳戰峰
主　　編　林慶彰
總 編 輯　杜潔祥
副總編輯　楊嘉樂
編　　輯　許郁翎
出　　版　花木蘭文化出版社
社　　長　高小娟
聯絡地址　235 新北市中和區中安街七二號十三樓
　　　　　電話：02-2923-1455／傳真：02-2923-1452
網　　址　http://www.huamulan.tw 信箱 hml810518@gmail.com
印　　刷　普羅文化出版廣告事業
封面設計　劉開工作室
初　　版　2015 年 3 月
定　　價　二十編 21 冊（精裝）台幣 38,000 元

歐陽修《詩本義》研究新探
——重估漢宋《詩經》學的轉變與意義(下)

陳戰峰　著

目 次

第五章 《詩本義》與三家《詩》的關係

　　歐陽修《詩本義》與三家《詩》的具體關係，歷來是《詩經》學研究中的薄弱環節。這裡有兩個方面需要關注：一是歐陽修接受三家《詩》的具體途徑，比如《文選注》、《史記集解》等；一是《詩本義》中明顯採用三家《詩》的說法，而拋卻了毛、鄭的看法，如《關雎》等。這種考察的學術意義在於，三家《詩》雖然在清代成為學者關注的重要學術內容之一，南宋王應麟《詩考》較早系統考察了三家《詩》的問題，並為後來三家《詩》研究奠定了基礎，據王應麟《詩考》序言稱是受到了朱熹的啟發。如果從學術思想發展的實際考察，在《詩經》學史上，較早注意到三家《詩》的意義，不拘門戶之見，率先開創融合今古文《詩經》學，並以三家《詩》成果辨析清理毛鄭《詩經》學得失，從而開闢《詩經》研究的新局面，不能不首先從歐陽修算起。在以往的研究成果中，對這方面關注不夠，有必要予以補充和澄清。

第一節　宋代《詩經》學與三家《詩》的關係

　　與其他經典不同，《詩經》文本具有一定的文學性，語言含蓄，有節奏和詩意，研究者通過涵泳體味、誦讀深思的方式，會在不同程度上觸及和折射出其文學性，如清代的「獨立思考派」等。但如果考慮到《詩經》學自身的學術變遷史，則不能不關注宋代學者對齊、魯、韓三家《詩》及其中解《詩》的心性義理萌芽的重視，這是滋生和助長《詩經》學新風氣的土壤。這個問題，已引起了學者們的重視，「自漢儒把『情性』範疇引入《詩》學，『情性』便成為了中國古代詩學重點關注的對象。圍繞著對情性的討論又產生了一系

列詩學命題。宋代《詩》學的變革與發展，與情性問題的深入研究密不可分」
〔註1〕。

　　據典籍（如《隋書‧經籍志》、《經典釋文‧敘錄》及宋人的一些序跋）
記載，齊《詩》亡於魏，魯《詩》亡於西晉，韓《詩》亡於五代之際或北宋，
《韓詩外傳》雖存，但無傳之者，並因篇目與《漢書‧藝文志》不符而受到
一些學者的懷疑，如范處義、陳振孫等。但是在《史記》、《漢書》、《後漢書》、
《文選》等典籍的注解中存在著大量的三家《詩》的章句，朱熹已經注意到
這個問題，在他的啓發下，王應麟著手考訂，撰成《詩考》（《詩考‧序》），
開創了三家《詩》輯佚研究的風氣，在清代蔚然成爲顯學〔註2〕。而在宋代重
視三家《詩》的學者遠不止朱、王二人，不少人曾經涉獵或對其較熟悉，打
破《毛詩》封閉獨尊的局面而對其《序》、《傳》、《箋》加以理性的反思，三
家《詩》鳳毛麟角的客觀反駁和啓發不容忽視和低估，其中的心性義理解釋
萌芽更值得重視。

　　宋代《詩經》學的復興與轉向和對三家《詩》的關注與吸納有關。皮錫瑞
承認「朱子《集傳》，間本三家，實亦有勝於毛鄭者。而漢宋強爭，今古莫辨」
〔註3〕，胡樸安認爲「惟有一語，可斷言者，三家《詩》之必非合於《詩》之
本義是也。三家《詩》既不合於《詩》之本義；則後人本三家《詩》之遺說，
以駁《毛傳》者，可謂失所依據矣」〔註4〕，胡氏堅信《詩序》、《毛傳》〔註5〕，
之所以這樣批評，針對的正是宋代《詩經》學。可見他們已捕捉到宋代《詩經》
學與三家《詩》之間的蛛絲馬蹟。洪邁說：「今惟存《外傳》十卷。慶曆中，將
作監主簿李用章序之，命工刊刻於杭。」〔註6〕根據洪邁的記載，在慶曆年間，
依然在刊刻《韓詩外傳》十卷本，而這個時期正是宋代疑經、疑古思潮的興盛

〔註1〕譚德興《試論程顥程頤的〈詩〉學思想》，載中國詩經學會編：《詩經研究叢
　　　　刊》（第六輯），第108頁。
〔註2〕清代有范家相《三家詩拾遺》、丁晏《三家詩補注》、馮登府《三家詩異文疏
　　　　證》、阮元《三家詩補遺》、陳喬樅《三家詩遺說考》與《四家詩異文考》等。
〔註3〕〔清〕皮錫瑞撰《經學通論》二《詩經‧論〈詩〉比他經尤難明其難明者有八》，
　　　　第2頁。
〔註4〕胡樸安著《詩經學》，商務印書館，1928年初版，1933年第1版，第69頁。
〔註5〕胡樸安著《詩經學》，商務印書館，1928年初版，1933年第1版，第21、69
　　　　頁。
〔註6〕〔宋〕洪邁著《容齋隨筆‧容齋續筆》卷八《韓嬰詩》，上海：上海古籍出版
　　　　社，1996年版，第310頁。

期，也是《詩經》學新風氣的形成時期。不能不說《韓詩外傳》（及《魯詩》、《齊詩》斷章）與宋代《詩經》研究新風之間存在著一種關聯。

因此，注重《詩經》心性義理致思，可溯源於三家《詩》，尤其是齊《詩》的情性觀。這也是合乎邏輯的自然的過程，當然三家《詩》（尤其是齊《詩》）解《詩》是有一定自由度的。

一、三家《詩》的心性義理解《詩》萌芽

宋代《詩經》學在一定程度上突出了宋學注重心性義理的特點，而這種旨趣在漢代《詩經》研究中也時有反映。前文已指出，今已有學者注意到漢宋《詩經》學關於「情性」討論的內在聯繫。在此，僅針對三家《詩》的心性義理觀點略作分述。

司馬遷指出「《詩》三百篇，大抵賢聖發憤之所為作也」，突出了《詩經》作品和創作者心境性情的關係，「人皆意有所鬱結，不得通其道也，故述往事，思來者」〔註7〕，揭示詩作是意有所淤塞的產物，並藉以宣泄通暢鬱結的意。後來劉歆認為「《詩》以言情。情者，性之符也」〔註8〕，一方面揭示了《詩》「言情」的本質，較先秦至漢初的「言志」更加具體，並開啓了魏晉南北朝「詩緣情而綺靡」的「緣情」詩說；另一方面突顯了情與性內外相符的關係，「情者，性之符也」。這個論述儘管還很粗疏，但性與情的關係後來被理學家奢談，認為性靜情動，本於人心，性發而為情，所以李侗等人便教導人要觀情未發之前的心的氣象，即觀性，自然較劉歆的說法要深刻細膩的多，可視為對「情者，性之符也」的深化。

借《詩》以寄寓和闡述倫理綱常的義理，在漢代《詩》說中也能找到痕跡，並有和心性結合在一起加以討論的情況。「《春秋》之元，《詩》之《關雎》，《禮》之《冠》、《昏（婚）》，《易》之《乾》、《坤》，皆慎始敬終云爾」（《大戴禮·保傅篇》），就將《詩經》中的《關雎》和注重心性的「慎始敬終」聯繫起來，「慎」「敬」以後成為理學家工夫論或實踐論的重要內容。班固說「有五常之道，故曰五經，《樂》仁《書》義《禮》禮《易》智《詩》信也，人情有五性，懷五常，不能自成，是以聖人象天五常之道，而明之以教人，成其

〔註7〕《史記》卷一百三十《太史公自序第七十》。
〔註8〕〔清〕朱彝尊編，朱昆田校《經義考》卷九十八，乾隆四十二年（1777年）本，第1頁。

德也」(《白虎通德論·五經》),也是以「信」來標誌《詩》的倫理特徵,並將包括「信」的「五常」與「五性」相聯繫。

這種情形在《齊詩》〔註9〕和緯書中比較多見。

翼奉說「《詩》有五際,君臣、父子、兄弟、夫婦、朋友」〔註10〕,此條不見於今之《漢書·翼奉傳》〔註11〕,不知所自,或是竄入了應劭的注解文字〔註12〕。其中的「五際」即後來常說的「五常」,五種社會倫理道德,包括「三綱」,當然據周予同先生《經學歷史》注,認為「三綱」的說法出自《禮緯·含文嘉》〔註13〕。關於「五際」,一般多根據顏師古的注和《詩緯·氾曆樞》解為陰陽更替的五個階段。顏師古的注為「陰陽始終際會之歲,於此則有變改之政也」,《詩緯·氾曆樞》作「亥為革命,一際也。亥又為天門,出入候聽,二際也。卯為陰陽交際,三際也。午為陽謝陰興,四際也。酉為陰盛陽微,五際也」〔註14〕。翼奉還說:

> 臣聞之於師曰,天地設位,懸日月,布星辰,分陰陽,定四時,列五行,以視聖人,名之曰道。聖人見道,然後知王治之象,故畫州土,建君臣,立律曆,陳成敗,以視賢者,名之曰經。賢者見經,然後知人道之務,則《詩》、《書》、《易》、《春秋》、《禮》、《樂》是也。《易》有陰陽,《詩》有五際,《春秋》有災異,皆列終始,推得失,考天心,以言王道之安危。〔註15〕

在天人相與的總體框架下,構設了一個由道至經的「見道」「明道」過程,閱讀經籍的目的是「知人道」,無怪他強調「詩之為學,情性而已」〔註16〕。值得注意的是這段文字中「考天心」的「天心」也是宋代《詩經》學常見的語彙。「天心」的概念在朱熹《詩經集傳》、袁燮《絜齋毛詩經筵講義》、戴溪《續

〔註9〕 屬於皮錫瑞所說「漢有一種天人之學而齊學尤盛」的「齊學」(《經學歷史》,第106頁)。

〔註10〕 〔清〕朱彝尊編,朱昆田校《經義考》卷九十八,乾隆四十二年(1777年)本,第2頁。

〔註11〕 《漢書·翼奉傳》僅作「《詩》有五際」。

〔註12〕 《漢書》卷七十五《睢兩夏侯京翼李傳第四十五·翼奉》。

〔註13〕 〔清〕皮錫瑞著,周予同注釋《經學歷史》,北京:中華書局,1959年版,第112頁。「三綱謂:君為臣綱,父為子綱,夫為妻綱。」

〔註14〕 〔清〕皮錫瑞著,周予同注釋《經學歷史》,北京:中華書局,1959年版,第107頁。

〔註15〕 《漢書》卷七十五《睢兩夏侯京翼李傳第四十五·翼奉》。

〔註16〕 《漢書》卷七十五《睢兩夏侯京翼李傳第四十五·翼奉》。

呂氏家塾讀詩記》中尤爲常見，也常見於謝枋得《詩傳注疏》等中。

　　《詩緯‧含神霧》明確地說「《詩》者，天地之心，君德之祖，百福之宗，萬物之戶也」，又說「詩者，持也。在於敦厚之教，自持其心；諷刺之道，可以扶持邦家者也」〔註17〕。前者指出《詩經》在天地、君德、百福、萬物四個方面的根本、起源、途徑意義；後者強調《詩經》在「自持其心」與「扶持邦家」方面的心性義理功能，劉勰明顯受到這種看法的影響，認爲「言之文也，天地之心哉」、「詩者，持也，持人情性」〔註18〕，這一點被宋代《詩經》學繼承下來並作了進一步發揮。《春秋演孔圖》說「《詩》含五際六情」〔註19〕，《春秋說‧題辭》說「《詩》者，天文之精，生辰之度，人心之操也。在事爲詩，未發爲謀，恬淡爲心，思慮爲志，故詩之爲言志也」〔註20〕，都指出《詩》具有操持心性的功能。

　　探討《詩經》的心性義理功能，往往和關於《詩》「歌」和「詩」、「樂」和「徒」本質的討論聯繫在一起。唐代成伯璵《毛詩指說》也說：

　　　　《詩‧含神霧》云：「詩者，持也。在於敦厚之教，自持其心；諷刺之道，可以扶持邦家者也。」鄭玄云：「詩者，承也。政善則下民承而贊詠之，政惡則諷刺之。」梁簡文云：「詩者，思也，辭也。發慮在心謂之思，言見其懷抱者也。在辭爲詩，在樂爲歌，其本一也。」故云「好作歌以訊之」，是也。詩人先繫其辭，然後播之樂曲。大（太）康之亂，五子之歌，文近於詩，載於夏典；殷湯之盛而有頌聲，文武克成王業，周公能致太平，四始六義，煥然昭著。幽屬板蕩，則變雅著。自茲以往，美刺相雜矣。〔註21〕

這裡涉及的問題比較多，除承繼有漢代「風雅正變」的認識外，對詩和歌的關係作了辨析〔註22〕，認爲他們只是載體和方式不同，而根本是一致的，都

〔註17〕〔清〕朱彝尊編，朱昆田校《經義考》卷九十八，乾隆四十二年（1777年）本，第1頁。

〔註18〕分別見於《文心雕龍》《原道》、《明詩》篇。

〔註19〕《經義考》卷九十八，乾隆四十二年（1777年）本，第2頁。朱彝尊並按：「即六義也。」

〔註20〕〔清〕朱彝尊編，朱昆田校《經義考》卷九十八，乾隆四十二年（1777年）本，第2頁。

〔註21〕〔唐〕成伯璵撰《毛詩指說‧解說第二》，文淵閣《四庫全書》（第70冊），第171頁。按：「載於夏典」指《尚書》中的《夏書‧五子之歌》。

〔註22〕成伯璵還認爲「《虞書》曰：『工以納言，時而颺之。』此君臣相戒，歌詩之

是人們情思的表現，所以詩的「樂歌」和「徒歌」、「徒詩」的問題還不突出，而在宋代這個問題就因對漢代以禮解《詩》的懷疑而變得尖銳起來。

主張「聲歌之說」者（如鄭樵等）所反對的正是漢代拘泥於文字進行解說的方法和現象。如果詩爲樂歌，則文字後起，文字與聲歌之間無必然的對應聯繫，當然，這種觀點已將口頭語言和書面文字的關係絕對化而使其對立起來。但宋代學者的初衷是反對和突破已有的成說，認爲從本來就不可靠的文字再去解讀義理，自然是緣木求魚和謬以千里了。這種認識也啓示了宋代以理解《詩》的簡約與不拘泥文字的風氣，儘管他們並不輕視文字。

對詩的定義的回顧，使人們認識到《詩》的義理闡發傳統的深遠，而注重心性已是其中應有之義，宋代學者（特別是理學家）側重其中心性修齊之理的集中突破本是有基礎的。

二、宋代重視三家《詩》的學者及觀點

《魯詩》、《齊詩》、《韓詩》，班固〔註23〕認爲它們「咸非其本義」，「孔子純取周詩，上採殷，下取魯，凡三百五篇，遭秦而全者，以其諷誦，不獨在竹帛故也。漢興，魯申公爲《詩》訓故，而齊轅固、燕韓生皆爲之傳。或取《春秋》，採雜說，咸非其本義。與不得已，魯最爲近之。三家皆列於學官。又有毛公之學，自謂子夏所傳，而河間獻王好之，未得立」〔註24〕。至於班固判斷的標準今已難考，但似乎是有「本義」的，不過，可以肯定的是他也沒有將這個「本義」賦予《毛詩》，宋代歐陽修即從此著手（參見第二章《〈詩本義〉的「本義」問題與歐陽修「道」論思想》），後成爲有宋三百年學者的共同追求。如果和其他解《詩》的學者比較一下，我們會發現，宋代《詩經》研究是以不同層次的恢復「本義」爲旨歸的，歐陽修和蘇轍還更多側重詩的

漸也。詩發於言，言繫乎辭，裁成曲度，謂之文章，引而伸之，以成歌詠。歌有折衷，音有清濁，音律相諧，即樂之用也」（〔唐〕成伯璵撰《毛詩指說・文體第四》，文淵閣《四庫全書》（第70冊），第177頁）。

〔註23〕如《漢書・藝文志》抄襲劉歆《七略》成立，也可以代表劉歆父子（《七略》本於劉向的《別錄》）的觀點。但向、歆是楚元王後代，久習《魯詩》，漢代注重師法和家法，似不應有菲薄之語。元王與申公又同師浮丘伯，元王並作《元王詩》，或與《魯詩》不遠，或略有新義，「元王好《詩》，諸子皆讀《詩》，申公始爲《詩》傳，號《魯詩》。元王亦次之《詩》傳，號曰《元王詩》，世或有之」（《漢書・楚元王傳》）。

〔註24〕《漢書》卷三十《藝文志第十》。

表層義，即合乎人情事理的詩歌意義層次，而朱熹等南宋學者已進入所謂的深層義，即天理心性層次，銜接二者的則是王安石和程頤、張載等，這是我們從思想學術史角度考察宋代《詩經》學發展概況的整體認識。

三家《詩》中，《齊詩》與《魯詩》亡佚較早。「《齊詩》，魏代已亡；《魯詩》亡於西晉；《韓詩》雖存，無傳之者」〔註25〕，根據《隋書·經籍志》的記載，《齊詩》、《魯詩》的亡佚時間比較明確，歷來也少有爭議。《魯詩》至宋依然有人引用，所以清代還有學者懷疑直至北宋《魯詩》尚存〔註 26〕，根據《隋書·經籍志》及《宋史·藝文志》等分析，這種可能性比較小，況且三家《詩》在《列女傳》、《說苑》、《文選注》等中有不少保留，宋人也可憑這些典籍把握其學術觀點。唯有《韓詩》亡佚時間爭議頗大，基本有三種說法，即五代說〔註27〕、北宋說〔註28〕和兩宋之際說〔註29〕。曾有學者考察北宋還有人經常引用《韓詩》，但至南宋已不見引用，因此推斷亡於兩宋之際，但也只是臆測。《韓詩》亡於北宋的說法比較可靠，北宋還有人讀過此書（如劉安世、晁說之等）。當然南宋還有僞《齊詩》的情況〔註30〕，必須作謹慎的

〔註25〕《隋書》卷三十二《志第二十七·經籍一》。

〔註26〕「晁說之《詩序》曰：『《魯詩》以《卷耳》、《鵲巢》、《采蘩》、《采蘋》，皆康王時詩，今無所考。』意《魯詩》在北宋時，或尚未亡耶？」（〔清〕范家相撰《三家詩拾遺》卷三《卷耳》，《叢書集成初編》本，第 41 頁）

〔註27〕「樵《自序》略曰」「迨五代之後，《韓詩》亦亡」（〔清〕朱彝尊編，朱昆田校《經義考》卷一百零六《鄭樵〈詩辨妄〉》，乾隆四十二年（1777 年）本，第 1頁）；「到五代時，《韓詩內傳》亦亡，現在只存《外傳》，非嬰傳《詩》之詳者，其遺說亦時見於他書，與毛義絕異」（金公亮著《詩經學 ABC》，第 140 頁）。

〔註28〕「《齊詩》魏代已亡，《魯詩》不過江東，《韓詩》雖在，無傳之者，後卒亡於北宋，僅存《外傳》，亦非完帙，於是三家古義盡失」（〔清〕皮錫瑞撰《經學通論》二《詩經·論〈關雎〉刺康王晏朝詩人作詩之義〈關雎〉爲正風之首孔子定〈詩〉之義漢人已明言之》，第 5 頁）；「韓氏直傳到北宋時始亡，現在所存，只有《韓詩外傳》了」（謝无量著《詩經研究》，第 34 頁），按：疑「韓氏」的「氏」爲「詩」之訛，「《韓詩外傳》」書名號爲筆者所加。

〔註29〕「漢代傳《詩》者四家，《隋書·經籍志》稱《齊詩》亡於魏，《魯詩》亡於西晉，惟《韓詩》存。宋修《太平御覽》，多引《韓詩》，《崇文總目》亦著錄，劉安世、晁說之尚時時述其遺說，而南渡儒者，不復涉及，知亡於政和建炎間也。自鄭樵以後，說《詩》者務立新義，以掊擊漢儒爲能，三家之遺文，遂散佚而不可復問。」（《三家詩拾遺·提要》，《叢書集成初編》本，第 1 頁）按：朱熹《詩經集傳》似還有引用，待考。

〔註30〕〔清〕朱彝尊編，朱昆田校《經義考》卷一百零五，乾隆四十二年（1777 年）本，第 4 頁。

判斷。王應麟《詩考》在《韓詩》部分，有些文字的出處直接標明源於《韓詩內傳》，能否證明在南宋末年還能見到這部書，也值得進一步研究。

首先，宋代學者對三家《詩》與《毛詩》之間的相互辯駁比較重視，並在學術思路上得到啓發。他們對《毛詩》獨傳，《序》、《傳》、《箋》、《疏》的獨行展開了反思，這種思維方式和學術思路顯示了宋代學者積極開拓、試圖超越漢唐學術、另闢蹊徑的努力，對《序》、《箋》、《傳》、《疏》的懷疑在所難免。這種傾向在南宋特別明顯。

鄭樵曰：

> 《毛詩》自鄭氏既箋之後，而學者篤信鄭玄，故此《詩》專行，三家遂廢。《齊詩》亡於魏，《魯詩》亡於西晉，隋唐之世，猶有《韓詩》可據，迨五代之後《韓詩》亦亡，致今學者只憑毛氏，且以《序》爲子夏所作，更不敢擬議。蓋事無兩造之辭，則獄有偏聽之惑。臣爲作《詩辨妄》六卷，可以見其得失。〔註31〕

慨歎三家《詩》亡佚後，《毛詩》獨行，沒有爭辯比較者，如斷案「事無兩造之辭，則獄有偏聽之惑」，導致學者對《毛詩》及《詩序》的墨守。「鄭子曰：漢人尙三家而不取毛氏者，往往非不取其義也。但以妄誕之故，故爲時人所鄙」〔註32〕，雖未必有充分的依據，但可見鄭樵對《毛詩》的排斥態度，而對三家《詩》則多有寬容。

章如愚曰：

> 《詩序》之壞《詩》，無異三《傳》之壞《春秋》，然三《傳》之壞《春秋》而《春秋》存，《詩序》之壞《詩》而《詩》亡。三《傳》好爲巧說以壞《春秋》，非不酷也，然其三家之學自相彈射，後儒又有啖、趙之徒能以辨其非，故世人頗知三《傳》之非《春秋》也，是以《春秋》猶存。乃若《詩序》之作，既無學三家者以攻之，又無先儒以言之，俗學相傳以爲出於子夏，妄者又直以爲聖人。知求其義，又只就《序》中求之，學者自兒童時讀《詩》，即先讀《序》，已入肌骨矣。嗚呼！《詩》安得不亡乎？〔註33〕

〔註31〕 《通志》卷六十三《藝文一》，第 757 頁。《經義考》所引多出「樵《自序》略曰」等字樣（〔清〕朱彝尊編，朱昆田校《經義考》卷一百零六，乾隆四十二年（1777 年）本，第 1 頁）。

〔註32〕 〔宋〕周孚撰《非詩辨妄》，《叢書集成初編》本，第 3 頁。

〔註33〕 〔清〕朱彝尊編，朱昆田校《經義考》卷九十九，乾隆四十二年（1777 年）

認為《詩序》堵塞拘泥了《詩》,「壞《詩》而《詩》亡」,成為後來學《詩》者的前見和障礙,《詩》義自失。這種情形,章如愚認為除過《詩序》的影響外,還有兩個原因不得不考慮,即沒有三家《詩》的辯駁和學者們的辨析。

王柏曰:

> 漢初齊、魯、韓三家之《詩》,並列學官,惟毛萇最後出,鄭康成為之箋,學者篤信康成,《毛詩》假康成為重,盛行於世。毛、鄭既孤行而三家遂絕,不得參伍錯綜,以訂其是非,學者惑於同而忘其異矣。〔註34〕

王柏也認為因為三家《詩》的亡佚,使《毛詩》「不得參伍錯綜,以訂其是非,學者惑於同而忘其異矣」。依據三家《詩》可以訂正《毛詩》的錯誤,打破學者守同忘異的局面。更有甚者,將對《毛詩》的懷疑追溯至荀子。「紫芝《自序》曰」:

> 荀卿號為知信「六經」、尊孔氏者,觀其著書,輒時取詩人之辭以證其說,卒致失其本旨者甚多。比古人之學最為疏繆(謬)……諸君子有意於學《詩》,願以孔子、孟子、子夏、子貢為之師,以求詩人之大體,而更以荀卿為戒焉,則庶乎其有得也。〔註35〕

因為據《隋書・經籍志》和《經典釋文・敘錄》等記載,四家《詩》的傳播皆與荀子有關。程大昌認為「漢人贅目《國風》以參《雅》、《頌》,其源流正自況出也」〔註36〕,「漢世詩派,大抵皆自況出也」〔註37〕。馬宗霍《中國經學史》第四篇《秦火以前之經學》說:「《經典・敘錄》述荀卿受《詩》於根牟子,上接曾申之傳,以授大毛公,是為《毛詩》之學。〔註38〕《漢書・楚

本,第 14 頁。

〔註34〕 〔清〕朱彝尊編,朱昆田校《經義考》卷一百零一,乾隆四十二年(1777年)本,第 4 頁。

〔註35〕 〔清〕朱彝尊編,朱昆田校《經義考》卷一百零五,乾隆四十二年(1777年)本,第 2～3 頁。

〔註36〕 〔宋〕程大昌撰《詩論・詩論六》,《叢書集成初編》本,第 5 頁。

〔註37〕 〔宋〕程大昌撰《詩論・詩論六》,《叢書集成初編》本,第 6 頁。

〔註38〕 原注:「《大略》篇言『霜降逆女』與《詩・陳風・東門之楊》《毛傳》同義,《孔疏》引《荀子》語,並云毛公親事荀卿,故亦以秋冬為昏(婚)之正時。又《毛詩傳》以『平平』為『辨治』,以『五十矢』為『束』,皆與《荀子》同。」

元王交傳》言魯申公受《詩》於浮丘伯，伯者孫卿門人。《儒林傳》言申公以《詩經》爲《訓故》以教，是爲《魯詩》之學。〔註39〕而《韓詩外傳》引《荀卿子》以說《詩》者四十有四，是荀卿於《詩》兼開三家也。」〔註40〕因此，當時有人就直接將這種對《詩》的謬解歸於荀子，雖過多臆斷之風，但目的也是爲「正本清源」，爲探討新的解《詩》方向努力和論證。其中「求詩人之大體」正體現了心性義理的旨趣。

其次，宋代《詩經》學者對三家《詩》並不陌生。根據某些自述類材料記載，不少人從小就受到三家《詩》的浸淫薰陶，儘管可能是不系統的、片段的。劉安世就說：「嘗記少年讀《韓詩》有《雨無極》篇，《序》云：『正大夫刺幽王也。』首云『雨無其極，傷我稼穡。浩浩昊天，不駿其德』。詩中云正大夫離居，豈非《序》所謂正大夫乎？」〔註41〕在三家《詩》中，因爲《韓詩外傳》尚存，儘管學者的意見不一，同時《韓詩》後亡，輯佚作品中關於《韓詩》的部分也往往最多，如王應麟的《詩考》，所以學者圍繞《韓詩》討論三家《詩》的情況就比較多。

《董氏（逌）廣川詩故》：

> 《中興藝文志》：董逌撰，逌謂班固言《魯詩》最近，今徒於他書時得之。《齊詩》所存不全，或疑後人詫爲，然章句間有自立處，此不可易者。《韓詩》雖亡闕，《外傳》及章句猶存。《毛詩訓故》爲備，以最後出，故獨傳。乃據毛氏以考正於三家，且論《詩序》決非子夏所作。〔註42〕

陳振孫也認爲「逌說兼取三家，不專毛鄭」，但是懷疑董逌「《齊詩》尚存」的說法〔註43〕，與《中興藝文志》比較看，陳振孫似有誤解。

范處義曰：

〔註39〕原注：「《非相》篇引《角弓》詩『宴然聿消』，王先謙曰：『此詩《毛》作見睍，《韓》作晛睍，《魯》作宴然。』是魯出於荀之證。」

〔註40〕馬宗霍著《中國經學史》，商務印書館，1936年版，1998年影印第1版，第25頁。

〔註41〕〔清〕朱彝尊編，朱昆田校《經義考》卷一百，乾隆四十二年（1777年）本，第8頁。

〔註42〕〔清〕朱彝尊編，朱昆田校《經義考》卷一百零五，乾隆四十二年（1777年）本，第4頁。

〔註43〕〔清〕朱彝尊編，朱昆田校《經義考》卷一百零五，乾隆四十二年（1777年）本，第4頁。

　　竊謂《韓詩》世罕有之，未必其眞，韓氏之傳授妄矣。〔註44〕
這是南宋學者懷疑現有《韓詩》之學〔註45〕，尤其是其傳授淵源。陳振孫也
認爲「《外傳》多於舊，蓋多雜說，不專解《詩》，不知果當時本書否也」〔註
46〕。可見，宋時已有人對《韓詩外傳》產生懷疑了。晁公武評《韓詩外傳》
「雖非解經之深者，然文辭清婉，有先秦風」〔註47〕，雖對其深度不以爲然，
但又從文學風格角度予以肯定。

　　呂祖謙對三家《詩》也並不陌生：

　　　　魯、齊、韓、毛，師讀既異，義亦不同，以魯、齊、韓之義尚
　　可見者較之，獨《毛詩》率與經傳合。《關雎》，正風之首，三家者
　　乃以爲刺，餘可知矣，是則《毛詩》之義最爲得其眞也。間有反覆
　　煩重，時失經旨，如《葛覃》、《卷耳》之類，蘇氏以爲非一人之辭，
　　蓋近之，至於止存其首一言，而盡去其餘，則失之易矣。〔註48〕

這節文字還被朱熹《詩序辨說》引用，略有出入〔註49〕。呂氏引《說苑》（應
爲《魯詩》說）「宋襄公爲太子，請於桓公曰：『請使目夷立。』公曰：『何故？』
對曰：『臣之舅在衛，愛臣，若終立則不可以往。』」「味此詩而推其母子之心，
蓋不相遠，所載似可信也，不曰欲見母而曰欲見舅者，恐傷其父之意也。母
之慈，子之孝，皆止於義而不敢過焉，不幸處母子之變者，可以觀矣」〔註50〕。
《呂氏家塾讀詩記》多引《經典釋文》以見三家《詩》（尤其是《韓詩》）與
《毛詩》的異同。

　　朱彝尊《經義考》還說：

　　　　王應麟曰：「曹氏《詩說》謂《齊詩》先《采蘋》而後《草蟲》。」
　　又曰：「四月秀葽，諸儒不詳其名，《說文》引劉向說，以爲苦葽。

〔註44〕　〔清〕朱彝尊編，朱昆田校《經義考》卷一百，乾隆四十二年（1777年）本，
　　　　　第8頁。
〔註45〕　疑指《韓詩外傳》。
〔註46〕　〔清〕朱彝尊編，朱昆田校《經義考》卷一百，乾隆四十二年（1777年）本，
　　　　　第9頁。
〔註47〕　〔清〕朱彝尊編，朱昆田校《經義考》卷一百，乾隆四十二年（1777年）本，
　　　　　第8頁。
〔註48〕　〔宋〕呂祖謙撰《呂氏家塾讀詩記》卷二《周南》，《叢書集成初編》本，第
　　　　　24～25頁。
〔註49〕　〔漢〕毛萇傳述，〔宋〕朱熹辨說《詩序》，《叢書集成初編》本，第49頁。
〔註50〕　〔宋〕呂祖謙撰《呂氏家塾讀詩記》卷六，《叢書集成初編》本，第121頁。

曹氏以《爾雅》、《本草》證之，知其爲遠志。」又曰：「旱麓，毛
氏云旱山名也。曹氏按《地理志》漢中南鄭縣有旱山，沱水所出，
東北入漢。」（註51）

可見，曹粹中解《詩》也是兼采四家，以三家《詩》正《毛詩》。

王應麟對《韓詩》的可靠性比較自信，他引用《韓詩》來解證思想史中的一些疑難問題，解決荀子《非十二子》與思孟的關係，發人深思。如：「申毛之《詩》皆出《荀卿子》，而《韓詩外傳》多引荀書」，「荀卿《非十二子》，《韓詩外傳》引之，只云『十子』，而無子思、孟子。愚謂荀卿非子思、孟子，蓋其門人如韓非、李斯之流託其師以毀聖賢，當以《韓詩》爲正」〔註52〕。在已有思想史研究中，不甚發現這段材料，無論其結論是否屬於臆測，但畢竟發現了一個問題，並爲思想史研究開拓史料範圍提供了一個示例。

第二節　歐陽修《詩本義》與三家《詩》

宋代《詩經》學與三家《詩》的關係十分密切，而在宋代學者中比較自覺地注意到三家《詩》的價值，歐陽修則是比較有代表性的學者之一。宋代《詩經》學文獻與三家《詩》內在關係的個案研究，還存有深入展開研究的空間。在目前歐陽修《詩經》學研究成果中，關於《詩本義》與三家《詩》關係的考察，依然是學術界亟需加強的一個重要環節〔註53〕。

〔註51〕　〔清〕朱彝尊編，朱昆田校《經義考》卷一百零五，乾隆四十二年（1777 年）本，第 5 頁。按：「曹《詩說》」指《曹氏（粹中）放齋詩說》，《宋志》作三十卷，《經義考》作「未見」。

〔註52〕　〔清〕朱彝尊編，朱昆田校《經義考》卷一百，乾隆四十二年（1777 年）本，第 9 頁。

〔註53〕　李君華《歐陽修〈詩本義〉研究》第七章《〈詩本義〉與今文三家詩義、古文詩義之比較》（李君華《歐陽修〈詩本義〉研究》，浙江大學碩士論文，2008 年，第 41～45 頁），依據清王先謙《詩三家義集疏》對三家《詩》的稽考，比較《詩本義》在《漢廣》、《卷耳》、《騶虞》、《擊鼓》、《甘棠》、《野有蔓草》、《靜女》、《白華》、《鼓鐘》、《泂水》、《皇皇者華》十一首詩釋義上的變化，揭示《詩本義》受到三家《詩》的啓示和影響。該章突出了歐陽修《詩經》學研究的薄弱環節，是整篇學位論文中比較有新意的地方。關於歐陽修《詩本義》與三家《詩》的關係考察，筆者認爲，應注意歐陽修接受三家《詩》途徑的複雜性和多樣性，因爲三家《詩》在《史記集解》、《文選注》等中還有一定保留，即使依據南宋末年王應麟《詩考》，也應注重更加接近歷史原貌的考察與把握。

一、歐陽修與三家《詩》

歐陽修在《崇文總目敘釋・詩類》中對四家《詩》的流播與存亡做過考察：

> 昔孔子刪古詩三千餘篇，取其三百一十一篇著於經。秦楚之際，亡其六。漢興，《詩》分為四：一曰魯人申公作訓詁，號《魯詩》；二曰齊人轅固生作傳，號《齊詩》；三曰燕人韓嬰作內外傳，號《韓詩》；四曰河間人毛公作故（原注：一作詁。）訓傳，號《毛詩》。三家並立學官，而毛以後出，至平（原注：一作章。）帝時始列於學，其後馬融、賈逵、鄭眾、康成之徒，皆發明毛氏，其學遂盛。魏晉之間，齊、魯之《詩》廢絕，《韓詩》雖在而益微，故毛氏獨行，遂傳至今。韓嬰之書至唐猶在，今其存者十篇而已。《漢志》嬰書五十篇，今但存其《外傳》，非嬰傳《詩》之詳者，而其遺說時見於他書，與毛之義絕異，而人亦不信。去聖既遠，誦習各殊，至於考風雅之變正以知王政之興衰，其善惡美刺不可不察焉。〔註54〕

據《續資治通鑑長編》慶曆元年十二月庚寅（15日）記載，《崇文總目》參與撰寫者甚眾，如張觀、宋庠、王堯臣、郭稹、呂公綽、王洙、刁約、歐陽修、楊儀、陸經等（《續資治通鑑長編》卷一百三十四「慶曆元年」）。歐陽修於景祐元年（1034年）五月赴京，被王曙推薦充任館閣校勘，但景祐三年（1036年）五月因范仲淹指斥宰相呂夷簡、并作《與高司諫書》事落職，被貶夷陵。歐陽修康定元年（1040年）六月返京，復任館閣校勘，參與《崇文總目》撰寫，至慶曆元年（1041年）十二月《崇文總目》六十卷成書上奏，歐陽修又遷集賢校理〔註55〕。歐陽修在《上執政謝館職啓》自陳：「修方被罪譴，竄之荊蠻，流離五年，赦宥三徙，山川跋履，風波霧毒，凡萬四千里，而後至於京師。其奔走之役，憂思之勞，形意俱衰，豈暇舊學？比其來復，書（指《崇文總目》）已垂成，遂因眾功，豈有微效？」〔註56〕雖不無謙遜之辭，但也多係實情，故歐陽修《崇文總目敘釋》寫作時間應在康定元年（1040

〔註54〕《歐陽修全集・崇文總目敘釋・詩類》，第997～998頁。按：「風雅之變正」，「變正」疑當作「正變」。

〔註55〕《上執政謝館職啓》（《歐陽修全集・表奏書啓四六集》卷六《啓》），題下注：「康定二年十二月，因《崇文總目》成書，自館閣校勘遷集賢校理。」按：康定二年（1041年）十一月即開始用慶曆年號。

〔註56〕《上執政謝館職啓》，《歐陽修全集・表奏書啓四六集》卷六《啓》，第750頁。

年）六月與慶曆元年（1041 年）十二月之間，其時間正次於「言詩詆鄭箋」的寶元二年（1039 年），而景祐三年（1036 年）至景祐四年（1037 年）貶謫夷陵期間正是歐陽修《詩經》學形成的奠基時期（詳見第一章《〈詩本義〉學術淵源與創作時間考》第二節《〈詩本義〉創作時間與情形考》），歐陽修早期的《詩經》學觀點與三家《詩》的關係自然可據以管窺。

在《崇文總目敘釋》中，歐陽修對宋前《詩經》學史作了簡明勾勒，也滲透著他對《毛詩》並非一味獨尊的理性態度，而在三家《詩》上，能夠辨別斟酌，具有比較開闊的學術胸懷，這為此後三家《詩》研究的興盛奠定了基礎，在《詩經》學史研究上是值得肯定的。但是，歐陽修對三家《詩》的考察大體沒有超過《隋書・經籍志》和《經典釋文・敘錄》的範圍，主張齊、魯《詩》魏晉已廢絕，《韓詩》雖「存其《外傳》，非嬰傳《詩》之詳者，而其遺說時見於他書，與毛之義絕異，而人亦不信」〔註 57〕，還不能清晰地反映歐陽修與三家《詩》、特別是《韓詩》的內在關係。

歐陽修受三家《詩》的影響是很深刻的，除他對《文選》等較熟悉外，在《詩本義》中，釋義往往在裁斷《毛傳》、《鄭箋》時能自覺汲取三家《詩》的合理成分。比如，《關雎》詩釋義，三家《詩》認為是刺詩，《毛詩》認為是美詩，歐陽修的看法與三家《詩》相同，「《關雎》，周衰之作也」，而且引司馬遷語，進一步將《關雎》論定為「思古以刺今之詩」，太史公受三家《詩》（主要是魯《詩》）的影響。清代皮錫瑞《經學通論・論詩比他經尤難明其難明者有八》中也引用到歐陽修《詩本義》中的這段話。

「蓋自孔子沒，群弟子散亡，而《六經》多失其旨，《詩》以諷誦相傳，五方異俗，物名字訓往往不同，故於《六經》之失《詩》尤甚！《詩》三百餘篇作非一人，所作非一國，先後非一時，而世久失其傳，故於《詩》之失時世尤甚！周之德盛於文、武，其詩為《風》，為《雅》，為《頌》。《風》有《周南》、《召南》，《雅》有《大雅》、《小雅》，其義類非一，或當時所作，或後世所述，故於《詩》時世之失，周《詩》尤甚。自秦、漢已來，學者之說不同多矣，不獨鄭氏之失也。昔孔子嘗言《關雎》矣，曰：『哀而不傷。』太史公又曰：『周道缺，詩人本之衽席而《關雎》作。』而《齊》、《魯》、《韓》三家皆以為康王政衰之詩，皆與鄭氏之說其意不類。蓋常以哀傷為言，由是言之，謂《關雎》為周衰之作者，近是矣。」（《詩本義》卷十四《時世論》）

〔註57〕《歐陽修全集・崇文總目敘釋・詩類》，第 998 頁。

　　《關雎》「本義曰：……《關雎》，周衰之作也。太史公曰：『周道缺而《關雎》作，蓋思古以刺今之詩也。』謂此淑女配於君子，不淫其色而能與其左右勤其職事，則可以琴瑟鐘鼓友樂之爾。皆所以刺時之不然。先勤其職而後樂，故曰『《關雎》，樂而不淫』；其思古以刺今，而言不迫切，故曰『哀而不傷』。」（《詩本義》卷一《周南·關雎》）與《時世論》相一致。

　　「自聖人沒，《六經》多失其傳，一經之學分為數家，不勝其異說也。當漢之初，《詩》之說分為《齊》、《魯》、《韓》三家，晚而毛氏之《詩》始出。久之，三家之學皆廢，而《毛詩》獨行，以至於今不絕。今《齊》、《魯》之學沒不復見，而《韓詩》遺說往往見於他書，至其經文亦不同，如『逶迤』、『鬱夷』之類是也。然不見其終始，亦莫知其是非。自漢以來學者多矣，其卒捨三家而從毛公者，蓋以其源流所自，得聖人之旨多歟？今考《毛詩》諸《序》與孟子說《詩》多合，故吾於《詩》常以《序》為證也。至其時有小失，隨而正之。惟《周南》、《召南》失者類多，吾固已論之矣，學者可以察焉。」（《詩本義》卷十四《序問》）

　　《詩本義》除過某些詩旨闡釋明顯受到三家《詩》的影響，其中的訓詁成果也有很多三家《詩》的成分，這些都是以往《詩本義》研究中被忽視的內容。

　　歐陽修對《有女同車》與《山有扶蘇》詩旨的看法比較有新意。「論曰：《有女同車》，《序》言刺忽不昏（婚）於齊，卒以無大國之助，至於見逐。今考本篇，了無此語，若於《山有扶蘇》，義則有之。《山有扶蘇》，《序》言刺忽所美非美，考其本篇，亦無其語，若於《有女同車》，義則有之。二篇相次，疑其戰國、秦漢之際，《六經》焚滅，《詩》以諷誦相傳，易為差失，漢興，承其訛繆，不能考正，遂以至今。然不知《魯》、《韓》、《齊》三家之義又為何說也？今移其《序》文附二篇之首，則詩義煥然，不求自得定本。《有女同車》，刺忽也，所美非美；然《山有扶蘇》，刺忽也，鄭人刺忽之不昏（婚）於齊，太子忽嘗有功於齊，齊侯請妻之齊女，賢而不取（娶），卒以無大國之助，至於見逐，故國人刺之。毛、鄭之說與予之《本義》，學者可以擇焉。」（《詩本義》卷四《鄭風·有女同車、山有扶蘇》）〔註58〕其中「然不知《魯》、《韓》、《齊》三家之義又為何說也」，足見有重視三家《詩》研究成果的意識。但是，事實上，據王先謙《詩三家義集疏》卷五的看法，這兩首詩，三家《詩》

〔註58〕《四部叢刊》本，「有女同車」作「女有同車」。

的看法與毛《詩》並無不同，「三家無異義」〔註59〕，歐陽修看法異於四家，具有自得於心的意義。雖然這種看法與《詩序》相左，但後世《毛詩》學者也有近似的認識，如清代錢澄之指出：「同車之女，色如木槿之華，朝華暮落，不足恃也。雖威儀服飾固亦可觀，豈若齊姜之美且都乎！」〔註60〕這種看法得到了馬瑞辰的肯定〔註61〕，都蘊有對《有女同車》「所美非美」的觀點。

關於姜嫄履大人跡而生后稷，歷來解說，歧異難通。採取闕疑的態度，無疑更慎重嚴謹一些：「無人道而生子與天自感於人而生之，在於人理皆必無之事，可謂誣天也。蓋毛於《史記》不取履跡之怪而取其訛繆之世次，鄭則不取其世次而取其怪說，三家或異或同，諸儒附之，駁雜紛亂。附毛說者謂后稷是帝嚳遺腹子，附鄭說者謂是蒼帝靈威仰之子，其乖妄至於如此！夫以不近人情、無稽臆出、異同紛亂之說遠解數千歲前神怪、人理必無之事，後世其可必信乎？然則《生民》之詩，孔子之所錄也，必有其義。蓋君子之學也不窮遠，以為能闕所不知，慎其傳以惑世也，闕焉而有待可矣。毛、鄭之說，余能破之不疑。《生民》之義，余所不知也，故闕其所未詳。」（《詩本義》卷十《大雅·生民》）可見，在《生民》這樣傳統解釋扞格難通的詩篇，歐陽修也注意到三家《詩》的異同與價值〔註62〕。

二、歐陽修對漢唐《詩經》學的反思與三家《詩》

歐陽修批判地評價漢唐學者的《詩經》研究成果，主要集中在以禮解《詩》

〔註59〕 〔清〕王先謙撰、吳格點校《詩三家義集疏》卷五，北京：中華書局，1987年2月版，第353、354頁。

〔註60〕 〔清〕錢澄之撰，朱一清校點《田間詩學》，合肥：黃山書社，2005年7月版，第204頁。

〔註61〕 但馬瑞辰所引錢氏文與此有異，為「上四句言忽所娶陳女徒有顏色之美，服飾之盛，下二句盛言齊女之美且賢，以刺忽之不昏於齊」（〔清〕馬瑞辰撰，陳金生點校《毛詩傳箋通釋》，北京：中華書局，1989年3月版，第271頁），王先謙《詩三家義集疏》所引即據《毛詩傳箋通釋》。

〔註62〕 在關於《生民》、《玄鳥》的理解上，鄭《箋》讖緯氣息濃鬱，受到歐陽修的批評；毛《傳》雖然不及鄭《箋》那麼神秘，但是也委曲難通，違背情理。歐陽修的看法簡易，影響很大。雖然受到一些學者的質疑，如清代顧棟高撰《毛詩類釋》卷六《釋祭祀》，但反思的原則與方法卻和歐陽修接近。整體上，歐陽修《詩本義》中的理性解讀，有助於廓清對履跡、吞卵的神秘解釋，具有深遠的影響（可參見〔清〕黃中松撰《詩疑辯證》卷五「歐陽修兼闕毛鄭」注）。但蘇轍、呂祖謙、朱熹等在這個問題上與歐陽迥異，足以顯示學術研究的複雜性和微妙。

與神學附會上，從而奠定了宋代《詩經》學注重文本和理性解《詩》的基本精神。而這種反思和批判與三家《詩》具有一定的內在聯繫〔註63〕。

對於鄭玄解《詩》的禮學依據，歐陽修也多有質疑，「今之所謂《周禮》者，不完之書也，其禮樂制度，蓋有周之大法焉，至其考之於事，則繁雜而難行者多，故自漢興，『六經』復出，而《周禮》獨不爲諸儒所取，至或以爲黷亂不驗之書，獨鄭氏尤推尊之」（《詩本義》卷十四《闕問》）。

他批評《序》和毛鄭的地方較多，也多中肯綮，持理性態度。《鵲巢》「論曰：據詩但言維鳩居之，而《序》言德如鳲鳩，乃可以配。鄭氏因謂鳲鳩有均一之德。以今物理考之，失自《序》始，而鄭氏又增之爾，且詩人本義直謂鵲有成巢，鳩來居爾，初無配義，況鵲鳩異巢，類不能作配也」（《詩本義》卷二《鵲巢》）。齊《詩》作：「周南召南，聖人所在。」（《易林・大過之頤》）「鵲以復至之月始作室家，鳲鳩因成事，天性如此。」（《詩緯・推度災》）「以成嘉福。」（《易林・節之賁》）〔註64〕《鵲巢》，歐陽雖未擺脫《毛序》的影響，但視鳩占鵲巢爲新婚詩，與齊《詩》「以成嘉福」同。實際上，在這個婚配的意義上，三家《詩》與《序》《箋》並無根本差異，但《序》《箋》附會貞一之德，受到了歐陽修的批評。

《沔水》「論曰：《序》言『《沔水》，規宣王也』，則是規正宣王之過失爾。今考詩文及《箋》、《傳》，乃是刺諸侯驕恣不朝及妄相侵伐等事，了不及宣王也。蓋《箋》、《傳》未得詩人之本義爾」（《詩本義》卷六《沔水》），主要駁斥《傳》、《箋》未得詩歌的本義，實際上連《序》的「規宣王」也無疑否定了〔註65〕。雖然三家《詩》詩解「未聞」，但王先謙也認爲這首詩「通篇意旨，非對王之詞」〔註66〕，與歐陽修所見一致。

歐陽修批評毛鄭以禮說《詩》，如《竹竿》，毛鄭以禮說詩，以淇水喻禮，

〔註63〕「《邠風》，周公陳農政之詩。歐陽修曰：《七月》，燕、齊、魯三家皆無之，申公《魯詩》家何以獨有此詩？」（〔清〕毛奇齡撰《詩傳詩說駁義》卷四）「歐陽修曰：《七月》詩，燕、齊、魯皆無之。按：《太平御覽》明載韓嬰《七月》之說，即《釋文》亦載有『八月在宇』之訓，是《韓詩》之有《七月》甚明，齊、魯在宋時亡之已久，不知歐公此言何本。」（〔清〕范家相撰《三家詩拾遺》卷六）

〔註64〕〔清〕王先謙撰《詩三家義集疏》卷二，第64、65、69頁。

〔註65〕但是在該詩「本義曰」中又敘述海納百川的胸懷、恩德，謹勤不忘懷柔不守法度者，親友而敬禮守法者，而曲爲《序》「規宣王」辨說，前後不甚一致。

〔註66〕〔清〕王先謙撰《詩三家義集疏》卷十六，第637頁

「不唯淇水喻禮，義自不倫，且上章以淇水喻夫家，下章又以淇水喻禮，詩人不必二三其意，雜亂以惑人也」（《詩本義》卷三《竹竿》），歐陽修所見甚是，後來王先謙就從地理方位角度澄清了這一問題，「古之小國數十百里，雖云異國，不離淇水流域。前三章衛之淇水，末章則異國之淇水也」〔註67〕，實際上是對歐陽說的進一步申述。

歐陽修在《思文、臣工》中斥責鄭玄襲用今文尚書《僞泰誓》解「白魚赤烏」之事（《詩本義》卷十二《思文、臣工》），極力擯除附會。在關於「赤烏谷芒，應周尚赤用兵」方面，清代著名的三家《詩》研究專家陳喬樅認爲「《書》說《禮》說並與齊《詩》同一師傳，鄭《箋》當即本齊《詩》」〔註68〕，歐陽修也是有先見之明的。

針對毛、鄭、杜預《左傳注》對「和羹」的解釋而大發議論，實際上揭示了經典解釋學的鮮明特點，《烈祖》「論曰：……以此見先儒各用其意爲解，以就成己說，豈是詩人本意也」，而歐陽修一改毛、鄭、杜等釋「和羹」爲君臣和濟的禮學詮釋，而代爲「調和此羹之人，謂膳夫也」（《詩本義》卷十二《烈祖》），還以詩歌的文本本義，解釋簡明直白。清代經學家陳奐在《詩毛氏傳疏》中也注意到這個問題，認爲「《箋》與《孔疏》、《杜注》皆泥於晏子引《詩》之義，失詩旨矣」，所謂「泥於晏子引《詩》之義」即借「和羹」之和以喻君臣之和。王先謙也同意陳奐的觀點〔註69〕。而在這個問題上，無疑歐陽修是開啓先聲的。

批評毛鄭附會的地方很多，如以「三德」附會「三英」，《鄭風·羔裘》「論曰：『羔裘晏兮，三英粲兮』，毛鄭皆以『三英』爲『三德』者，本無所據，蓋旁取《書》之『三德』，曲爲附麗爾。『六經』所在，『三』數甚多，苟可曲以附麗，則何說不可？」（《詩本義》卷四《羔裘》）〔註70〕《陳風·衡門》「論曰：毛鄭解『衡門之下，可以棲遲』，其義是矣。自『泌之洋洋』以下，鄭解爲任用賢人，則詩無明文，大抵毛鄭之失，在於穿鑿，皆此類也。鄭改『樂』爲『療』，謂飲水『療』飢，理豈然哉？」（《詩本義》卷五《衡門》）實際上，毛《傳》解「樂飢，可以樂道忘飢」，鄭《箋》「泌水之流洋洋然，飢者見之，

〔註67〕〔清〕王先謙撰《詩三家義集疏》卷三下，第299頁。

〔註68〕〔清〕王先謙撰《詩三家義集疏》卷二十四，第1018頁。

〔註69〕〔宋〕王先謙撰《詩三家義集疏》卷二十八，第1101、1102頁。

〔註70〕按：《尚書·周書·洪範》載：「三德：一曰正直，二曰剛克，三曰柔克。平康，正直；強弗友，剛克；燮友，柔克。沈（沉）潛，剛克；高明，柔克。」

可飲以療飢」，鄭改「樂」爲「療」（繁體字——從「疒」從「樂」）雖有「省借」與「正文」〔註71〕的差異，但鄭氏改易確本三家《詩》中的魯《詩》說與韓《詩》說，詳見《列女傳‧老萊子妻傳》與《韓詩外傳》二。歐陽修從情理角度對這一源自三家《詩》的改易的批評也顯示了他對三家《詩》運用並不盲從的特點。

《賓之初筵》，歐陽修認爲鄭玄以時間早晚分，君主先周旋中禮，後失禮敗俗，一時爲賢君，一時又爲昏主，不合人情，而代之以「陳古刺今」，以時間古今分，變共時爲歷時，其「刺意」更加明顯，且暗合《序》說。並且指出「鄭氏不分別之，此其所以爲大失也。鄭氏長於禮學，其以禮家之說曲爲附會，詩人之意，本未必然，義或可通，亦不爲害也」（《詩本義》卷九《賓之初筵》），儘管對鄭玄的看法並沒有完全否定，但明顯指責他以禮學附會《詩經》。這首詩，三家《詩》與毛《詩》不同，毛《詩》《詩序》與鄭《箋》認爲是「衛武公刺時」之作，歐陽修雖然發現了其中情理不通的地方，但基本是對毛鄭的修正與補充。而齊《詩》與韓《詩》則主張《賓之初筵》是「武公作悔」、「衛武公飲酒悔過」，分別見於《易林‧大壯之家人》、《後漢書‧孔融傳》李注引《韓詩》及朱熹《詩集傳》引《韓詩序》語，受到了今文經學家的肯定〔註72〕。這透露出歐陽修在面對三家《詩》詩解時也是做了比較勘查與研究的。

《長發》「論曰：帝立子生商。帝，上帝也，而鄭以爲黑帝，鄭惑讖緯，其不經之說汩亂『六經』者不可勝數。學者稍知正道自能識爲非聖之言。然今著於《箋》以害詩義，不可以不去也。至『玄王桓撥』，又云承黑帝而立子者，亦宜去也。《書》稱『格王，正厥事』、『寧，王遺我大寶龜』，《商頌》亦云『武王載斾』之類甚多，蓋古人往往以美稱加王爾。玄者，深微之謂也。老氏言『玄之又玄』，是矣，不必爲黑矣」（《詩本義》卷十二《長發》）〔註73〕，不信讖緯神學與五行終始之說，一掃漢人的神學解說與附會，顯示了宋人的思辨性和理性精神。

需要注意的是，歐陽修辯駁毛鄭也是魏晉以來《詩經》學思想學術史的

〔註71〕　〔清〕王先謙撰《詩三家義集疏》卷十，第468頁。

〔註72〕　〔清〕王先謙撰《詩三家義集疏》卷十九，第782頁。

〔註73〕　按：此爲歐陽修在《詩本義》中引用《老子》唯一例，見《道德經》第一章。以後學者引用篇章漸增。

進一步發展，同時對宋以後《詩經》學的展開具有借鑒意義。《四庫全書總目》作者曾比較細緻地梳理了這個發展歷程，有助於後人加強理解和把握。「自鄭《箋》既行，齊、魯、韓三家遂廢（案：此陸德明《經典釋文》之說。）然《箋》與《傳》義，亦時有異同。魏王肅作《毛詩注》、《毛詩義駁》、《毛詩奏事》、《毛詩問難》諸書以申毛難鄭，歐陽修引其釋《衛風‧擊鼓》五章，謂鄭不如王（見《詩本義》）。王基又作《毛詩駁》以申鄭難王，王應麟引其駁《芣苢》一條，謂王不及鄭（見《困學記聞》，亦載《經典釋文》）。晉孫毓作《毛詩異同評》，復申王說。鄭統作《難孫氏毛詩評》，又明鄭義（並見《經典釋文》）。祖分左右，垂教百年。至唐貞觀十六年，命孔穎達等因鄭《箋》為《正義》，乃論歸一定，無復岐途。毛《傳》二十九卷，《隋志》附以鄭《箋》，作二十卷，疑為康成所併。穎達等以疏文繁重，又析為四十卷。其書以劉焯《毛詩義疏》、劉炫《毛詩述義》為稿本，故能融貫群言，包羅古義，終唐之世，人無異詞……至宋鄭樵恃其才辯，無故而發難端，南渡諸儒始以掊擊毛、鄭為能事。元延祐科舉條制，《詩》雖兼用古注疏，其時門戶已成，講學者迄不遵用。沿及明代，胡廣等竊劉瑾之書，作《詩經大全》，著為令典，於是專宗朱《傳》，漢學遂亡。然朱子從鄭樵之說，不過攻《小序》耳，至於詩中訓詁，用毛、鄭者居多，後儒不考古書，不知《小序》自《小序》，《傳》、《箋》自《傳》、《箋》，鬨然佐鬥，遂並毛、鄭而棄之，是非惟不知毛、鄭為何語，殆並朱子之《傳》亦不辯為何語矣。」（《四庫全書總目‧毛詩正義提要》）

當然，在批評毛鄭附會的同時，歐陽修有時又形成新的附會，除過經學觀念之外，更多是因為認「興」為「比」，在這一點上並未完全擺脫毛鄭的影響，如《東方之日》「論曰：……以詩文考之，日月非喻君臣，毛鄭固皆失之矣」，「本義曰：東方之日，日之初升也。蓋言彼姝者子，顏色奮然，美盛如日之升也」（《詩本義》卷四《東方之日》），儘管破除了以日月喻君臣的舊附會，但又滑入了以日月喻女色之美的新附會，實質都是認「興」作「比」。

宋代《詩經》學學者受這種矛盾困擾者並非歐陽修一人。但就對漢唐學術的總結反思，以及在宋代《詩經》學上的歷史地位而言，歐陽修是比較典型的，三家《詩》的貢獻自然也不應被抹煞。儘管歐陽修還不能完全擺脫漢唐傳統，但以己意解《詩》、不受傳統傳注拘束的方法已經很鮮明，很自覺了，對宋代的《詩經》學研究方法的形成有開啓之功。

三、《詩本義》與三家《詩》、毛《詩》詩義研究比較（以《二南》詩解爲例）

歐陽修在《序問》中說「惟《周南》、《召南》失者類多」（《詩本義》卷十四《序問》），因此，選取《二南》詩詩解來考察《詩本義》與三家《詩》的關係，特別是與毛《詩》中《傳》、《箋》的異同，自然更是比較典型的例子了。因爲，反思《傳》、《箋》的不足，與《詩本義》相前後，也有一些作品，如周軾《箋傳辨誤》八卷（《宋史》卷二百零二《志第一百五十五·藝文一》）等，但不詳具體情形。宋人有視《二南》在《詩經》中位置如同乾坤二卦在《周易》中的位置〔註74〕，說明《二南》詩的價值，所以考察《詩本義》在《二南》詩中的辨析自然更加重要。

拙作附錄二《〈詩本義〉與三家〈詩〉、毛〈詩〉詩義研究比較詳表（以《二南》爲例）》，所涉及三家《詩》、毛《詩》均從清王先謙《詩三家義集疏》〔註75〕，三家《詩》詩說各有出處、考辨，爲使行文簡便，不再贅敘，詳可參考王著。《詩三家義集疏》是繼宋代王應麟《詩考》以來，關於三家《詩》研究的集大成作品，特別是吸收了清人陳壽祺、陳喬樅《三家詩遺說考》等，是「迄今最完備之三家《詩》讀本」〔註76〕。雖王先謙宗尚今文經學，但對毛《詩》或今古文兼采的學者也能平實對待，折衷異同，不拘門戶，如《詩三家義集疏》引徵了陳啓源《毛詩稽古編》、陳奐《詩毛氏傳疏》、馬瑞辰《毛詩傳箋通釋》、胡承珙《毛詩後箋》等，尤爲難能可貴。因此，考察三家《詩》與毛《詩》的異同與源流，《詩三家義集疏》便是很重要的作品。這裡，根據王先謙所輯三家《詩》、毛《詩》成果，觀照《詩本義》與三家《詩》的關聯、三家《詩》與毛《詩》的旨趣，不僅是可能的，而且也是可行的。當然，有時我們也會對王應麟《詩考》加以引用辨析，以見宋代風尚。今人《四家詩旨會歸》〔註77〕也是研究四家《詩》的豐贍著作，可酌情參考。

《二南》共計25首詩，其中《周南》11首，《詩本義》選釋9首，未選《桃

〔註74〕「《周南》《召南》如乾坤」（《經學理窟·詩書》），載〔宋〕張載：《張載集》，北京：中華書局，1978年版，第255頁。
〔註75〕〔清〕王先謙撰、吳格點校《詩三家義集疏》，北京：中華書局，1987年2月版。
〔註76〕吳格《點校說明》，〔清〕王先謙撰、吳格點校《詩三家義集疏》，北京：中華書局，1987年2月版，第4頁。
〔註77〕王禮卿著《四家詩旨會歸》，上海：華東師範大學出版社，2009年8月版。

夭》、《茉苢》等2首；《召南》14首，《詩本義》選釋6首，未選《采蘩》、《采蘋》、《甘棠》、《羔羊》、《殷其雷》、《小星》、《江有汜》、《何彼襛矣》等8首。總體上，《詩本義》卷一與卷二在《二南》部分涉及15首詩歌，占總數的60%。

綜合考察這15首詩歌，《詩本義》解釋與三家《詩》、毛《詩》（包括《詩序》、毛《傳》、鄭《箋》）的關係（詳見附錄二《〈詩本義〉與三家〈詩〉、毛〈詩〉詩義研究比較詳表（以《二南》爲例）》），大略分爲以下五類：

1. 棄毛《詩》從三家《詩》。如：

《關雎》，三家《詩》雖略有不同，但基本一致，認爲是「刺時」之作。《詩本義》從，所引「太史公」語更是魯《詩》看法。鄭《箋》釋「摯」爲「至」，似是對齊《詩》的暗襲，遭到歐陽修辨駁。

《螽斯》，歐陽修詩解整體上與《韓詩外傳》同。據王先謙「《外傳》多采雜事，而大義必與《內傳》相應證」〔註78〕，則也是韓《詩》主張。王先謙語「《序》說『言若螽斯，不妒忌，則子孫眾多』，螽斯微蟲，妒忌與否，非人所知，《箋》說因之而益謬」〔註79〕，實際正本歐陽修《詩本義》。

2. 尊毛《詩》同時兼採三家《詩》。如：

《樛木》，歐陽修採毛《詩》說，但解「樂只君子，福祿綏之」，與三家同。

《行露》，《詩本義》繼承毛鄭詩解的歷史背景和防閑守貞的基本解釋，但在某種程度上也吸收了韓《詩》的成果。整體上，《行露》詩解，三家《詩》相同，均是指「夫家輕禮違制」、「婚禮不明」。歐陽修認爲「男女爭婚，世俗常事而中人皆能聽之」，可見並非對三家《詩》解陌生，而實在是有更深廣的考慮。清代王先謙云：「《易林‧井之益》：『穿室鑿牆，不直生訟。褰裳涉露，雖勞無功。』『穿室鑿牆』，即詩『穿屋』、『穿墉』之喻。『不直生訟』，以夫家生訟爲無禮，聽訟者不直之。『褰裳涉露』，本首章詩意而反用之，守禮者云『謂行多露』，則無禮者是『褰裳涉露』矣。『雖勞無功』，乃此詩訟事究竟，非聖王化洽，賢臣秉公，不能完女節而明禮教。《毛序》以爲召伯聽訟，蓋信而有徵矣。」〔註80〕雖本三家，但解《詩》方法和結論與歐陽亦並無二致。

〔註78〕〔清〕王先謙撰《詩三家義集疏》卷一《螽斯》，第35頁。

〔註79〕〔清〕王先謙撰《詩三家義集疏》卷一《螽斯》，第35～36頁。

〔註80〕〔清〕王先謙撰《詩三家義集疏》卷二《行露》，第93～94頁。

　　《摽有梅》，《詩本義》雖本《毛序》，與毛鄭迥異，但也暗合魯《詩》「男女及時」的詩旨。《左傳·襄公八年》載晉范宣子賦《摽有梅》，義取斷章，但亦彰顯「唯恐失時」詩旨。

　　《野有死麕》，《詩本義》依從《毛序》，兼採鄭《箋》，但目《野有死麕》為刺詩，與韓《詩》合。鄭《箋》亦有吸收韓《詩》的痕跡。《左傳·昭公元年》「子皮賦《野有死麕》之卒章，趙孟賦《常棣》，且曰：『吾兄弟比以安，尨也可使無吠。』」杜預注：「義取君子徐以禮來，無使我失節而使狗驚吠。」王先謙云：「詩人覽物起興，言雖野外之死麕，欲取而歸，亦必用白茅裹之，稍示鄭重之意，況昏（婚）姻大事，豈可苟且？乃有女懷春，而為吉士者，不待父母之命、媒妁之言，遂欲以非禮誘導此女，是愛人不如愛物矣。」〔註81〕與歐陽所解整體吻合。

3. 據三家《詩》駁毛《詩》（特別是鄭《箋》）。如：

　　《葛覃》，毛鄭詩解未離「后妃之職」（《鄉飲酒·燕禮》鄭注）。歐陽修雖有所質疑，但所解亦未根本脫離此牢籠。歐陽修所辨「安有取喻女之長大哉」實是針對鄭《箋》「葛延蔓於谷中，喻女在父母之家，形體浸浸日長大也。葉萋萋然，喻其容色美盛也」，而鄭《箋》似受到三家《詩》的影響。《古文苑》所載蔡邕《協和婚賦》「《葛覃》恐其失時，《摽梅》求其庶士」，視《葛覃》與《摽有梅》均為恐婚姻失時之作，似得本義。歐陽修所解「黃鳥，栗留也。麥黃椹熟，栗留鳴，蓋知時之鳥也」，實輾轉襲自魯《詩》。黃鳥，亦名黃鸝留、黃栗留、蒼庚、商庚、楚雀、離黃，即黃雀。

　　《漢廣》，三家義同。歐陽修詩解雖不離毛說，但辨駁鄭《箋》甚力。整體上，依然未脫韓《詩》「《漢廣》，說人也」（《韓敘》）的範圍。

　　《麟之趾》，歐陽修《詩本義》批駁《序》、《箋》的說法，所解詩旨與韓《詩》合。

4. 以三家《詩》印證毛《詩》。如：

　　《卷耳》，歐陽修詩解義同魯、毛。王先謙按語：「此詩為慕古懷賢，欲得遍置列位，思念深長。諸家無異說。」〔註82〕

　　《騶虞》，今本宋版《詩本義》有闕文，明版有補，但可靠性待定。由現

〔註81〕〔清〕王先謙撰《詩三家義集疏》卷二《野有死麕》，第112頁。
〔註82〕〔清〕王先謙撰《詩三家義集疏》卷一《卷耳》，第23頁。

存「本義」內容分析，《詩本義》所解與三家《詩》關係密切，特別是在關於「騶虞」內涵的理解上。

5. 融合三家《詩》與毛《詩》，另出新解。如：

《兔罝》，《詩本義》基本從毛鄭，雖然在「肅肅」的釋義上與三家《詩》及毛鄭不同，但因鄭《箋》已融會三家，歐陽修所解「干」、「赳赳」等及詩篇主旨依然能反映三家《詩》的影響。

《汝墳》，鄭《箋》多有採魯《詩》者。《詩本義》融合毛鄭。在魯、韓《詩》說基礎上，進一步概括爲「思之欲見」，合情入理。

《草蟲》，《詩本義》基本未超出《毛序》，但對毛鄭詩解作了細微調整。據《左傳·襄公二十七年》鄭七子享趙孟，子展賦《草蟲》，趙孟稱之「民之主也」、「在上不忘降」，則與魯《詩》「好善道」相合。

《詩本義》與三家《詩》、毛《詩》的這五種關係，恰恰反映了經典闡釋與研究的複雜形態，啓示人們不能簡單論說，而應結合具體詩篇具體分析，但基本學術傾向卻也很分明。

此外，《詩本義》卷二沒有論及《甘棠》，但《一義解》對《召南》《甘棠》也有闡發〔註83〕，具體爲：「《甘棠》，美召伯也。其詩曰：『蔽芾甘棠，勿翦勿伐，召伯所茇。』毛、鄭皆謂：蔽芾，小貌；茇，舍也。召伯本以不欲煩勞人，故舍於棠下。棠可容人，舍其下則非小樹也。據詩意，乃召伯死後，思其人，愛其樹而不忍伐，則作詩時益非小樹矣。毛、鄭謂蔽芾爲小者失詩義矣。蔽，能蔽風日，俾人舍其下也。芾，茂盛貌。蔽芾，乃大樹之茂盛者也。」（《詩本義》卷十三《一義解》）〔註84〕毛鄭的看法分別是「美召伯也。召伯之教，明於南國」（《毛序》）、「召伯，姬姓，名奭，食采於召，作上公，爲二伯，後封於燕。此美其爲伯之功，故言伯云」（鄭《箋》）。

該詩三家《詩》說解分別如下：

魯《詩》說：「召公之治西方，甚得兆民和。召公巡行鄉邑，有棠樹，決獄政事其下。自侯伯庶人各得其所，無失職者。召公卒，而民人思召公之政，懷甘棠不敢伐，歌詠之，作《甘棠》之詩。」（《史記·燕召公世家》）「《詩》

〔註83〕 之所以將《一義解》與《詩本義》卷一、卷二略作區分，是因爲它們不是同一時期的作品，具體考察可參考第四章《今本〈詩本義〉主要卷次內在關係及意義考論》。

〔註84〕 《四部叢刊》本，「貌」作「皃」。

曰：『蔽芾甘棠，勿翦勿伐！召伯所茇。』《傳》曰：『自陝以東者，周公主之；自陝以西者，召公主之。召公述職，當桑蠶之時，不欲變民事，故不入邑中，舍於甘棠之下而聽斷焉。陝間之人皆得其所，是故後世思而歌詠之。善之故言之，言之不足故嗟歎之，嗟歎之不足故歌詠之。夫詩思然後積，積然後滿，滿然後發，發由其道而致其位焉。百姓歎其美而致其敬，甘棠之不伐，政教惡乎不行。孔子曰：吾於《甘棠》，見宗廟之敬也。甚尊其人，必敬其位，順安萬物，古聖之道幾哉。』（劉向《說苑・貴德篇》）「《詩》曰：『蔽芾甘棠，勿翦勿伐！召伯所茇。』言召公述職，親稅舍於野樹之下也。」（揚雄《法言・巡狩篇》）

　　齊《詩》說：「召公，賢者也，明不能與聖人分職，常戰慄恐懼，故舍於樹下而聽斷焉。勞身苦體，然後乃與聖人齊，是故《周南》無美而《召南》有之。」（《初學記・人事部》引《樂動聲儀》）「古者春省耕以補不足，秋省斂以助不給，民勤於財則貢賦省，民勤於力則功業牢，爲民愛力；不奪須臾，故召伯聽斷於甘棠之下，爲妨農業之務也。」（桓寬《鹽鐵論・授時篇》）〔註85〕

　　韓《詩》說：「昔者周道之盛，召伯在朝，有司請營召以居。召伯曰：『嗟！以吾一身而勞百姓，此非吾先君文王之志也。』於是出而就烝庶於阡陌隴畝之間，而聽斷焉。召伯暴處遠野，廬於樹下，百姓大悅，耕桑者倍力以勸。於是歲大稔，家給人足。其後在位者驕奢，不恤元元，稅賦繁數，百姓困之，耕桑失時。於是詩人見召伯之所休息樹下，美而歌之。《詩》曰：『蔽芾甘棠，勿翦勿伐！召伯所茇。』此之謂也。」（《韓詩外傳》）「昔召公述職，當民事時，舍於棠下而聽斷焉，是時人皆得其所。後世思其仁恩，至乎不伐甘棠，《甘棠》之詩是也。」（《漢書・王吉傳》）

　　將三家《詩》、毛《詩》詩解與《詩本義》對《召伯》的訓解比較，雖然在個別細節上略有出入，但整體上「美召伯」的主旨相同。歐陽修不取毛鄭「蔽芾，小貌」的解釋，而根據三家《詩》與毛《詩》「舍於棠下」推斷：「棠可容人，舍其下則非小樹也。據詩意，乃召伯死後，思其人，愛其樹而不忍伐，則作詩時益非小樹矣。毛、鄭謂蔽芾爲小者失詩義矣。蔽，能蔽風日，俾人舍其下也。芾，茂盛貌。蔽芾，乃大樹之茂盛者也。」（《詩本義》卷十三《一義解》）將「芾」解釋爲「茂盛貌」、「蔽芾」是茂盛的大樹，則已成爲

〔註85〕「民勤於力則功業牢」，按：陳喬樅云「業、牢，是築、牢之僞。《穀梁・莊二十九年傳》：『民勤於力則功築牢。』可證」。

今天廣被人接受的觀點。如果要參照前述分類，此類應該併入第五種「融合三家《詩》與毛《詩》，另出新解」。

綜上，通過具體考察《詩本義》卷一、卷二以及卷十三所涉及的對《周南》、《召南》15 首詩歌的訓解，能夠比較細緻地反映《詩本義》與三家《詩》、毛《詩》的微妙關係，雖然還不能輕率地斷定三家《詩》是《詩本義》裁斷《詩序》毛《傳》鄭《箋》的主要依據，因為具體情形要複雜得多，但三家《詩》與《詩本義》之間存在著密切的內在關聯則是毋庸諱言的。

第六章　《呂氏家塾讀詩記》與《詩本義》

　　深受二程學術影響，又承長於中原文獻的家學薰陶（參見《宋元學案》卷三十六《紫微學案》）的呂祖謙（1137～1181），因學術淵源於尹焞、呂本中，在朱陸之爭（如鵝湖之會）中具有調和朱陸、和同朱陸、「兼取其長」（《宋元學案》卷五十一《東萊學案》）的氣象。但呂祖謙輩分較陸九淵長，二人雖後為莫逆之交，但若視呂學為和同朱陸終究不妥，毋寧主張呂祖謙遙承二程，能齊心、理學說，虛心融會，減少偏頗，和同朱陸只是這一學術淵源的外在表現而已。呂祖謙經學思想與理學關係密切，其經學觀念與治經方法相輔相成，整體也體現了這種和同理學與心學的特色〔註1〕。

　　在《詩經》學方面，呂祖謙《呂氏家塾讀詩記》是很有特色的一部集注類作品，幾可與後來的朱熹《詩集傳》（或稱《詩經集傳》）相頡頏。當然，呂祖謙的經學研究（包括《詩經》學研究）資料還可見於《麗澤論說集錄》。《麗澤論說集錄》，十卷，是門人整理呂祖謙平日講學的記錄，呂氏生前已有流播，但因錯訛與講說體的限制，其中觀點未必被呂祖謙視為定論，但呂氏

〔註 1〕蔡方鹿認為：「呂祖謙在經學上提出『以理視經』的思想，重視以理解經，批評章句訓詁傳注之學；強調『經非疏我，而我則疏經』，既以理喻之，又崇尚心悟。提出一套先治一經，觸類旁通；先識得大綱，再做工夫；讀書必務精熟的治經方法。以義理為指導，以經典為研究對象，在經典詮釋中，講求實理，把經學與理學結合起來，在當時南宋思想界產生了較大影響。」（蔡方鹿《呂祖謙的經學思想及其方法論原則》，《中國哲學史》2008 年第 2 期，第 62 頁）

身後，其弟呂祖儉與祖儉子呂喬年又加增益編次刊布，內容大多為經說以及部分史說、雜說。其中卷三為《門人所記詩說拾遺》，扼要論及《詩經》詩篇56首，大略不出以理學和史學論《詩》的范圍，文字平易簡約，可以參看，但畢竟不像《呂氏家塾讀詩記》經過反覆修訂，這個過程比較詳細地記錄在呂祖謙的《庚子辛丑日記》〔註2〕中，包括修訂《讀詩記》詩篇章節的進程，從淳熙七年（1180年）正月四日修訂《唐風·無衣》一直到淳熙八年（1181年）七月二十日修訂至《公劉》第一章，因此，《呂氏家塾讀詩記》應是呂祖謙《詩經》學的代表作。

第一節 《呂氏家塾讀詩記》成書時間及與《詩本義》關係考

古鄞陸鈇於嘉靖辛卯（1531年）撰《呂氏家塾讀詩記序》記載刊刻緣起時說道：「或問余曰：今《詩》學宗朱氏《集傳》矣，刻呂氏何居？余應曰：子謂朱呂異說，懼學者之多岐耶？夫三百篇微詞奧義，藐哉，邈矣。齊魯韓毛，譬則蹊徑之始分也，其適則同也。注疏，所由以適也，譬則轍也；朱氏、呂氏，蓋灼迷而導之往也，譬則炬與幟也。呂宗毛氏，朱取三家，固各有攸指矣，安得宗朱而盡棄呂耶？朱說《記》採之，呂說《傳》亦採之，二子蓋同志友也，非若夫立異說以求勝也。善學者，審異以致同；不善學者，因同以求異。是故刻呂氏以存毛翼朱，求合經以致同而已矣。」雖然聲明刻印《呂氏家塾讀詩記》的目的是「存毛翼朱」，將《呂氏家塾讀詩記》、《詩經集傳》相互影響、彼此採擷、相輔相成的特徵說得很清楚，相較《詩經集傳》而言，《呂氏家塾讀詩記》保存的前賢詩解更多原貌，為人們輯校補遺保存了豐富的資料。

作為呂祖謙的好友，在《詩經》學上同樣有深厚造詣的朱熹早已看得更分明。淳熙壬寅（1182年）九月己卯朱熹《呂氏家塾讀詩記序》載：「詩自齊、魯、韓氏之說不傳，而天下之學者盡宗毛氏。毛氏之學，傳者亦眾，而王《述》之類今皆不存，則推衍毛說者又獨鄭氏之《箋》而已。唐初，諸儒為作《疏》義，因訛踵陋，百千萬言而不能有以出乎二氏之區域。至於本朝，劉侍讀、

〔註2〕《東萊呂太史文集》卷十五，〔宋〕呂祖謙編著，黃靈庚、吳戰壘主編《呂祖謙全集》，第一冊，杭州：浙江古籍出版社，2008年1月版，第238～276頁。

歐陽公、王丞相、蘇黃門、河南程氏、橫渠張氏始用己意有所發明，雖其淺深得失有不能同，然自是之後，三百五篇之微詞奧義乃可得而尋繹。蓋不待講於齊、魯、韓氏之傳，而學者已知《詩》之不專於毛鄭矣。及其既久，求者益眾，說者愈多，同異紛紜，爭立門戶，無復推讓祖述之意，則學者無所適從，而或反以爲病。今觀《呂氏家塾》之書，兼總眾說，鉅細不遺，挈領持綱，首尾該貫，既足以息夫同異之爭，而其述作之體則雖融會徹，渾然若出於一家之言，而一字之訓、一事之義亦未嘗不謹其說之所自。及其斷以己意，雖或超然出於前人意慮之表，而謙讓退託，未嘗敢有輕議前人之心也。」（《呂氏家塾讀詩記序》）這段文字不僅對北宋代表性的《詩經》學學者劉敞、歐陽修、王安石、蘇轍、程頤、張載有很高的評價，而且扼要概括了《呂氏家塾讀詩記》彙聚融合眾說、謹嚴平實的特點。《四庫全書總目提要》的作者根據呂祖謙去世不久此書版次更新推斷「知宋人絕重是書也」（《呂氏家塾讀詩記·提要》）。

　　《呂氏家塾讀詩記》三十二卷，二十六卷《公劉》詩之後（陸釴《呂氏家塾讀詩記序》作「二十二卷」之後），當時就有人認爲是呂祖謙未完全校訂的作品，或係門人續成（陸釴《呂氏家塾讀詩記序》），根據呂祖儉的說法（《呂氏家塾讀詩記》卷二十六《公劉》），應以前者爲可信，因此，《公劉》以下應也是呂祖謙《詩經》學的有機構成部分，不過編寫體例與內容繁簡與前略有差異而已。呂祖謙曾對《呂氏家塾讀詩記》進行過刊定，據呂祖儉說，修訂至《公劉》第一章後去世，因此此章以前的釋文可以代表呂祖謙比較定型的《詩經》學思想和見解。如果仔細閱讀，今天看到的三十二卷《讀詩記》，體例實際上分爲三種，《公劉》第一章以後自不用說，前二十六卷的體例也稍有不同，前十八卷，在章後較各家注解低一字按語，爲呂祖謙按，但不標姓氏名號；從卷十九到卷二十六《公劉》第一章，則在章後以「東萊曰」標誌呂氏的看法。通過這種細微的差別，可以推斷也許刪定非一時一人所爲。

　　至於始於淳熙元年（1174年）和淳熙三年（1176年）的《呂氏家塾讀詩記》一稿和二稿的關係〔註3〕，明代至現代學術史上關於《公劉》第一章後是否爲呂氏原著的爭論，可見於杜海軍《呂祖謙文學研究》第六章《〈詩經〉之學》部分的追溯（包括明代的陸釴、清代的《四庫》館臣、現代的陸侃如）〔註4〕。

〔註3〕《東萊呂太史文集附錄》卷一《年譜》，《呂祖謙全集》，第一冊。
〔註4〕杜海軍著《呂祖謙文學研究》，北京：學苑出版社，2003年7月版，第184頁。

筆者認爲，這個問題比較清楚，如結合朱彝尊《經義考》的梳理會更清楚。因此，不作考辨，主要依據其修訂的部分。

呂祖謙對歐陽修的史學與經學成就等很熟悉，並結合歐陽修生平、詩文與著作編撰《歐公本末》四卷〔註 5〕，呂祖謙的好友朱熹也有《考歐陽文忠公事跡》（《晦庵先生朱文公文集》卷七十一）。一般據《呂祖謙年譜》淳熙八年辛丑載「編《歐公本末》」〔註 6〕判斷，定《歐公本末》完成於呂祖謙去世前不久，即淳熙八年（1181 年）上半年。但呂氏詳細記錄自己淳熙七至八年（1180～1181 年）讀書寫作的《庚子辛丑日記》〔註 7〕，卻並沒有關於撰寫《歐公本末》的記載，《庚子辛丑日記》記錄簡明，修訂《讀詩記》，閱讀《正蒙》、《論語》、《近思錄》等，每天任務量並不很大，雖「翻閱論著，固不以一日懈」〔註 8〕，但更透露出呂氏身體每下愈況、體力嚴重不支的實情，疑《歐公本末》四卷完成時間可能並不在這兩年。呂祖謙對歐陽修很敬仰，除過呂氏先祖與歐陽有世交外，歐陽的史學與經學成就等也是很重要的方面，呂祖謙去世當年（1181 年）「正月十五日閱《歐陽公集》」〔註 9〕，就可窺一斑了。

《麗澤論說集錄》卷三《門人所記詩說拾遺》較少引及前人言論，所引用者約有張載、程頤、謝良佐（引程顥詩說）各一例，其次就是歐陽修，在《沔水》詩解中，「歐公謂三章皆諸侯責王之辭」〔註 10〕，但該條不見於《呂氏家塾讀詩記》卷十九《沔水》，《詩本義》也僅說「詩人規戒宣王以恩德親諸侯」（《詩本義》卷六《沔水》），未有「諸侯責王之辭」云云，當屬記錄錯訛。然而，《麗澤論說集錄》卷三《門人所記詩說拾遺》保留的一些呂祖謙的《詩經》觀念與解說原則，卻是同歐陽修一氣的，因而並非沒有參考價值。如「詩者，人之性情而已，必先得詩人之心，然後玩之易入」〔註 11〕，前半句（「詩者，人之性情而已」）本之於王通，歐陽修也曾經引用過；「《詩》三

〔註 5〕 《呂祖謙全集》，第九冊，第 1～394 頁。

〔註 6〕 《東萊呂太史文集附錄》卷一《年譜》，《呂祖謙全集》，第一冊，第 749 頁。

〔註 7〕 《東萊呂太史文集》卷十五，《呂祖謙全集》，第一冊，第 238～276 頁。

〔註 8〕 朱熹淳熙壬寅（1182 年）《庚子辛丑日記》「後記」，《東萊呂太史文集》卷十五，《呂祖謙全集》，第一冊，第 276 頁。

〔註 9〕 《東萊呂太史文集》卷十五，《呂祖謙全集》，第一冊，第 262 頁。

〔註 10〕 《麗澤論說集錄》卷三《門人所記詩說拾遺》，《呂祖謙全集》，第二冊，第 125 頁。

〔註 11〕 《麗澤論說集錄》卷三《門人所記詩說拾遺》，《呂祖謙全集》，第二冊，第 112 頁。

百篇，大要近人情而已」，「看《詩》須是以情體之，如看《關雎》詩，須識得正心，一毫過之，便是私心。如『窈窕淑女，寤寐求之』，此樂也，過之則爲淫；『求之不得，展（輾）轉反側』，此哀也，過之則爲傷。『天生蒸民，有物必有則』，自有準則在人心，不可過也」〔註12〕，雖不能貿然斷定呂祖謙的「人情」與歐陽修「人情」內涵完全一致，但呂氏無疑也重視人情事理，特別重視中庸之道〔註13〕；「常人之情，以謂今之事皆不如古，懷其舊俗而不達於消息盈虛之理，此所謂不『達於事變』者也。『達於事變』，則能得時措之宜，方可『懷其舊俗』。若唯知舊俗之是懷，而不達於事變，則是王莽行井田之類也」〔註14〕，談論古今問題，與歐陽修從人情事理古今相通角度切入不同，呂祖謙注意到古今的同異，主張應因時損益，才能切合古制的精神，而不是拘泥於形式的復古，在根本上與同樣是歷史學家的歐陽修有相契合之處。

　　《呂氏家塾讀詩記》有二十八卷引到廬陵「歐陽氏」詩論，共計 165 處，直接評價「歐陽氏」經學觀點的有 3 處，這些詩解基本出自《詩本義》。今《四部叢刊》本《詩本義》「爲宋刻本，鈔配六卷。其原刻各卷，遇玄、敬、警、驚、檠、殷、愨、楨、讓、樹、桓、完、覯、愼諸字，均以避諱闕筆，當刊於南宋孝宗之世」〔註15〕，即在隆興元年（1163 年）與淳熙十六年（1189年）之間，共 27 年，而據淳熙壬寅（1182 年）九月己卯朱熹《呂氏家塾讀詩記序》來看，《呂氏家塾讀詩記》可能刊刻於淳熙年間，當時呂祖謙已去世（1181 年），而《呂氏家塾讀詩記》所記《詩本義》的資料則應不晚於 1181年。如果根據呂祖儉在《公劉》第一章後按語，呂祖謙於己亥（1179 年）秋刊定至此而終，而「自《公劉》之次章，訖於終篇，則往歲所纂輯者，皆未

〔註12〕《麗澤論說集錄》卷三《門人所記詩說拾遺》，《呂祖謙全集》，第二冊，第 112～113 頁。

〔註13〕筆者曾將呂祖謙的《詩經》學思想概括爲：「呂祖謙《詩經》學調劑朱陸的學術思想特徵體現在對『則』和『心』的雙重肯定上，他主張在閱讀《詩經》詩篇中要『識見得正心』，又主張『準則在人心』，所以他的治學工夫論也集中在『中和爲則』與『復歸本心』上。」（拙著《宋代〈詩經〉學與理學》，第 380 頁。）

〔註14〕《麗澤論說集錄》卷三《門人所記詩說拾遺》，《呂祖謙全集》，第二冊，第 113頁。

〔註15〕張元濟《宋本〈詩本義〉跋》（《四部叢刊》（三編）），又見於張人鳳編《張元濟古籍書目序跋彙編》（上、中、下冊），北京：商務印書館，2003 年 9 月版，第 929 頁。

及刊定，如《小序》之有所去取，諸家之未次先後⋯⋯」（《呂氏家塾讀詩記》卷二十六《公劉》），可以確認，包括《詩本義》在內的《詩經》學資料纂輯很早，「往歲所纂輯」，則其中的《詩本義》各則不晚於 1179 年。如果再考慮到《呂氏家塾讀詩記》淳熙元年（1174）和淳熙三年（1176）一稿和二稿的關係，則這個時間底限還可上溯至 1174 年。呂祖謙享年 44 歲，如果從孝宗第一個年號隆興元年（1163 年）估算，呂祖謙 26 歲，正是年富力強、出入經史的時候，他所接觸的《詩本義》應早於「孝宗之世」，這樣，《呂氏家塾讀詩記》所引的 165 條歐陽修《詩經》學資料可能昭示了更早的《詩本義》宋版信息，在文獻研究方面也極具重要價值。

第二節 《呂氏家塾讀詩記》所引「歐陽氏曰」的 特點與價值

《呂氏家塾讀詩記》全書彙集了四十四家的《詩經》解釋，漢唐九家，宋占三十五家，實爲宋代《詩經》學之淵藪〔註 16〕，也爲我們集中把握歐陽修《詩本義》在宋代的影響提供了方便。

雖然古人引書未必字句必較，但呂祖謙與他人稍異，引用相當嚴謹，有些引文先後順序或有出入，但整體比較細密。通過比較（附錄三《〈呂氏家塾讀詩記〉引「歐陽氏曰」與〈詩本義〉比較詳表》），我們可以更深刻地感受到這一點。這不僅會讓人對《呂氏家塾讀詩記》的史料性質有進一步確認，同時也能夠隱約感受到在《四部叢刊》本前的宋版《詩本義》的生動氣息。關於文字的差異，呂祖謙刪削的可能性較小，而有可能是《詩本義》不同修改本或版本的原因造成了這種細微的區別。而且在今天流傳的關於《詩本義》比較清晰的宋代書目著作《郡齋讀書志》、《直齋書錄解題》之前，《呂氏家塾讀詩記》所徵引的《詩本義》可能是我們目前能看到的最早的《詩本義》本子，儘管還不是全部。當然，《呂氏家塾讀詩記》（後文有時簡稱《讀詩記》）雖也有不斷流傳增益的過程，會在某種程度上「擾亂」〔註 17〕這種考察，但

〔註 16〕該書被認爲是「宋代《詩經》學資料，賴此書得以保存，是研究我國代《詩》學彌足珍貴的寶庫。僅此一點，《讀詩記》就已找到了它在《詩經》研究史上的位置」（蔣見元、朱傑人著《詩經要籍解題》，上海：上海古籍出版社，1996年 9 月版，第 41 頁）。

〔註 17〕借用考古學術語「擾亂」，旨在表明歷史與文化的研究，在某種意義上與地下

在基本文獻比勘上，依然有重要的參考價值，我們努力參考文淵閣《四庫全書》、《叢書集成初編》以及點校整理的《呂祖謙全集》中的《呂氏家塾讀詩記》，就是試圖使這種「擾亂」降低到最低程度，從而增強比較和研究的信度與效度。它除過反映了當時《詩本義》在客觀現實中產生過實際影響，《讀詩記》所引「歐陽氏曰」基本都來源於《詩本義》之外，還有助於我們反思《詩本義》版本流變的一些情況，包括解決《四部叢刊》本配抄六卷是否係宋版的問題，所以學術意義尤為重大。

　　《呂氏家塾讀詩記》所引證的《詩本義》有幾個特點：一是比較全面，主要的各個卷次都有；二是絕大多數與今本文字相合，少數有節略特點，個別不見於今本《詩本義》；三是引證所涉及的內容豐富多彩，既有篇章主旨說解，又有訓詁考證，還有義理發揮，雖斥責毛鄭的議論基本未被錄入，但反對毛鄭的學術觀點卻多有選收；四是重視歷史評論與道德評價、史學與經學相結合，是歐陽氏、呂氏的共同特點。

　　筆者嘗試將《呂氏家塾讀詩記》所引「歐陽氏曰」與今本《詩本義》進行細緻比較，用以彰顯二者的關係，並折射《詩本義》早期版本的信息（具體參見附錄三《〈呂氏家塾讀詩記〉引「歐陽氏曰」與〈詩本義〉比較詳表》）。這裡，為表述簡潔，特將該表統計而得的主要數據製成簡表（表 8），以便扼要把握。

表 8：《呂氏家塾讀詩記》所引「歐陽氏曰」與今本《詩本義》相關性
　　　統計簡表

項目名稱	《呂氏家塾讀詩記》				今本《詩本義》			
	卷次	篇目	歐陽氏曰		卷次	篇目	論曰	本義曰
引用	28	80	165	3	12	68	37	127
總數	32	305	168		12	114	164	
比例	87.5%	26.2%	98.2%	1.8%	100%	59.6%	22.6%	77.4%
說明	《呂氏家塾讀詩記》所引「歐陽氏曰」包括涉及今本《詩本義》卷十三《一義解》6 處、《取捨義》1 處，卷十六《〈詩譜補亡〉後序》2 處。							

考古很相似。這可能也是這種人文學科科學性的內在規定之一吧，所以也可以稱為「知識考古學」。

　　由上表可見，《呂氏家塾讀詩記》對歐陽修《詩本義》相當重視，在 32 卷中有 28 卷引用，占到 87.5％；所引「歐陽氏曰」共 168 處，包括經解 165 處，呂祖謙評論 3 處，分別占比例 98.2％與 1.8％，呂祖謙未輕易下評判，更加重視歐陽修的《詩經》學觀點的價值，儘管其中少數可能存在誤斷，即將歐陽修批評或發揮毛鄭的觀點視作歐陽修自己的觀點，但均與今本《詩本義》相關，不影響這裡的考察統計。《呂氏家塾讀詩記》所引「歐陽氏曰」涉及內容豐富，除包括涉及今本《詩本義》卷十三《一義解》6 處、《取捨義》1 處，卷十六《〈詩譜補亡〉後序》2 處外，其餘均分佈在今本《詩本義》一至十二卷，而且每一卷都有涉及，次序也基本吻合，所以是 100％，僅就所涉詩篇比例來看，按照傳統看法，《詩本義》所共論詩歌 114 篇，呂氏所涉及的 68 篇占比例 59.6％，如果將《一義解》6 處、《取捨義》1 處所涉及 7 首詩歌（即《邶風·谷風》、《七月》、《南山有臺》、《菁菁者莪》、《魚藻》、《雲漢》、《載驅》）剔出，這個比例也應為 53.5％，額度也是相當高的。而且，在今本《詩本義》中，呂氏所引大多表達次序與今本相一致，個別順序呈倒易狀態，少數兼具聯結今本《詩本義》「論曰」與「本義曰」內容，如果分別統計，在 164 處中，37 處涉及「論曰」，占 22.6％，127 處涉及「本義曰」，占 77.4％，這無疑說明呂祖謙更加看重歐陽修個人的《詩經》學觀點，但對毛鄭的分析也比較關注。這個基本結論與前從《呂氏家塾讀詩記》所引「歐陽氏曰」的推論一致，證明《呂氏家塾讀詩記》與《詩本義》明顯正相關，關係密切，其中所引《詩本義》就是較早的《詩本義》宋版系統，由其與《四部叢刊》本《詩本義》的個別印證，也可佐證這一點。

　　如果說，《呂氏家塾讀詩記》對於《詩本義》最重要的意義，莫過於兩個方面：一是可以補充今本《詩本義》闕漏；二是有助於釐清版本源流。

　　《呂氏家塾讀詩記》卷二十三記載了一條「歐陽氏曰」，是關於《小雅·魚藻》詩的解釋，今本《詩本義》目錄並無《魚藻》，但卷十三《一義解》有關於《魚藻》的闡述：「『魚在在藻』者，言萬物之得其性也；『王在在鎬』者，謂武王安其樂爾。」《呂氏家塾讀詩記》則作：「歐〔陽〕氏曰：『魚在在藻』者，言萬物之得其性也。『王在在鎬』者，謂武王安其樂也。」呂祖謙並注道：「毛氏曰：『魚以依蒲藻為得其性。』孔氏曰：『魚何所在乎？在於藻也。藻是魚之常處，既得其性，故能肥充，有頒然其大首也。』長樂劉氏曰：『夏月之時，淺水生藻，陽氣在外，魚亦從之，不潛於淵，而在於藻也。有頒其首

者，出游水面，則露其首，故見其頒大也。』」（《呂氏家塾讀詩記》卷二十三《桑扈之什》）呂祖謙引用毛、孔、劉三家同時注釋「得其性」的問題，足見歐陽修「萬物之得其性」訓釋的重要，也是超邁於各家的地方。《呂氏家塾讀詩記》卷二十七，《大雅·雲漢》詩解中記載了一條：「歐陽氏曰：『父母先祖，胡寧忍予』，詩人述宣王訴於父母及先祖爾。」（《呂氏家塾讀詩記》卷二十七《蕩之什》）今本《詩本義》目錄無《雲漢》，但卷十三《一義解》載，《雲漢》「下章又云『父母先祖，胡寧忍予』者，其義同也。而毛、鄭皆謂先祖文武為民父母者，亦非也。蓋詩人述宣王訴於父母及先祖爾。」可見，《呂氏家塾讀詩記》所引是對《一義解》的節略。

　　《讀詩記》所引見於《一義解》的還有卷四《谷風》、卷十六《七月》、卷十八《南山有臺》、卷十九《菁菁者莪》等詩解。

　　《呂氏家塾讀詩記》所徵引的資料有的與今本《詩本義》第十三卷《取捨義》一致。如《齊風·載驅》，呂祖謙引歐陽修的觀點：「文姜安然樂易，無慚恥之色也。」（《呂氏家塾讀詩記》卷九《載驅》）這本是對毛《傳》的繼承，今本《詩本義》卷十三《取捨義》作：「毛云言文姜於是樂易然者，謂文姜為淫穢之行，曾不畏忌人。而襄公乘驪，垂轡而行魯道，文姜安然樂易，無慚恥之色也。」（《詩本義》卷十三《取捨義》）

　　《呂氏家塾讀詩記》卷三十二引「歐陽氏曰」，至《長發》止，歐陽修《詩本義》前十二卷也以《長發》詩為終結。呂祖謙所引主要集中在《詩本義》卷一到卷十二。這或許證明，當時流行的《詩本義》的主體就是這十二卷，朱熹在《朱子語類》中曾經提到《詩本義》有「二十篇煞說得好處」此類的話，「二十篇」終難明瞭具體所指。根據呂祖謙比較嚴謹的資料引證，朱熹所說的「二十篇」可能正是指這「十二卷」，「二十」是「十二」之誤，略備一說，以供有志於深入探研者參考。《呂氏家塾讀詩記》所引「歐陽氏曰」涉及今本《詩本義》卷十三《一義解》、《取捨義》，卷十六《〈詩譜補亡〉後序》，這說明呂祖謙所看到的《詩本義》已經包括《一義解》、《取捨義》即今本第十三卷在內了，對我們瞭解宋代十四卷本的《詩本義》提供了重要的參考。如果這一點可以確定的話，依據《呂氏家塾讀詩記》所徵引的《詩本義》的資料分析，當時十四卷應包括今本第一至十二卷，第十三卷，第十六卷（或者十五卷本的附錄），第十六卷至少包括《〈詩譜補亡〉後序》。當然，《呂氏家塾讀詩記》所引「歐陽氏曰」涉及今本《詩本義》卷十三《一義解》、《取捨義》，卷十六《〈詩譜補亡〉後序》

內容，是否還有其他來源渠道，對窺測《一義解》、《取捨義》、《〈詩譜補亡〉後序》是否已編入《詩本義》到底有多大助益，這些問題還有待日後進一步研究。因為呂祖謙對「《歐陽公集》」很熟悉（見前文），《〈詩譜補亡〉後序》採擷自「《歐陽公集》」也是極有可能的。

　　《呂氏家塾讀詩記》卷一《刪次》引用了歐陽修關於國風編次的論說：「歐陽氏曰：《周南》、《召南》、《邶》、《鄘》、《衛》、《王》、《鄭》、《齊》、《豳》、《秦》、《魏》、《唐》、《陳》、《曹》，此孔子未刪之前，周太師樂歌之次第也。《周》、《召》、《邶》、《鄘》、《衛》、《王》、《鄭》、《齊》、《魏》、《唐》、《秦》、《陳》、《檜》、《曹》、《豳》，此今詩次第也。《周》、《召》、《邶》、《鄘》、《衛》、《檜》、《鄭》、《齊》、《魏》、《唐》、《秦》、《陳》、《曹》、《豳》、《王》，此鄭氏《詩譜》次第也。」（《呂氏家塾讀詩記》卷一《刪次》）這段引文很重要，「今詩次第」與「鄭氏《詩譜》次第」的最大區別，是「黜《檜》後《陳》，此今《詩》次第也」（《詩本義》卷十六《〈詩譜補亡〉後序》），呂氏所引符合這個特徵，同時，它還進一步透露了「鄭氏《詩譜》次第」將《王風》次於《豳風》之後的消息，這種順序與今人馮浩菲《鄭氏詩譜訂考》的基本編排順序吻合〔註18〕。

　　歐陽修關於十五國風次第的論述主要見於《〈詩譜補亡〉後序》（《詩本義》卷十六）、《詩圖總序》（《詩本義》卷十六）以及早年作品《詩解》（或《詩解統》）中的《十五國次解》（《詩本義》卷十五）等。

　　《〈詩譜補亡〉後序》作：「《周南》、《召南》、《邶》、《鄘》、《衛》、《王》、《鄭》、《齊》、《豳》、《秦》、《魏》、《唐》、《陳》、《曹》，此孔子未刪之前，周大師樂歌之次第也。《周》、《召》、《邶》、《鄘》、《衛》、《王》、《鄭》、《齊》、《魏》、《唐》、《秦》、《陳》、《檜》、《曹》、《豳》，此鄭氏《詩譜》次第也。黜《檜》後《陳》，此今《詩》次第也。」（《詩本義》卷十六《〈詩譜補亡〉後序》）〔註19〕《呂氏家塾讀詩記》卷一《刪次》所引與此段文字大體相當，

〔註18〕　參見馮浩菲《鄭氏詩譜訂考》，上海：上海古籍出版社，2008年12月版，第129～152頁。

〔註19〕　按：「此孔子未刪之前」，《歐陽修全集》之《居士集》卷四十一《序‧〈詩譜補亡〉後序》「刪」下有「詩」字；「《周》、《召》、《邶》、《鄘》、《衛》、《王》、《鄭》、《齊》、《魏》、《唐》、《秦》、《陳》、《檜》、《曹》、《豳》，此鄭氏《詩譜》次第也」，《四部叢刊》本無「齊」字，《歐陽修全集》之《居士集》卷四十一《序‧〈詩譜補亡〉後序》「檜」置於「鄭」前，據下文「黜《檜》後《陳》」語，《居士集》為妥當，而《四部叢刊》本、文淵閣《四庫全書》本「《陳》、

但也有文字出入。相較而言，呂氏所引與鄭氏《詩譜》吻合，完整清晰，如果考慮到《居士集》經過歐陽修的親筆修訂，則該集所收錄的《〈詩譜補亡〉後序》體現的「今《詩》次第」「黜《檜》後《陳》」特徵，與呂氏所引相副稱。自然，《呂氏家塾讀詩記》所引的《詩》的三種次第要更分明一些，似乎是對《詩本義》進一步修訂完善的結果，時間順序應在《居士集》所收集的《〈詩譜補亡〉後序》之後。

《詩圖總序》作：「《周》、《召》、《邶》、《鄘》、《衛》、《王》、《鄭》、《齊》、《豳》、《秦》、《魏》、《唐》、《陳》、《檜》、《曹》，此孔子未刪《詩》之前，季札所聽周樂次第也。《周》、《召》、《邶》、《鄘》、《衛》、《王》、《鄭》、《齊》、《魏》、《唐》、《秦》、《陳》、《檜》、《曹》、《豳》，此今《詩》之次第也。」（《詩本義》卷十六《詩圖總序》）

《十五國次解》作：「大抵《國風》之次，以兩而合之，分其次以為比，則賢善者著而醜惡者明矣。或曰：何如其謂之比乎？曰：《周》、《召》以淺深比也，《衛》、《王》以世爵比也，《鄭》、《齊》以族氏比也，《魏》、《唐》以土地比也，《秦》、《陳》以祖裔比也，《檜》、《曹》以美惡比也，《豳》能終之以正，故居末焉。」（《詩本義》卷十五《十五國次解》）

《詩圖總序》與《十五國次解》主要探討「今《詩》之次第」，尤其是《十五國次解》概括的「以兩而合之，分其次以為比」的劃分原則，雖然有牽強的地方，但便於人們理解，其中將三《衛》詩（《邶》、《鄘》、《衛》）繫於《衛風》之下，這種對十五國風次第的抽象思考是發人深思的。但論述明顯不及《〈詩譜補亡〉後序》以及《呂氏家塾讀詩記》所引全面完整，時間應也屬早出之列，可作參考。

當然，《呂氏家塾讀詩記》在引用歐陽修《詩》論時偶而也有誤斷的地方，但材料卻與《詩本義》密切相關，對我們判斷《詩本義》影響不大，但在把握歐陽修的《詩經》學觀點和思想方面，則應謹慎對待這些材料。如《邶風‧柏舟》，呂祖謙分別引用歐陽氏《詩》論三處，其中前兩處分別是「其意謂『石席可轉卷，我心匪石席，故不可轉卷也』」、「『慍於群小』，群小慍仁人也」（《呂氏家塾讀詩記》卷四《柏舟》），這些文字也見於今本《詩本義》卷二，但是

《檜》」則顯與「黜《檜》後《陳》」不伴；「黜《檜》後《陳》，此今《詩》次第也」，《四部叢刊》本、《歐陽修全集》之《居士集》卷四十一《序‧〈詩譜補亡〉後序》「第」作「比」。

前者實際是歐陽修對毛《傳》、鄭《箋》的進一步闡發，後者則是對「鄭氏云『德備而不遇，所以慍』」的解釋，歐陽修自己的觀點正相反，即：「『憂心悄悄，慍於群小』者，本謂仁人為群小所怒，故常懼禍而憂心焉。」（《詩本義》卷二《柏舟》）這可能是呂祖謙考察不周的遺憾，在所難免。如果呂祖謙考察無誤，這種歧異則更可能昭示了今本《詩本義》對學術觀點的截然相反的調整，是值得注意的。

第三節　《呂氏家塾讀詩記》保存的《詩本義》與今本《詩本義》的關係

《讀詩記》絕大多數保留了《詩本義》的原貌，引證精審規範，材料具有可信性。

「農夫在田，婦子往饁，田大夫見其勤農樂事而喜爾。」（《詩本義》卷十三《一義解》）《讀詩記》卷十六《七月》所引「婦子往饋」之「饋」正與《四部叢刊》本《詩本義》相合，而他本多作「饁」。《呂氏家塾讀詩記》卷三十引作「『實維爾公允師』者」，文淵閣《四庫全書》本《詩本義》作「『實維爾公』者」，實際上《酌》詩文末一句即為「實維爾公允師」。

《呂氏家塾讀詩記》引用《詩本義》大多準確，少有變動，而且基本分別取於「論曰」或「本義曰」。當然，也有少數例子橫跨「論曰」與「本義曰」。如《卷耳》詩解，呂氏所引為：「歐陽氏曰：婦人無外事，求賢審官非后妃之職。蓋后妃諷其君子愛養臣下，慰其勞苦，而接以恩意。其宮中相語者，如是而已，非私謁之言也。」（《呂氏家塾讀詩記》卷二《卷耳》）該段文字實際上分別包括今本《詩本義》「論曰」的「婦人無外事，求賢審官非后妃之職也」與「本義曰」的「后妃以采卷耳之不盈而知求賢之難得，因物託意，諷其君子以謂賢才難得，宜愛惜之。因其勤勞而宴犒之，酌以金罍不為過禮，但不可以長懷於飲樂爾，故曰『維以不永懷』。養愛臣下，慰其勞苦，而接以恩意，酒歡禮失，觥罰以為樂，亦不為過，而於義未傷，故曰『維以不永傷也』。所以宜然者，由賢臣勤國事，勞苦之甚，如卒章之所陳也。詩人述后妃此意以為言，以見周南君后皆賢。其宮中相語者，如是而已，非有私謁之言也，蓋疾時之不然」（《詩本義》卷一《卷耳》）〔註20〕，其中，《讀詩記》似是對今

〔註20〕「所以宜然者，由賢臣勤國事」，《四部叢刊》本「賢」下衍一「者」。

本《詩本義》的節略和修訂。

又有一處似兼採今本《詩本義》「論曰」與「本義曰」的地方，這就是《邶風・擊鼓》，呂祖謙引用歐陽修的看法：「王肅以下三章衛人從軍者與其室家訣別之辭。士卒將行與其室家訣別，云：『我之是行，未有歸期，亦未知於何所居處，於何所喪其馬，若求我與馬，當於林下求之。』蓋爲必敗之計也。」（《呂氏家塾讀詩記》卷四《擊鼓》）與今本《詩本義》相較，實際上涵蓋「論曰」「自『爰居』而下三章，王肅以爲衛人從軍者與其室家訣別之辭」、「本義曰」「於其詩載其士卒將行與其室家訣別之語，以見其情，云：『我之是行，未有歸期，亦未知於何所居處，於何所喪其馬，若求與我馬，當於林下求之。』蓋爲必敗之計也。」（《詩本義》卷二《擊鼓》）《讀詩記》似是對今本《詩本義》的節略和修訂。

《呂氏家塾讀詩記》所引同一處經解橫跨今本《詩本義》「論曰」與「本義曰」的還有卷四《匏有苦葉》（《詩本義》卷二）、卷十七《天保》（《詩本義》卷六）、卷十八《湛露》（《詩本義》卷六，分別是「本義曰」與「論曰」的融裁）等詩詩解。

《呂氏家塾讀詩記》所引「歐陽氏曰」的文字敘述順序，大多與今本《詩本義》整體上保持一致，但也有例外。如《呂氏家塾讀詩記》卷二《漢廣》，所引前後兩例文字，即：「歐陽氏曰：末乃陳其不可得之辭，如漢廣而不可泳，江永而不可方爾。」「歐陽氏曰：既知不可得，乃云之子既出遊而歸，我則願秣其馬。此悅慕之辭，猶古人言『雖爲執鞭，猶忻慕焉者』是也。」（《呂氏家塾讀詩記》卷二《漢廣》）與今本《詩本義》卷一《漢廣》「本義曰」完全相同，但順序正好相反。

呂氏所引，有時似乎不全，刪削也不當，如《召南・草蟲》，引「歐陽氏曰：婦人見時物之變新，感其君子。」（《呂氏家塾讀詩記》卷三《草蟲》）《詩本義》作：「其曰「陟彼南山，采蕨采薇」云者，婦人見時物之變新，感其君子久出而思得見之，庶幾自守能保其全之意也。」（《詩本義》卷二《草蟲》）但《讀詩記》所引句子似不全，這從側面說明《讀詩記》所引可能是對當時《詩本義》的刪節。

上述《讀詩記》徵引文字兼有今本《詩本義》「論曰」、「本義曰」的內容，究竟如何判斷？僅從邏輯上考察，似乎難以得出令人信服的結論。但關鍵的問題是這種節略是歐陽修後期修訂的，還是呂祖謙引用時酌加的，抑或是版

刻不同所致？根據後幾卷引述的精確判斷，呂祖謙改動的可能性很小。這種歧異從邏輯上導致了幾種截然相反卻可能並存的狀況，即呂氏所引是今本《詩本義》擴充和增補的基礎和內核，或是對今本《詩本義》的刪削和簡化，或是《詩本義》原稿與修訂稿分別傳佈、同時存在的明證，還是不同的修訂本的流傳樣態？這種考察最終只能在歷史學和文獻學的視域內才能得到較為明晰的呈現。

《呂氏家塾讀詩記》所引「歐陽氏曰」絕大多數文字與今本《詩本義》相合，而且有九十餘處完全一致，說明呂氏引用是相當謹嚴準確的，在這種情況下，那些貌似節略和刪削、個別文字出入、順序顛倒的例子，便不能被以引用不慎的態度輕意放過，正是它們昭示了更早於《四部叢刊》本《詩本義》的蛛絲馬蹟。因為，在《呂氏家塾讀詩記》中的確存在著這樣一些富有啟發意義的異文存在，需要我們認真辨析，但首先是將其放在呂祖謙謹嚴引證而形成的系統的前提下，才能呈現其準確和明晰的內涵。

《讀詩記》所引《詩本義》與今本《詩本義》的差異有助於反思《詩本義》的源流變化。

首先，今本《詩本義》在某些地方，較《讀詩記》所引簡易恰切，是明顯被修訂的遺存。如「謂此君子樂易而有威儀爾」（《詩本義》卷十三《一義解·菁菁者莪》）。《讀詩記》卷十九所引「君子樂且而有威儀」，「樂且」古澀不通，今本《詩本義》作「樂易」，簡易明白，為長。《讀詩記》卷二十《斯干》引作「如鳥驚變而悚顧也」，今本《詩本義》卷七作「如鳥驚而革也」，與「論曰」文字相映照，行文更加周密。《呂氏家塾讀詩記》卷二十五在《大雅·皇矣》詩解中記載了一條「歐陽氏曰：省，視也」（《呂氏家塾讀詩記》卷二十五《文王之什》），而今本《詩本義》則無，似已刪去，「其三章言帝視岐」實際解釋的正是詩句「帝省其山」，已經包含「省，視也」的意思，所以原「省，視也」的注釋因過於簡易便可徑直刪去。這說明今本《詩本義》是修訂本，但未必是最終的修訂本。

其次，《讀詩記》所引與今本《詩本義》在整體相關的基礎上，還保留有許多異文，而且相較今本《詩本義》更勝一籌。如《讀詩記》卷十九《鴻雁》，引「歐陽氏曰」作「之子使臣也」，今本《詩本義》卷六作「此詩之說但述使臣」，文雖不同，意義相同，《讀詩記》更加簡潔。《讀詩記》卷二十《無羊》所引「『眾維魚矣』，但言魚之多也。周官司常，縣鄙建旐，州里建旗。（呂氏

原注：詳見《出車》）」，與今本《詩本義》出入較大，今本《詩本義》卷七作「魚之爲物，生子最多，故夢魚者占爲豐年」。《讀詩記》卷二十《正月》所引「此章大夫自傷獨立於昏朝之亂也，大夫既傷獨立而知其無如之何，故於下章遂及亡國之憂」，今本《詩本義》卷七作「其七章曰『瞻彼阪田，有菀其特。天之扤我，如不我克。彼求我則，如不我得。執我仇仇，亦不我力』云者，大夫自傷獨立於昏朝之辭也。五章既陳戒王之意，六章又戒小人而不見聽，因自傷獨立而無助云，瞻彼阪田之苗，有特立者乃菀然而茂盛，今我獨立於昏朝而勢傾危，『天之扤我』，惟恐不傾折也。又云『彼有欲求我相則效』者，又不與我相遭；其與我同列而耦居者，又不出力助我也。云『天之扤我』者，君子居危，推其命於天也。古言謂『耦』爲『仇』，其復言『仇仇』者，猶昔言『兩兩』，今言『雙雙』也。大夫既傷獨力，而知其無如之何，故於下章遂及亡國之憂，然猶欲救之也。」《讀詩記》引徵簡明扼要，「大夫自傷獨立於昏朝之亂也」，《詩本義》「亂」作「辭」，勝於《讀詩記》，《讀詩記》或係字形相近誤刻，餘大多似是對今本《詩本義》的節略，該段文字是在今本基礎上刪削而成，抑或是今本擴充的基礎？待考。但今本語言散漫，前文已有「五章」、「六章」義釋，文隔不遠，不必回溯，似非歐陽語，而《讀詩記》所引頗勝一籌。

又如《讀詩記》卷二十一《巧言》引作「蛇蛇乃舒遲安閒之貌」，今本《詩本義》卷八作「委委蛇蛇，古人常語，乃舒遲安閒之貌」，《讀詩記》所引似更佳。《巧言》第六章曰「蛇蛇碩言，出自口矣。巧言如簧，顏之厚矣」，當直接釋「蛇蛇」爲妥。「委委蛇蛇，古人常語，乃舒遲安閒之貌」，反似散漫，與詩文也不盡相侔。《讀詩記》卷二十一《大東》引作「箕引其舌」，較《詩本義》卷八「箕張其舌」更加通暢貼切。《讀詩記》卷二十四《白華》引作「棄妻指此石常在人下，如妾止當在下爾。今之子遠我而近彼，使我病也」，今本《詩本義》卷九作「棄妻指此石常在人下而助人升者，如妾止當在下而佐人爾。今之子遠我而進彼，使我病也」，《讀詩記》所引「此石常在人下」下無「而助人升者」，另「遠我而近彼」，《詩本義》作「遠我而進彼」，遠與近、進與退相對，因此，《讀詩記》所引爲長。《讀詩記》卷二十六《鳧鷖》引作「鳧鷖在涇、在沙，謂公尸和樂，如水鳥在水中及水旁得其所爾。在渚、在潀、在亹，皆水旁爾。鄭氏曲爲分別，以譬在宗廟等處者，皆臆說也」，今本《詩本義》卷十在「在渚」前有「在沙」二字。《鳧鷖》詩五章，章六句，各

章依次言鳧鷖在涇、在沙、在渚、在潀、在亹，《詩本義》「論曰」已言「鳧鷖在涇、在沙，謂公尸和樂」，下當不必復言「在沙」。因此，應以《讀詩記》所引爲精當。

這些異文可視作今本《詩本義》被刪訂的證據，也就是說《呂氏家塾讀詩記》所引《詩本義》應該早於今本《詩本義》，儘管它也可能是歐陽修修訂過的一種本子。《讀詩記》所引《詩本義》應是歐陽修《詩本義》的修訂本，更加簡潔精當；而流傳的宋版系統的《詩本義》在這個細節上與《讀詩記》一致，是同一版本源流。雖然肇源相同，但修訂不一，所以兩種本子存在一定的離合關係。如歐陽修文集有多種版本流傳一樣，《詩本義》也存在類似的情形。但不同的畢竟是少數，絕大多數則相同或基本相同，反映當時《詩本義》已經有了比較穩定的版本形態和流傳載體。這樣，今本《詩本義》中所沒有的幾處、明顯的對今本文字的節略等都可以得到解釋。

這正好給我們以啓發：該「歐陽氏曰」可以彌補今天《詩本義》的不足，使人瞭解到《詩本義》刪削修訂的歷史過程，這種刪削同時印證《呂氏家塾讀詩記》所保留的《詩本義》與今本《詩本義》同源異質的特徵，它可能保留了歐陽修修訂本的一些面貌，但異文的存在標明要早出於今本《詩本義》，這同前文考證的呂祖謙所接觸的《詩本義》應早於「孝宗之世」的結論可以相互佐證。

第四節　《呂氏家塾讀詩記》所見《詩本義》與漢宋《詩經》學

通過《呂氏家塾讀詩記》的集注形式，人們可以比較集中地把握漢宋《詩經》學的異同與沿革，從這種意義上說，與《詩本義》一樣，《讀詩記》也是漢宋《詩經》學過渡中的作品之一。

呂祖謙經常將歐陽修的《詩》解放在漢唐及宋代《詩經》學者的觀點中，彼此映照，相互補充，同時也能看到這些觀點的優劣和承襲關係。如《齊風·東方之日》，他就將毛、程、朱、歐陽放在一起，讓人對這首詩的主旨有基本明確的把握，「毛氏曰：興也，日出東方，人君明盛，無不照察也。朱氏曰：履，隨也。鄭氏曰：即，就也。朱氏曰：言隨我而相就也。程氏曰：日月明照，則物無隱蔽，奸匿莫容，如朝廷明於上也；今君不明，故有淫奔之行，

詩人以東方之日刺其當明而昏也。歐陽氏曰：『在我室兮，履我即兮』，相邀以奔之辭也。」（《呂氏家塾讀詩記》卷九《齊》）

呂祖謙通過夾註的形式呈現了歐陽修《詩本義》觀點的淵源。如《小雅·節南山》，「歐陽氏曰：責幽王不自爲政，而使此尹氏在位，致百姓於憂勞也。」呂祖謙注：「孔氏曰：王肅云言政不由王出也。」（《呂氏家塾讀詩記》卷二十《祈父之什》）可見，歐陽修此解與孔《疏》同，均發源於晉代王肅。《小雅·小宛》，「歐陽氏曰：告其速自改悔云，譬如脊令，且飛且鳴，自勤其身，不少休息。」呂祖謙注：「前漢東方朔云：士所以日夜孳孳，敏行而不敢怠也，闞若鶃領飛且鳴矣。」（《呂氏家塾讀詩記》卷二十一《小旻之什》）呂祖謙引西漢東方朔的話，點明歐陽修詩解「譬如脊令，且飛且鳴」的意義與來源。《小雅·蓼莪》，「歐陽氏曰：『南山烈烈』，望之可畏也。『飄風發發』，暴急而中人也。」呂祖謙注：「鄭氏曰：民人自苦見役，視南山則烈烈然，飄風發發然，寒且疾也。」（《呂氏家塾讀詩記》卷二十一《小旻之什》）可見，歐陽修在解釋「南山烈烈，飄風發發」時，受到鄭玄的影響，但有自己的調整，「『飄風』非取其寒，亦非詩意也」（《詩本義》卷八《蓼莪》「論曰」），「暴急而中人」就是「寒且疾」的進一步明晰化和校正，解「南山烈烈」爲「望之可畏也」，雖比較委曲，但也是看到鄭《箋》有不周到的地方。朱熹《詩經集傳》注意到了，解「烈烈，高大貌。發發，急貌」，就更加明瞭，但又說「南山烈烈，則飄風發發矣」（《詩經集傳》卷十二《蓼莪》），反有些添足。

比較典型的例子是《小雅·大東》篇詩解，可以看到《詩本義》與鄭《箋》、孔《疏》的內在聯繫。《小雅·大東》，《呂氏家塾讀詩記》作：「歐陽氏曰：天雖有織女，不能爲我織而成章；（呂氏原注：「鄭氏曰：織女有織名爾，駕則有西無東，不如人織相反報成文。孔氏曰：織之用緯，一來一去，是報反成章。」）雖有牽牛，不能爲我駕車而輸物；雖有啓明、長庚，不能助日爲晝，俾我營作；（呂氏原注：「鄭氏曰：啓明、長庚，皆有助日之名，而無實光也。」）雖有天畢，不能爲我掩捕鳥獸。（呂氏原注：「孔氏曰：在天之畢，徒施於二十八宿之行列而已，何曾見其掩兔乎？」）」（《呂氏家塾讀詩記》卷二十一《小旻之什》）爲了更集中地看到《讀詩記》注釋的特點，我們這裡保留了原排版的基本面貌，詩文「雖則七襄，不成報章。睆彼牽牛，不以服箱。東有啓明，西有長庚。有捄天畢，載施之行」，歐陽修在解釋時，明顯受到鄭《箋》和孔《疏》的深刻影響。

《大雅‧棫樸》，「歐陽氏曰：詩人言芃芃然棫樸，茂盛採之以備薪樵。」呂祖謙注：「毛氏曰：山木茂盛，萬民得而薪之。」（《呂氏家塾讀詩記》卷二十五《文王之什》）指出歐陽修詩解與毛《傳》關係密切。

作爲史學家、經學家和理學家，呂祖謙很注意思想學術流變的淵源與流播。這種歷史的眼光與義理（道德）的眼光一直伴隨著他的歷史與經學研究。

如解《邶風‧谷風》詩，呂祖謙就受到歐陽修的深刻影響：「歐陽氏曰：禁其新昏『毋逝我梁，毋發我笱』，言棄妻將去，猶顧惜其家之物，既而歎曰『我身不容，安得恤後事乎』。」呂祖謙自己的看法是：「涇，新昏也。渭，舊室也。涇渭既合，則清濁易惑，於洲渚淺處視之，渭之清猶可見也。詩人多述土風，此衛詩而遠引涇渭者，蓋涇濁渭清，天下所共知，如云海鹹河淡也。」（《呂氏家塾讀詩記》卷四《邶》）呂祖謙將「涇渭」視作新舊室之比。朱熹也是以比看待「涇渭」，但意義上有細微差別，認爲「涇濁渭清」「婦人以自比其容貌之衰久矣，又以新昏（婚）形之，益見憔悴，然其心則固猶有可取者」，詩歌主旨上與歐陽修、呂祖謙判斷相同，「言毋逝我之梁，毋發我之笱，以比欲戒新昏（婚）毋居我之處，毋行我之事。而又自思我身且不見容，何暇恤我已去之後哉？知不能禁而絕意之辭也」（《詩經集傳》卷二《邶》），雖然這段訓解朱熹並未聲明受到歐陽修影響，但其中採擷融裁歐陽、呂二氏觀點處痕跡鮮明（當然，「知不能禁而絕意之辭也」雖然《呂氏家塾讀詩記》卷四《邶》已在注中標明，但其他各句未見，或這些論斷《詩經集傳》初稿尚無，可窺學術影響與發展的淵源和微妙）。

歐陽修對宋代學者啓發很大，包括某些訓詁上，呂祖謙也通過文中夾註的方式揭示了這種學術影響。如《衛風‧氓》：「歐陽氏曰：桑之沃若，喻男情意盛時可愛；至黃而殞，又喻男意易得衰落。」呂祖謙注「朱氏曰：桑之沃若，以比始者容色美盛情好歡洽之時也；桑之黃落，以比色衰而愛弛也。」（《呂氏家塾讀詩記》卷六《衛》）自然，朱熹後出則優，但脈絡一致。《陳風‧東門之枌》「穀旦於差，南方之原。不績其麻，市也婆娑」，「歐陽氏曰：子仲之子，常婆娑於國中樹下，以相誘說，因道其相誘之語，曰當以善旦期於國南之原野，下章又述其相約以往。」呂祖謙注「范氏曰：先王惡夫飽食而逸居，是故君子勤禮，小人盡力，所以愛日也，今也民於善日則擇高明之地而荒樂焉。」（《呂氏家塾讀詩記》卷十三《陳》）朱熹在解《東門之枌》時，完全沿襲了歐陽修的看法，「既差擇善旦以會於南方之原，於是棄其業以舞於市

而往會也」(《詩經集傳》卷七《陳》)，儘管他也並未注明出處。

《陳風·防有鵲巢》「歐陽氏曰：讒言惑人，非一言一日之致，必由積累而成，如防之有鵲巢，漸積構成之爾，又如苕饒，蔓引牽連，將及我也」，呂祖謙注「程氏曰：相茂林之蔽翳，則鵲巢之興；人心有蔽昏，則讒誣者至。丘言平廣之地則有美草，與人心高明平夷則來善言」(《呂氏家塾讀詩記》卷十三《陳》)。《小雅·常棣》：「喪亂既平，既安且寧。雖有兄弟，不如友生。」「歐陽氏曰：『此乃責之之辭。』程氏曰：『言平時則皆可遂其私意，急難則莫如兄弟也。』」呂祖謙注：「蘇氏曰：『人居平安之世，不知兄弟之可恃，而以至親相責望，則兄弟常多過失，易以生怨，故有以朋友為賢於兄弟者。』王氏曰：『友生約我以禮義者也，雖有兄弟，不如友生，有禮義然後無失其愛兄弟之常心。友生約其外，妻子調其內，則兄弟加親矣。故曰『妻子好合，如鼓瑟琴。兄弟既翕，和樂且湛』。」(《呂氏家塾讀詩記》卷十七《正小雅》)這裡涉及歐陽修、程頤、蘇轍、王安石四人的詩解，其中因為王安石發揮《詩經》義理，重視倫理道德的價值，雖然並非詩的本義，但依然有價值，因此呂祖謙認為「王氏之說雖非經旨，亦學者所當知也」(《呂氏家塾讀詩記》卷十七《正小雅》)。而歐陽修對詩句辭氣的體味就比較真切，較程頤超絕，蘇轍也緊承歐陽修的詩解，是對歐陽修「責之之辭」的進一步闡發。

《小雅·南山有臺》，「歐陽氏曰：高山多草木，如周大國多賢才。」呂祖謙注：「李氏曰：詩人之意，只言山之有草木，以喻國之有賢者，君必一一為說則拘矣。」呂祖謙自己的看法是：「賢才之盛多如此，樂哉，王者誠可為邦家之基矣，誠可以萬壽無期矣。五章反覆詠歎之，樂之至也。」(《呂氏家塾讀詩記》卷十八《南陔之什》)顯然李氏、呂祖謙也是承襲歐陽修「樂多賢才」的看法。《小雅·沔水》，「歐陽氏曰：『鴥彼飛隼，載飛載止』者，言諸侯之來者，如隼之或飛或止，其或來或不來，不可常。東萊曰：諸侯之於天子，如沔水之朝宗，其常理也。所以如飛隼載飛載止、去來不常者，其必有所以矣。『嗟我兄弟，邦人諸友』，固皆願安寧；『莫肯念亂，況誰無父母』，豈不顧惜乎？然則其未服者，蓋必有甚不得已也。此深規宣王，使之自反也。」(《呂氏家塾讀詩記》卷十九《彤弓之什》)〔註21〕「東萊曰」以下是呂祖謙的認識，在訓釋上從歐陽修，在義理探討上則更加深刻，揭示諸侯朝宗〔註22〕

〔註21〕「莫肯念亂，況誰無父母」，疑「況」字衍。
〔註22〕「諸侯春見天子曰朝，夏見曰宗。」(朱熹《詩經集傳》卷十《沔水》)

不常的原因與周天子的德行有關，因此，該詩具有諷諫宣王自省的功能，這種義理發揮反映了作為史學家與理學家的呂祖謙關注社會現實、時代命運、德性修養的理論旨趣，但無疑是在思想方面對歐陽修的進一步深化和延伸。

《大雅·思齊》，「歐陽氏曰：事雖未嘗聞，舉必中法，又不待教諫而入於善。」呂祖謙注：「朱氏曰：雖事之無所前聞者，而亦無不合於法度；雖無諫諍之者，而亦未嘗不入於善。」（《呂氏家塾讀詩記》卷二十五《文王之什》）呂祖謙所引朱熹的詩解亦見於《詩經集傳》卷十六《思齊》，儘管呂氏看到的是朱熹前期的作品，但在此句上隻字未改。呂祖謙的注釋使人看到，歐陽修的詩解對朱熹具有深刻的影響。但是，《詩經集傳》該句前後卻未提到歐陽。

《小雅·大東》，「歐陽氏曰：周人方事侈富，潔其衣服以相誇，至於操舟之賤，亦衣熊羆之裘，而私家之人皆備百官而祿食。」呂祖謙注：「王氏曰：私人之子試於百僚，則絕功臣之世，棄賢者之類，竄賤者用事而貴也。」（《呂氏家塾讀詩記》卷二十一《小旻之什》）王安石與歐陽修《詩》解的聯繫也可窺一斑。

此外，夾註也有表達對歐陽修詩解的輔證意義。《小雅·正月》，「歐陽氏曰：『我心之憂如結，而國之政何其惡也！』」呂祖謙注「王氏曰：厲，危也。正危則邪勝故也。」（《呂氏家塾讀詩記》卷二十《祈父之什》）「王氏」指王安石，呂祖謙引王安石詩解，表面看了無瓜葛，但實際是對歐陽觀點的補充和說明。

《呂氏家塾讀詩記》引歐陽修的看法：「諏、謀、度、詢，但變文以叶韻爾，詩家若此之類甚多。」這段論斷也見於今本《詩本義》卷六。呂祖謙並按：「諏、謀、度、詢，必咨於周，而詩文乃云『周爰咨諏』者，古語多倒也。歐陽氏諸說《詩》中亦兼有此意。然毛《傳》乃經之本旨也。」（《讀詩記》卷十七《皇皇者華》）歐陽氏開「叶韻」說，當為朱子所承。

當然，畢竟《呂氏家塾讀詩記》整體上尊序、宗毛，有些比較是應謹慎的，但也饒有學術價值。如《小雅·斯干》，《詩序》認為是「宣王考室也」，鄭《箋》釋「考」為「成」，孔《疏》進一步延續，主張「路寢成則考之而不釁」，解釋為一種祭祀慶祝的儀式。歐陽修與呂祖謙繼承並發揮了這種基本解釋，「歐陽氏曰：古人成室而落之，必有稱頌禱祝之言，如歌於斯，哭於斯，聚國族於斯，謂之善頌善禱者是矣。若知《斯干》為考室之辭，則一篇之義簡易而通明矣。東萊曰：《斯干》、《無羊》，皆宣王初年之詩，乃次於刺詩之

後，何也？蓋宣王晚歲，雖怠於政，然中興周室之大德，豈可以是而掩之乎？故復取此二篇以終之也。宣王之大雅有美無刺，大雅言大體者也，論其大體，則宣固一世之賢君也。」（《呂氏家塾讀詩記》卷二十《祈父之什》）歐陽修關注《斯干》文辭的體味，深感作為「考室之辭」，有助於簡明地把握全詩的重要，這是恢復詩本義的閱讀。而呂祖謙則是史學與義理相結合的解讀，重在闡發《斯干》、《無羊》所彰顯的歷史意義，與其評價歷史時代與英雄人物重視「大體」的史學思想相一致，「大體」即呂祖謙常說的「統體」或「大綱」〔註23〕。如將《詩序》、鄭、孔、歐陽、呂相互比較，承革損益脈絡明晰，反映了思想學術史的生動複雜的發展面貌。

　　《小雅‧節南山》「駕彼四牡，四牡項領。我瞻四方，蹙蹙靡所騁」，「歐陽氏曰：我駕此大領之四牡，四顧天下，王室昏亂，諸侯交爭，而四方皆無可往之所。東萊曰：此章言幽王既不悟賢者有去，而己於是駕彼四牡而將行，四牡項領，則馬之肥壯固可惟意所適也，然我瞻四方則蹙蹙靡所騁。蓋本根病則枝葉皆瘁，是以無可往之地也。」（《呂氏家塾讀詩記》卷二十《祈父之什》）呂祖謙解釋雖多深婉義理與歷史批評，「本根病則枝葉皆瘁」尤能發人深思，但基本意思與歐陽修無二，或者說是以歐陽修的詩解為基礎的。朱熹《詩經集傳》在此章，實際上是將歐陽修與呂祖謙的看法融而為一，並明確標明呂祖謙的看法，但未注明歐陽修的詩解，其注解為：「言駕四牡而四牡項領，可以騁矣。而視四方則昏亂，蹙蹙然無可往之所，亦將何所騁哉？東萊呂氏曰，本根病則枝葉皆瘁，是以無可往之地也。」（《詩經集傳》卷十一《節南山》）由朱熹引證東萊語的準確無誤看，《呂氏家塾讀詩記》的這段材料朱熹應比較熟悉，與其緊連的歐陽修的解釋也應不會陌生，雖未標明「歐陽氏」，我們也可目為是歐陽修《詩經》學影響的表徵。至於朱熹多次未標明歐陽氏詩解，其中原因雖不便推測，或者可能是多方面的，但理學標準則是很重要的方面，這也是「本根病則枝葉皆瘁，是以無可往之地也」被朱熹強調的重要原因，實際上它對理解詩義本身意義並不大，但是在義理價值上卻很突出，這應是不可忽視的現象。因此，清理歐陽修以及其他人經學見解及其淵源影響，不能僅停留在文字表面，或者僅重視作者是否標出引用的字樣，而是要據實而論、實事求是。

〔註23〕　《東萊呂太史別集》卷十四《讀書雜記‧讀史綱目》，《呂祖謙全集》，第一冊，第561頁。

　　呂祖謙、朱熹借鑒歐陽修《詩本義》的地方也很明顯。如《大雅・抑》，呂祖謙引：「歐陽氏曰：覺，警動也，言德行修著可以動人，則四國服從矣。」此句見於今本《詩本義》卷十一《抑》。《呂氏家塾讀詩記》並作：「東萊曰：動民以行，不以言。德行者不言，而信覺民之大者也，故曰『有覺德行，四國順之』。」（《呂氏家塾讀詩記》卷二十七《蕩之什》）朱熹在解釋「無競維人，四方其訓之，有覺德行，四國順之」時則說：「言天地之性人為貴，故能盡人道，則四方皆以為訓。有覺德行，則四國皆順從之。」（《詩經集傳》卷十八《抑》）朱熹在歐陽、呂氏的基礎上，將對詩文的解釋納入理學的軌轍，但是揭示其中隱藏著的人文精神，重視德行修養，則是他們共同強調的。

　　《大雅・抑》，「歐陽氏曰：人必先觀其質性之如何也。橫渠張氏曰：柔和之木乃弓之材，溫恭之人乃德之質。……東萊曰：此章言人之質有美有惡，故有可告語者，有不可告語者。」（《呂氏家塾讀詩記》卷二十七《蕩之什》）在論述人的德性與氣質方面，也能看到歐陽修、張載、呂祖謙的一致之處。

　　《小雅・斯干》「殖殖其庭，有覺其楹。噲噲其正，噦噦其冥，君子攸寧」，「歐陽氏曰：宜君子居之而安寧也。董氏曰：『噲噲其正』，所謂陽室者也。『噦噦其冥』，所謂陰室者也。古者於陰陽以為宮室，故其正為陽，冥為陰。夫負陰抱陽以安其神，所以寧也。」（《呂氏家塾讀詩記》卷二十《祈父之什》）歐陽修解釋簡明，「宜君子居之而安寧也」，但為什麼要解為「宜君子居」，這種居室有什麼特點，為什麼就能使人「安寧」，「董氏」（逌）則從陰陽關係角度作了解釋，它是對上述問題的解答，也是對歐陽修詩解的補充。從解詩思想傾向上看，與王安石《詩經新義》（參考邱漢生輯佚《詩義鉤沈》）、蔡卞《毛詩名物解》等氣息相投，筆者頗疑「董氏」受王氏新學影響，因為「董氏」《詩經》學著作零落散佚嚴重，《呂氏家塾讀詩記》就是很重要的資料。如果這種推斷無誤，那麼，即使在王學興盛的時候（乃至南宋以後還有六十年的時間），歐陽修的《詩本義》應該也還是有影響的，並非湮滅無聞。

　　《豳風・鴟鴞》：「東萊曰：《爾雅》：『鸋鴂，鴟鴞之別名。』郭景純、陸農師所解皆得之。《方言》云：『自關而東，謂桑飛曰鸋鴂。』此乃陸璣《疏》所謂巧婦，似黃雀而小，其名偶與鴟鴞之別名同，與《爾雅》之所載實兩物也。毛、鄭誤指以解詩，歐陽氏雖知其失，乃並與《爾雅》非之，蓋未考郭景純之注耳。」（《呂氏家塾讀詩記》卷十六《豳》）程頤已弄不清「鴟鴞者主何物」。晉代郭璞認為屬於鴟類，宋代陸佃認同郭璞的觀點，而反對將鴟鴞解

作巧婦。呂祖謙從博物學角度進行綜合考察，也肯定了郭陸的解釋，同時對歐陽修的優長和不足作了辨析，論述簡明而平實，將歐陽修鮮爲人知的博物學知識與經學精審的學術態度也凸現了出來。

因爲尊《序》的基本傾向，以及對毛《詩》的信崇，呂祖謙對歐陽修的《詩》論有時便略有微詞，如《野有死麕》：「此詩三章皆言貞女惡無禮而拒之，其辭初猶緩而後益切。曰『有女懷春，吉士誘之』，言非不懷昏（婚）姻，必待吉士以禮道之，雖拒無禮，其辭猶巽也。曰『有女如玉』，則正言其貞潔，不可犯矣，其辭漸切也。至於其末，見侵益迫，拒之益切矣。毛、鄭以『誘』爲道，《儀禮・射禮》亦先有誘射，皆謂『以禮道之』，古人固有此訓詁也。歐陽氏誤以『誘』爲挑誘之誘，遂謂彼女懷春，吉士遂誘而污以非禮。殊不知是詩方惡無禮，豈有爲挑誘之污行而尚名之吉士者乎？」（《呂氏家塾讀詩記》卷三《召南》）與朱熹《詩集傳》直接繼承了歐陽修關於這首詩的詩解不同（《詩經集傳》卷一《召南》），呂祖謙雖贊同毛鄭觀點，對歐陽修的訓詁提出質疑，但是在揣摩文辭、「因文見義」方面無疑也受到了歐陽修的啓發和影響，選錄歐陽修詩解較多，也說明了這個道理。呂祖謙對歐陽修的批評，也可在後來對鄭樵和朱熹批評中看到，他撰《又詩說辨疑》一文，深詆朱熹《詩集傳》解《詩》受鄭樵的影響〔註24〕，因爲歐陽修、鄭樵、朱熹之間具有承接關係，這種批評自然是情理中的了，但側面也可看到歐陽修等的影響。

總之，《呂氏家塾讀詩記》所引用的「歐陽氏曰」，堅定了我們這種認識，即宋代十四卷的《詩本義》本身包含今本《詩本義》一至十二卷，卷十三《一義解》、《取捨義》應也在其中，甚至包括《〈詩譜補亡〉後序》，但呂祖謙所引《〈詩譜補亡〉後序》也可能源於《歐陽公集》，即使它就是今本《詩本義》中的《〈詩譜補亡〉後序》的情形，也與前文（第四章《今本〈詩本義〉主要卷次內在關係及意義考論》）考察的今本《詩本義》的《〈詩譜補亡〉後序》「續貂」特點的結論並不衝突。爲什麼能夠肯定呂祖謙所看到《詩本義》是十四卷，而不是十五卷或十六卷呢？因爲除作爲今本卷十五的《詩解》（或《詩解統》）已被學者們證明是歐陽修早年的作品、後棄而不用（裴普賢《歐陽修詩本義研究》）外，更爲重要的是，《呂氏家塾讀詩記》引用《詩本義》涉及面廣，僅引用了今本《詩本義》卷一至十二，卷十三《一義解》、《取捨義》，卷

〔註24〕 《東萊呂太史別集》卷十六《又詩說辨疑》，《呂祖謙全集》，第一冊，第598頁。

十六《〈詩譜補亡〉後序》。這為後人瞭解宋本十四卷本《詩本義》提供了重要依據和參考，並為把握今本《詩本義》的學術流變和價值提供了有力的論證。同時，它也顯示了早於《四部叢刊》本的《詩本義》的結構與內容概貌，《讀詩記》所引與今本《詩本義》大量相同或基本相同的內容，彰顯了今本《詩本義》淵源有自；而《讀詩記》所具有的異文及相較精當的地方則折射出今本《詩本義》可能經過修訂，但還不是最終的修訂本。同源而異質是《讀詩記》所引《詩本義》與今本《詩本義》的聯繫與區別。同時，通過呂祖謙的集注也有助於比較清晰集中地把握歐陽修《詩經》學對漢唐和宋代《詩經》學的承革與影響，是彌足珍貴的史料。《四部叢刊》本有六卷係抄配（如一至五卷，八至九卷部分，十五卷部分），《呂氏家塾讀詩記》所引《詩本義》，進一步印證了這些抄配確乎屬於宋版系統，但未必屬於《四部叢刊》本一系的宋版系統。

第七章 《詩本義》效果史研究

　　關於《詩本義》及歐陽修《詩經》學研究的影響和效果，拙作已從研究方法等角度作過分析和梳理（參見第三章《〈詩本義〉的兩大解經方法及影響》），這裡，主要結合宋及以後學者的扼要評價作以鳥瞰，以使《詩本義》的效果史研究更加全面和豐富。

　　《宋元學案》卷四《廬陵學案》，是全祖望補修時專門增加的。歐陽修也被作爲范仲淹的同調（《宋元學案》卷三《高平學案》、卷四《廬陵學案》）〔註1〕，而《廬陵學案》則比較集中地記述了歐陽修的學術淵源與影響，同調除范仲淹外，還有尹洙、呂公著、梅堯臣、蘇洵等，再傳歐陽發、歐陽棐、焦千之、劉敞、劉攽、陳舜俞、丁隲、張巨、胡宗愈、王安石、曾鞏、蘇軾、蘇轍、王回、徐無黨等，焦千之傳呂希哲、呂希績、呂希純，劉敞傳劉奉世、王回（亦爲廬陵門人）、江端禮，曾鞏傳曾肇、李撰、陳師道，李撰傳李彌遜、李彌大、李彌正〔註2〕。其中劉敞與歐陽修實際也是亦師亦友的關係。關於歐陽修經學成就，道光時期王梓材根據全祖望《學案札記》「歐陽公《易童子問》三卷」補入《易童子問》〔註3〕，馮雲濠在《廬陵學案》之《文忠歐陽永叔先生修》的傳記文字注中則加按語，指明「先生所著尚有《毛詩本義》十六卷、

〔註1〕　〔清〕黃宗羲原著，全祖望補修，陳金生、梁運華點校《宋元學案》，北京：中華書局，1986年12月版，第142、179頁。
〔註2〕　〔清〕黃宗羲原著，全祖望補修，陳金生、梁運華點校《宋元學案》，北京：中華書局，1986年12月版，第179～221頁。
〔註3〕　〔清〕黃宗羲原著，全祖望補修，陳金生、梁運華點校《宋元學案》，北京：中華書局，1986年12月版，第198頁。

《左傳節文》十五卷、《文忠集》一百五十三卷、《歸田錄》二卷」〔註4〕。雖然《宋元學案》經清末學者的校補，《易童子問》得到了空前的重視，也是時下人們關注歐陽修經學研究的重要方面和線索，但是《詩本義》在思想學術史上的影響卻並不因爲學案的疏失而湮沒無聞。

清代華孳亨《增訂歐陽文忠公年譜》在「己亥嘉祐四年，公五十二歲」條下，明標：「撰《毛詩本義》成，其論《詩》曰：『察其美刺，知其善惡，以爲勸誡。所謂聖人之志者，本也；因其失傳而妄自爲之說者，經師之末也。學者得其本而通其末，斯盡善矣。得其本而不通其末，闕其所疑可也。』又曰：『先儒於經不能無失，而所得多矣。盡其說而理有不通，始爲辨正。不當過求聖人之意，以立異於先儒也。』」（原注：「以卷首公自題官知在是年。」）〔註5〕嘉祐四年即 1059 年，《詩本義》成於該年的說法對後來研究《詩本義》者影響很大。不過，《毛詩本義》是南宋末年才出現的命名，應作《詩本義》爲妥；華氏所引文字出自《本末論》，是歐陽修論《詩》的總綱，能否直接證明這個時期《詩本義》十四卷本子已就，還是有待進一步研究的問題。但是《詩本義》的修訂定稿是在歐陽修去世前一兩年完成的，則基本沒有疑問。

這部著作被稱作《詩本義》或《毛詩本義》，卷次有十四卷、十五卷、十六卷（詳見第四章《今本〈詩本義〉主要卷次內在關係及意義考論》）。

《四庫全書》的編者認爲歐陽修「經術亦復湛深」，對其《詩本義》的價值有充分肯定：「是書凡爲說一百十有四篇，《統解》十篇，《時世》、《本末》二論，《豳》、《魯》、《序》三問，而《補亡鄭譜》及《詩圖總序》附於卷末。修文章名一世，而經術亦復湛深」（《四庫全書總目》卷十五），「自唐以來，說《詩》者莫敢議毛鄭，雖老師宿儒亦謹守《小序》。至宋而新義日增，舊說俱廢，推原所始，實發於修」，「修作是書，本出於和氣平心，以意逆志，故其立論未嘗輕議二家，而亦不曲狥二家，其所訓釋往往得詩人之本志。後之學者，或務立新奇，自矜神解，至於王柏之流乃並疑及聖經，使《周南》、《召南》俱遭刪竄，則變本加厲之過固不得以濫觴之始歸咎於修矣」（《四庫全書總目》卷十五）。《四庫全書簡明目錄》認爲《毛詩本義》（十六卷）「自唐定

〔註4〕〔清〕黃宗羲原著，全祖望補修，陳金生、梁運華點校《宋元學案》，北京：中華書局，1986 年 12 月版，第 184 頁。
〔註5〕《增訂歐陽文忠公年譜》，洪本健編《歐陽修資料彙編》，北京：中華書局，1995 年 5 月版，第 891 頁。

《五經正義》以後，與毛鄭立異同者，自此書始。然修不曲狥二家，亦不輕詆二家，大抵和氣平心，以意逆志，故其所說往往得詩人之本旨」（《四庫全書簡明目錄》卷二）。大抵可以看到，《四庫全書》編者主張《詩本義》平和持論、「不曲狥二家，亦不輕詆二家」、「所說往往得詩人之本旨」，也強調了《詩本義》在《詩經》學史上的劃時代的價值和意義。同時，即使在具體的編撰體例上，《詩本義》對後世影響也很大。《四庫全書總目》撰者認爲，朱熹 57 歲（淳熙十三年）所撰的《孝經刊誤》（一卷），「朱子詆毀此書已非一日，特不敢自居於改經，故託之胡宏、汪應辰耳。歐陽修《詩本義》曰刪《詩》云者非止全篇刪去也，或篇刪其章，或章刪其句，或句刪其字，引《唐棣》《君子偕老》《節南山》三詩爲證，朱子蓋用是例也」、「見諸儒淵源之所自，與門戶之所以分焉」（《四庫全書總目》卷三十二）。

但《詩本義》也曾經寂寞過，比如「王宏撰《山志》記嘉靖時，欲以修從祀孔子廟，眾論靡定，世宗論大學士楊一清，曰：『朕閱《書》《武成》篇有引用歐陽修語，豈得謂修於《六經》無羽翼，於聖門無功乎？』一清對以修之論說見於《武成》，蓋僅有者耳，其從祀一節未敢輕議云云。蓋均不知修有此書也」（《四庫全書總目》卷十五）王宏撰撰《山志》（六卷）（江蘇周厚堉家藏本），「其載明世宗論《書》《武成》篇有引用歐陽修語，指爲有功於《六經》，楊一清對以修之解經僅見《武成》，宏撰以一清之對爲是。是均未知修自有《詩本義》也」（《四庫全書總目》卷一百二十九）。可見，明代楊一清（1454～1530）、清代王宏撰（1622～1702）對《詩本義》竟茫然不知，儘管這是一個特例，但也可窺《詩本義》影響式微的跡象。但是否像有些學者所說，《詩本義》直到《四庫全書》編寫時才煥發光彩，而此前一直是悄然無聞呢？這需要具體分析。

第一節　兩宋時期《詩本義》的影響及特點

一、北宋時期的《詩本義》及影響

歐陽修經學研究的特點是「治其大旨，不爲章句，不求異於諸儒」（《唐宋八大家文鈔・盧陵本傳》），所著《易童子問》三卷、《詩本義》十四卷可以作爲代表。

韓琦（1008～1075）認爲歐陽修「所治經術，務究大本，嘗以先儒於經

所得多矣，而不能無失，惟其說或有未通，公始爲辨正，不過求聖人之意以立異論」〔註6〕，此段表述也主要針對《詩本義》。

蘇轍（1039～1112）認爲歐陽修「於《六經》，長於《易》、《詩》、《春秋》，其所發明，多古人所未見」，「《易童子問》三卷，《詩本義》十四卷」〔註7〕。

吳充在爲歐陽修寫的《行狀》中強調「於經術，務究大本，其所發明，簡易明白。其論詩曰：察其美刺，知其善惡，以爲勸誡，所謂聖人之志者，本也；因其失傳，而妄自爲之說者，經師之末也。今夫學者得其本而通其末，斯善矣；得其本而不通其末，闕其所疑可也。不求異於諸儒。嘗曰：『先儒於經不能無失，而所得固多矣，盡其說而理有不通，然後得以論正。予非好爲異論也。』其於《詩》、《易》多所發明。爲《詩本義》，所改正百餘篇，其餘則曰毛鄭之說是矣，復何云乎！」〔註8〕

上述《廬陵本傳》、《贈太子太師文忠歐陽公墓誌銘並序》、《歐陽文忠公神道碑》、《行狀》等多本歐陽發（1040～1085）等述的《事跡》（或《先公事跡》）：

> 於經術，務明其大本，而本於情性；其所發明，簡易明白。其論《詩》曰：「察其美刺，知其善惡，以爲勸誡，所謂聖人之志者，本也；因其失傳而妄自爲之說者，經師之末也。今夫學者得其本而通其末，斯盡善矣；得其本而不通其末，闕其所疑可也。」又云：「今夫學者知前事之善惡，知詩人之美刺，知聖人之勸誡，是謂知學之本而得其要，其學足矣，又何求焉？」公於經術去取如此，以至先儒注疏有所不通，務在勇斷不惑。平生所辨明十數事，皆前世人不以爲非、未有說者。然亦不苟務立異於諸儒，嘗曰：「先儒於經不能無失，而所得已多矣，正其失可也，力詆之不可也。盡其說而理有不通，然後得以論正。予非好爲異論也。」其於《詩》、《易》多所發明。爲《詩本義》，所改正百餘篇，其餘則曰「毛鄭之說是矣，復

〔註6〕 《贈太子太師文忠歐陽公墓誌銘並序》，《歐陽修全集‧附錄》卷二，第1346頁；〔宋〕韓琦撰《安陽集》卷五十《墓誌‧故觀文殿學士太子少師致仕贈太子太師歐陽公墓誌銘》。

〔註7〕 《歐陽文忠公神道碑》，《歐陽修全集‧附錄》卷二，第1351頁；〔宋〕蘇轍撰《欒城後集》卷二十三《歐陽文忠公神道碑》；〔宋〕王稱撰《東都事略》卷七十二《列傳》五十五《歐陽修》；〔清〕朱彝尊撰《經義考》卷十八《易十七》。

〔註8〕 《行狀》，《歐陽修全集‧附錄》卷一，第1336～1337頁。

何云乎」，其公心通論如此。〔註9〕

　　元祐六年（1091 年）六月十五日（綿本作三年十二月）蘇軾（1037～1101）撰寫《居士集序》詳細敘述和評價歐陽修的學術價值與影響，「其學推韓愈孟子以達於孔氏，著禮樂仁義之實以合於大道。其言簡而明，信而通，引物連類，折之於至理，以服人心。故天下翕然師尊之。自歐陽子之存，世之不說者，嘩而攻之，能折困其身而不能屈其言。士無賢不肖，不謀而同曰：『歐陽子，今之韓愈也。』宋興七十餘年，民不知兵，富而教之。至天聖景祐極矣；而斯文終有愧於古，士亦因陋守舊，論卑而氣弱。自歐陽子出，天下爭自濯磨，以通經學古為高，以救時行道為賢，以犯顏納說為忠，長育成就，至嘉祐末，號稱多士，歐陽子之功為多。嗚呼，此豈人力也哉！非天其孰能使之？歐陽子沒十有餘年，士始為新學，以佛老之似，亂周孔之實，識者憂之。……歐陽子論大道似韓愈，論事似陸贄，記事似司馬遷，詩賦似李白，此非予言也，天下之言也。」〔註 10〕蘇軾將歐陽修「通經學古」的經學主張上溯至韓愈，與之前的韓琦《贈太子太師文忠歐陽公墓誌銘並序》直追溯至柳開、韓愈類似，都注意到唐代古文復興運動以及解經新風尚漸次形成與歐陽修思想學術之間的內在聯繫。

　　與歐陽修過從甚密的蘇轍對《詩經》也深有研究。他撰寫的《詩集傳》（或稱《蘇氏詩集傳》，以區別於朱熹《詩集傳》）二十卷（一作十九卷，卷次分合略有不同）疑《詩序》（《小序》）極力，僅取其首句，餘皆刪汰，將廢《序》言詩推進到一個新的階段，發鄭樵、朱熹的先聲。在這種意義上，蘇轍將《詩本義》對《詩序》（特別是《二南》）的某些學術精神繼承了下來，但是相較歐陽修，蘇轍基本尊崇《毛詩》，雖然對《齊詩》、《韓詩》也偶有引用。在學術觀點上，辯駁毛鄭，但大體上不出《詩序》首句的基本格局，注疏簡明，在個別詩篇注疏中能大膽發表學術觀點，其義理的解經思想與特色也可藉以

〔註 9〕《事跡》，《歐陽修全集‧附錄》卷五，第 1370 頁。按：「皆前世人不以為非、未有說者」，原注：「如五帝不必皆出於黃帝、春秋趙盾弒君非趙穿、許世子非不嘗藥、武王之十有一年非受命之年數，及力破漢儒災異五行之說。《正統論》破以秦為偽閏，或以功德，或以國地不相臣屬，則必推一姓以為主之說，以為正者正天下之不正，統者統一天下之不一，至於各據地而稱帝，正朔不相加，則為絕統，惟今天下於一者為正統。統或絕或續，而正統之說遂定焉。」「惟今天下於一者為正統」，「今」疑作「合」，文淵閣《四庫全書》本《文忠集‧附錄》卷五《事跡》正作「合」，可證。

〔註 10〕《歐陽修全集‧居士集序》，第 1～2 頁。

管窺。《詩集傳》引用典籍《春秋》、《周禮》、《禮記》、《孟子》等作品，而沒有直接引用《詩本義》的字眼，是很獨特的現象。除過從該著撰寫體例來看，此前的《詩經》學著作或學者引用或標明者極少外，在學術觀點上與《詩本義》存在著一定的分歧則是很重要的因素。當然，在具體解釋上，有的與《詩本義》相吻合，如《甘棠》詩旨，但解「蔽芾」「小貌也」（《詩集傳》卷一）則意義相反；關於《有女同車》《山有扶蘇》的詩旨，雖本「刺忽也」的基本看法，但具體也有懷疑，特別是關於《山有扶蘇》，將毛鄭曲折強解歸罪於《詩序》，「夫使說者勞而不得，皆敘惑之也」（《詩集傳》卷四）；主張《商頌》五篇「皆盛德之事，非宋之所宜有」（《詩集傳》卷二十），這都受到《詩本義》的影響。在反對讖緯方面，《詩集傳》較《詩本義》倒退很多，如在解《生民》詩時認為「神人之生，而有以異於人，何足怪哉？雖近世猶有然者。然學者以其不可推，而莫之信。夫事之不可推者，何獨此？以耳目之陋，而不信萬物之變。物之變無窮，而耳目之見有限。以有限待無窮，則其為說也勞，而世不服」（《詩集傳》卷十七），其中「莫之信」的學者自然包括歐陽修。但比較遺憾的是，因為《詩集傳》沒有直接引用《詩本義》的字句，雖然蘇轍稱道歐陽修經學成就，但《詩本義》對其《詩集傳》的具體影響脈絡還是不甚分明，個中原因還可留待進一步考察。

《詩本義》指斥鄭玄以《禮》解《詩》〔註11〕的地方很多，這種觀念和方法對同時和後世的學者啟發很大。「鄭學長於《禮》，以《禮》訓《詩》，是按跡而議性情也。」〔註12〕此語應為北宋李邦直語，翁元圻注解《困學紀聞》時說：「宋章俊卿《群書考索》別集《經籍門》載李清臣《詩論》曰：『鄭氏之學長於《禮》而深於經制。夫詩，性情也；禮，形跡也。彼以《禮》訓《詩》，是按跡以求性情也。此其所以繁塞而多失者歟？《綠衣》之詩，鄭氏以為褖；『不諫亦入』，鄭以為入於宗廟；『狼跋』狀周公安閒自得於讒疑之中，故有『公孫碩膚，赤舄几几』之句，而鄭謂之公遜；『庭燎』見宣王有怠政之漸，而鄭以為不設雞人之官。諸類此者，不可悉舉。』」〔註13〕歐

〔註11〕 當然，今天也有學者將鄭玄解《詩》原則與方法具體分為「以禮解《詩》」與「以《禮》解《詩》」兩種，而且更加突出前一種。詳參見《鄭玄以禮箋〈詩〉研究》（梁錫鋒著《鄭玄以禮箋〈詩〉研究》，北京：學苑出版社，2005 年 1 月版）。

〔註12〕 《困學紀聞》卷三《詩》，第 338 頁。

〔註13〕 《困學紀聞》卷三《詩》，〔清〕翁元圻注，第 339 頁。

陽修《詩本義・賓之初筵論》:「鄭氏長於禮學，其以禮家之說，曲爲附會，詩人之意本未必然。」〔註14〕閻若璩注:「林愛（艾）軒亦嘗曰:『鄭康成以三《禮》之學箋傳古詩，難與論言外之旨矣。』」〔註15〕翁元圻注:「閻注所引林愛（艾）軒之說，林希逸作《嚴華谷詩緝序》引之。」〔註16〕論斷鄭玄以《禮》解《詩》，歐陽修和李邦直（1032－1102）都比較早，後林光朝也主此說。歐陽修欣賞李邦直（名清臣）的文章，曾比擬爲蘇軾，李邦直與蘇軾亦交好。這個觀點，或是李受歐陽的影響。

　　整體上，北宋與歐陽修有過密切交往的儒士對包括《詩本義》在內的經學著作評價很高，特別強調其「務明大本」，「簡易明白」、「不好立異論」的學術品格。

二、兩宋之際研究《詩本義》的新動向

　　兩宋之際的呂本中（1084～1145）在《紫微雜說》中引用歐陽修《詩本義》的學術觀點，並不無商榷。

　　「《抑》詩，衛武公刺厲王也。嗚呼！小子未知臧否者，惡厲王敗，周室之衰，怨之之深也。而歐公《詩本義》以爲遍考古人，未有謂君爲小子者，言小子者，武公自謂也；未知臧否者，不度可否也。至於言提其耳，則言刺王之不可教誨，提其耳而告之，欲其聽，而王終不聽信也。夫既曰提其耳矣，而不得謂之小子，則若失輕重之序者。《考盤》詩，『永矢勿諼』、『勿告』、『勿過』者，怨其君失道，欲與之絕，而知其不可復改也。然此皆非詩人本意，詩人之意特欲爲艱難之辭，苦口之語，有以感發之，庶幾其君猶有悔也。先儒之解，未爲害義，而歐公以爲如鄭之說，進則喜樂，退則怨懟，乃不知命之狠人耳。以爲勿諼者，謂碩人居於山澗之間不以爲狹，而獨言自謂不忘此樂也；勿過，謂不復有所他之也；勿告者，自得其樂，不可妄以語人也。歐公之意，以爲君不可怨，怨君非義，故以小子爲自謂，而『勿諼』、『勿過』、『勿告』非有及君之意，然而高子以《小弁》爲小人之詩曰怨，孟子以高子爲固矣，且以親之過大而不怨，是愈疏也，愈疏不孝也，然則事君愈疏而不怨，是愈疏也，愈疏不孝也。然則事君愈疏而不怨，亦可得爲忠乎？孔子曰:

〔註14〕　《困學紀聞》卷三《詩》，〔清〕翁元圻注，第339頁。

〔註15〕　《困學紀聞》卷三《詩》，〔清〕閻若璩注，第339頁。

〔註16〕　《困學紀聞》卷三《詩》，〔清〕翁元圻注，第339頁。

『《詩》可以怨。』然則怨者乃所以甚愛其君也,此固忠孝之道無所不用其極,有不能忘於心者也,故思之深則怨之切,念之甚則痛之深,於常人有是乎?歐公既未察此義,人君習見,秦漢以來,以怨望爲大罪,遂以爲常,違君臣規戒相與之道,而啓佞人懷利謬敬以事君者之心,且使後世庸主督察臣下無復人理,使不得議己,皆此等議論有以發之,不得不詳辨也。」(〔宋〕呂本中撰《紫微雜說》)呂本中所引見於今本《詩本義》卷十一,雖然《詩本義》在歐陽修生前流佈不廣,但據呂本中引用分析,則當時《詩本義》影響亦開始顯彰,並能激發人們從不同角度進行思考。

呂本中學術對南宋影響很大。除呂祖謙深受其薰陶之外,在《詩經》學方面,李樗就是呂本中的門人(見何喬遠《閩書》),也是林之奇的外兄(見《直齋書錄解題》,參見《四庫全書總目·毛詩集解提要》)。而李樗、林之奇對《詩本義》的徵引和反思,可溯源於呂本中。

李樗解《節南山》:「呼天而告之曰昊天,不弔而使我空窮如此。不宜空我師,言不宜如是之空窮我師。王氏曰尹氏空我師而歸怨昊天,師尹之所爲,王實使之,而王之所爲,天實使之也。……毛氏以弔爲至,鄭氏乃曰至猶善也,歐陽氏不從其說,以爲昊天不弔,哀此下民,而使王政害民如此,是也。蓋此所謂不弔昊天,如《書》云『不弔昊天』『降割於我家』『不少延弗』『弔天降喪於殷』相似」(〔宋〕李樗、黃櫄撰《毛詩集解》卷二十三)宋李樗、黃櫄《毛詩集解》也已經吸收了《詩本義》的部分成果。另,「駕彼四牡,鄭氏以此四句分爲兩意。上二句則以爲大臣專恣,下二句則以見四方土地日以侵削於夷狄蹙蹙然,雖欲馳騁,無所之也。歐氏不從其說,合爲一意,言我駕此大領之四牡,顧天下王室昏亂,諸侯交爭,而四方皆無可往之所,其說爲簡徑。言我心之憂如此,而爲大臣者方且爲惡日熾,視其戈矛欲相征矣。言其快私怒也,既和且平,無事則又如賓主飲酒相酬然,蓋其性之無常如此。所謂喜者,私喜而已。所謂怒者,私怒而已。言其私喜怒不在國家也。」(〔宋〕李樗、黃櫄撰《毛詩集解》卷二十三)評價歐陽修《詩本義》的解說爲「簡徑」,能體現《詩本義》的基本特點。

解《正月》:「『正月繁霜』,孔氏曰正陽之月而有繁多之霜,是由王急酷之異以致,傷萬物,故我心爲之憂傷也;有霜,由於王急酷致於訛言,則此民之訛言爲害亦甚大矣。孔氏之意,以霜之所以降者以訛言之致,此說非也。王氏曰『正月繁霜』,『民之訛言,亦孔之將』,故我心憂傷也。蓋爲非,有繁

霜，但訛言爾，此說亦非。歐氏曰『降霜非時，天災可憂，而民之訛言以害其國，其害甚於繁霜之害物也』，此說得之。蓋以正月之陽而有繁霜，我心固已憂傷矣。今也民又訛言，其言甚大，則其心之憂愈甚矣。」（〔宋〕李樗、黃櫄撰《毛詩集解》卷二十三）歐陽修解釋合情合理，容易被人們接受。

　　《正月》「心之憂矣，如或結之。今茲之正，胡然厲矣！燎之方揚，寧或滅之？赫赫宗周，褒姒威之」，《毛詩集解》解作「言我心之憂，如有物纏結之者，以國政之危故也。鄭氏曰：『正，長也。』憂念此之君臣何厲然為惡如是？王氏又以『正』為邪正之『正』，言正危則以邪勝故也，此說比於鄭氏為長，然不如歐氏之說『正』為政事之『政』，言古用字多通也。厲，危也。『燎之方揚，寧或滅之』，言火之燎於原，寧有能滅之乎？今也赫赫然方盛之宗周，乃為褒姒所滅，誠可駭也！歐氏曰『火燎於原，其熱盛，若不可向，而猶或有撲滅之者，周雖赫然而必為褒姒所滅也』，然《詩》本義正不如此。顏師古嘗解此四句曰『言火燎方盛，寧有滅之者乎？宗周之盛而為褒姒所滅，怨其甚也』，此論得之。褒，國名也。姒，姓也。褒姒，猶所謂齊姜、宋子也。威，亦滅也。此時周未滅而言滅者，言其有滅亡之理也。」（〔宋〕李樗、黃櫄撰《毛詩集解》卷二十三）《毛詩集解》中雖有部分對《詩本義》深表贊同的看法，但也有不一致的地方。值得注意的是《毛詩集解》對王安石與歐陽修《詩》解的高下也有評論。該段所引歐陽修《詩》解見於今本《詩本義》卷七，文字相符。

　　兩宋之際的理學家林之奇（1112～1176）論「金縢之書」，注意到歐陽修對《鴟鴞》傳統詩解的辯駁，此時《詩本義》著作的影響已具，自不待言。

　　「鄭氏以『辟』為『避』，其說以謂群叔流言，周公避居，東都及遭風雷之變，啟金縢之書，迎公來反，及攝政方始東征。信如此說，則此篇自『歲則大熟』以上，其事皆在《大誥》之前矣。成王疑之，周公出避，其說亦不可至於罪，人斯得其說不行，故又從而為之說，曰周公居東都，其黨屬亦皆奔亡至，明年乃為成王所得而誅之；公作《鴟鴞》之詩，救其臣屬，請勿奪其官位土地。夫周公之黨有何罪而謂之罪人？足見其說之陋。歐陽《詩本義》已破其說矣。周公雖作《鴟鴞》之詩，成王猶未肯以其言而信其心，然則周公之心非金縢則不可得而見，而金縢之書自二公以下皆所不知，自非天誘其衷，則成王之疑將何時而釋乎？成王之疑不釋，則國之存亡未可知也。」（〔宋〕林之奇撰《尚書全解》卷二十六）這段材料顯示，《詩本義》在林之奇《尚書

全解》撰寫之前已經出版，並且產生了影響。《尚書全解》（五十八卷）受二程理學思想影響，反對荊公新學，是較早以《大學》、《中庸》會通、解釋《尚書》的著作，體現了理學思想的進一步發展。該書保存了不少資料（如王安石《尚書新義》等），對《詩本義》的關注也折射了《詩本義》在兩宋之際的意義。林之奇師從呂本中，又是呂祖謙的老師，在經學特別是《尚書》學方面有深入的研究。

三、南宋時期的《詩本義》及影響

　　慶元二年（1196 年）二月十五日胡柯「參稽眾譜，傍採史籍，而取正於公之文」〔註17〕，編撰定稿《廬陵歐陽文忠公年譜》，詳細記錄了歐陽修著作的狀況：「凡《居士集》、《外集》，各於目錄題所撰歲月，而闕其不可知者。奏議表章之類，則隨篇注之，定為文集一百五十三卷。《居士集》五十卷，公所定也，故置（寘）於首。《外集》二十五卷，次之。《易童子問》三卷，（原注：《詩本義》別行於世。）《外制集》三卷，《內制集》八卷，《表奏書啟四六集》七卷，《奏議》十八卷，《雜著述》十九卷，《集古跋尾》十卷，又次之。《書簡》十卷，終焉。考公行狀，惟闕《歸榮集》一卷，往往散在《外集》，更俟博求。別有《附錄》五卷，紀公德業。此譜專敘出處，詞簡而事粗備，覽者當自得之。」〔註18〕這段記載雖然是在南宋寧宗（趙擴）初期形成的，而且在此前已經流傳有眾多歐陽修的年譜，其中「桐川薛齊誼，廬陵孫謙益，曾三異三家為詳」〔註19〕，可見，在慶元二年（1196 年）前已有眾多關於歐陽修作品及行事的編年記錄。同時，根據胡柯的說法，也可明瞭以下三點：一是《詩本義》在慶元二年的時候的確還在另行刊刻，這從反面證明《朱子語類》卷八十記載《詩本義》「此等語不見」等或有欠準確的地方（胡柯的年譜成於朱子逝世前四年，應具有較強的可比較性）；二是《詩本義》並未被收入《歐陽修全集》中，在今天所能見到各種全集本中也依然承襲著這種編選傳統，某種意義上，這裡「全集」其實是不全的；三是胡柯所提到的歐陽修的著作與歐陽修行狀基本吻合，比較全面地反映了歐陽修的著作狀況。

　　《詩本義》傳世後，宋代還有一部著作《詩本義補遺》，或許與《詩本義》

〔註17〕《歐陽修全集・年譜》，第 22 頁。
〔註18〕《歐陽修全集・年譜》，第 22 頁。
〔註19〕《歐陽修全集・年譜》，第 22 頁。

有一定關係。王應麟《困學紀聞》載「鶴林吳氏論《詩》曰：『興之體，足以感發人之善心。毛氏自《關雎》而下總百十六篇，首繫之興，《風》七十，《小雅》四十，《大雅》四，《頌》二，注曰興也，而比、賦不稱焉。蓋謂賦直而興微，比顯而興隱也。』吳氏，未詳其名，其書出於朱子《集傳》之前，未審即《宋志》所載《本義補遺》否也？」（《困學紀聞》卷三《詩》）《宋史·藝文志》並錄有吳氏《詩本義補遺》二卷，也是《詩經》學作品，從題目來看，似乎是對歐陽修《詩本義》的進一步補充，明代朱睦㮮撰《授經圖義例》卷十二有載（「《毛詩本義》十六卷（原注：歐陽修），《詩本義補遺》二卷（原注：吳氏）。」），並僅次於歐陽修《毛詩本義》十六卷之後，可作進一步印證。《經義考》載「吳氏（原注：失名），《宋志》二卷，佚」（《經義考》卷一百一十），已著錄該書亡佚，並援引《困學紀聞》語，已難以辨別該書流傳情況，朱氏所察或有不周。清代翁元圻爲《困學紀聞》作注時指明其中的吳氏非《詩本義補遺》的吳氏。《詩本義補遺》，也不見於《郡齋讀書志》、《直齋書錄解題》、《鄭堂讀書記》、《四庫全書總目》、《續修四庫全書總目》（經部）等，或已經亡佚難考。

南宋初年林光朝《與趙著作子直》批駁《詩本義》甚力。原文爲：

> 《詩本義》，初得之，才廿五歲，如洗滌腸胃，讀之三歲，旋覺得有未穩處，大率是歐陽、二蘇及劉貢父談經多如此，若補亡鄭氏所序。此爲無用之學，若鈆山坐得定，當作數段去，大家評量看，如何？古人著書，直是百世以俟，聖人而不惑，豈如此苟作也！

> 歐陽氏《詩本義》，初欲作數段注腳去，偶聞旌車入覲，便不復作此念。此一件，唯林下可以過目，若公餘尚可耳。今賀者塡門，何暇及此事？某頃時作《詩》注腳，乃在上庠，與同舍往還。今思之，三十五年，尚未成編，亦不知去家十年，頓在甚處。前時，欲追記髣髴，第以歐陽不當謂之「本義」，若論「本義」，何嘗如此費辭說？且如《關雎》，云視其居，則常有別，此一段卻是爲先儒之說所亂，若在「本義」不應爾。又云以其有不妬忌之行而左右樂助其事，又云能如此則宜有琴瑟鐘鼓以友樂之，此皆支蔓語。如引太史公「周道缺而《關雎》作」，又不然，當時三家說《詩》，各有師承，今齊、韓之《詩》字與義多不同。毛公爲趙人，未必不出於《韓詩》。太史公所引者乃是一家之說，豈可便以此爲定說？《古文尚書》與

子長並出，今所引者非古文，如所謂「祖飢」、「惟刑之謐」，此當有來處，非口口傳授之失也，則《關雎》自不當據一家爲說。又如《卷耳》，云因其勤勞而宴犒之；又《樛木》，云不嫉妬則妾無怨曠；又《兔罝》，以言周南之君列其武夫以爲守禦，此皆贅辭，斷然非「本義」。如《漢廣》、《汝墳》，意義全失；《麟之趾》，只是周南之人目之所見，如公子者乃人中麒麟，故以此引譬，此在「六詩」爲比。比則有義，興則無義可尋也。《麟之趾》乃以比公子。「於嗟麟兮」，此歎美之辭。二章、三章，只是說麟，已說趾，又須說一件，乃爲角，《大序》所謂「言之不足，故嗟歎之；嗟歎之不足，故永歌之」，所以一篇而三致意焉。今乃云以蹄角自衛，如我國君以仁德爲國猶須公族相輔衛爾，如此說《詩》，謂之「本義」，可乎？孟子謂「固哉，高叟之爲《詩》！」如孟子見得「本義」甚曉。然文中子以爲「詩者，民之情性」，孟子謂「《詩》亡然後《春秋》作」，人之情性不應亡，使孟子復出，必從斯言。某每有胸臆之說，文潛多以爲然，其次則吾兄。自從去家鄉，他人之前，更不應及此，一見棄去，勿以視人也。（〔宋〕林光朝撰《艾軒集》卷六）〔註20〕

《四庫全書總目》認爲《與趙著作子直》係兩書共名：「林光朝《艾軒集》有《與趙子直書》曰『《詩本義》，初得之如洗腸，讀之三歲，覺有未穩處，大率歐陽二蘇及劉貢父談經多如此』，又一書駁《本義》《關雎》、《樛木》、《兔罝》、《麟趾》諸解，辨難甚力，蓋文士之說《詩》，多求其意，講學者之說《詩》則務繩以理，互相掊擊，其勢則然，然不必盡爲定論也。」（《四庫全書總目》卷十五）《困學紀聞》記載「朱子《詩序辨說》多取鄭漁仲《詩辨妄》。艾軒謂歐陽公《詩本義》不當謂之《本義》，古人旨意精粹，何嘗如此費辭。」（《困學紀聞》卷三《詩》）林光朝（艾軒）是南宋時人，也是長於朱熹、遙承伊洛

〔註20〕《四庫全書總目・艾軒集提要》云：「《艾軒集》，九卷，附錄一卷，宋林光朝撰。光朝，字謙之，莆田人。登隆興元年進士，歷官國子監祭酒，兼太子左諭德，除中書舍人，兼侍講，以集英殿修撰知婺州卒。光朝爲鄭俠之壻，又從陸子正游學，問氣節俱有自來，長朱子十六歲，朱子兄事之，其爲舍人日，繳還謝廓然詞頭一事，尤爲當世所稱。平生不喜著書，既沒後，其族孫同叔哀其遺文爲十卷，陳宓序之。後其甥方之泰搜求遺逸，輯爲二十卷，刻於鄱陽，劉克莊序之。至明代，宋刊已佚，僅存抄本，正德辛巳，光朝鄉人鄭岳擇其尤者九卷，附以遺事一卷，題曰《艾軒文選》，是爲今本。」

－228－

的儒者。他對《詩本義》的看法代表了當時一部分崇尚毛鄭《詩》學的學者的看法，在《詩經》學具體觀點上也受到程頤的影響，作爲一家之言，是值得注意的。但是，林艾軒評價《詩本義》的標準，卻正是《詩本義》的特色和學術追求，即崇尚簡易，力戒繁瑣，旨在使《詩》解與人性情相契合。當然，某些具體學術問題的爭鳴也是正常的。在這種複雜的學術紛爭中，能夠在異中求同、同中存異，有助於把握經學特別是《詩經》學研究的基本發展趨勢。不言而喻，即使在兩宋，關於《詩本義》的看法也不盡完全相同〔註21〕。北宋韓琦認爲歐陽修：「所治經術，務究大本，嘗以先儒於經所得多矣，而不能無失，唯其說或有未通，公始爲辨正，不過求聖人之意以立異論。」（《安陽集》卷五十《墓誌・故觀文殿學士太子少師致仕贈太子太師歐陽公墓誌銘》）歐陽發等所撰《事跡》也極力稱道歐陽修經學研究，「其於經術，務明其大本，而本於情性；其所發明，簡易明白」〔註22〕。實際上，在「本於情性」、追求簡易方面，林光朝與歐陽修並無二致，關鍵是《詩本義》某些對詩歌的訓解，在林光朝看來，還沒有完全兌現這兩個追求，從而加以批評。歐陽修研究經學，核心的問題到底是什麼，是我們研究和把握《詩本義》的關鍵，「務究大本」，這個大本所指謂何？歐陽修《詩本義》中的「大本」就是「情性」。雖然《文中子》已經指出「詩者，民之情性」，但歐陽修的「情性論」卻有自己的特色和脈絡。把握《詩本義》的優長和不足，都與歐陽修的「情性論」密切相關（參見第二章《〈詩本義〉的「本義」問題與歐陽修「道」論思想》）。

朱熹在淳熙壬寅（1182）九月己卯爲《呂氏家塾讀詩記》寫的《序》（《叢書集成初編》本稱爲《原序》）中說：

> 《詩》自齊、魯、韓氏之說不傳，而天下之學者，盡宗毛氏。
> 毛氏之學，傳者亦衆，而王《述》之類，今皆不存，則推衍毛說者，
> 又獨鄭氏之《箋》而已。唐初諸儒爲作《疏義》，因僞踵陋，百千萬
> 言，而不能有以出乎二氏之區域。至於本朝，劉侍讀、歐陽公、王
> 丞相、蘇黃門、河南程氏、橫渠張氏，始用己意有所發明。雖其淺

〔註21〕 當然，也有些筆記類作品詆斥甚烈，如陳善的《捫虱新話》，但正如《四庫全書總目・捫虱新話提要》云：「大旨以佛氏爲正道，以王安石爲宗主。故於宋人詆歐陽修，詆楊時，詆陳東，詆歐陽澈，而詆蘇洵、蘇軾、蘇轍尤力。」（《四庫全書總目》卷一百二十七子部《雜家類・存目四》）《捫虱新話》的材料也只能作爲一種參考，不能完全信從。
〔註22〕 《事跡》，《歐陽修全集・附錄》卷五，第1370頁。

深得失，有不能同，然自是之後，三百五篇之微詞奧義，乃可得而尋繹。蓋不待講於齊、魯、韓氏之傳，而學者已知《詩》之不專於毛、鄭矣。及其既久，求者益眾，說者愈多，同異紛紜，爭立門戶，無復推讓祖述之意，則學者無所適從，而或反以爲病。〔註23〕

朱熹簡明地敘述了漢唐《詩經》學與宋代《詩經》學的不同。前者突出了毛鄭的影響。後者則扼要地概括爲兩個階段，即劉敞、歐陽修、王安石、蘇轍、二程、張載「始用己意有所發明」；南宋後觀點眾多，紛紜難從，漸有集眾家之說加以裁奪的《呂氏家塾讀詩記》類作品。當然，朱熹自己的《詩經集傳》也屬於這一類。

朱熹多稱道《詩本義》。如：

> 歐陽公有《詩本義》二十餘篇，煞說得有好處。有詩本末論，又有論云何者爲詩之本，何者爲詩之末，詩之本不可不理會，詩之末不理會得也無妨，其論甚好，近世自《集注》文字出，此等文字都不見有了，也害事。如呂伯恭《讀詩記》，人只是看這個他上面有底便看，無底更不知看了。（僩）（〔宋〕朱鑒編《詩傳遺說》卷一，亦見於《朱子語類》卷八十）

> 子由《詩》解好處多，歐公《詩本義》亦好。（錢木之錄）（〔宋〕朱鑒編《詩傳遺說》卷一，亦見於《朱子語類》卷八十）

> 因言歐陽《詩本義》而曰：「禮義大本，復明於世，固周程之功，然近世諸儒亦爲有助。舊來儒者談經不越乎注疏而已，至孫明復、劉原父及永叔始，自出議論，如李泰伯，文字亦自好，蓋是運數將開，此理復將明於世故耳，蘇明允說歐陽子之文處形容得甚好，近因觀其奏議，如論回河箚子，皆說得盡，誠如老蘇所論。《詩義》中辨毛鄭處，文辭徐緩而其說直到底不可易。」（吳必大錄）（〔宋〕朱鑒編《詩傳遺說》卷一，亦見於《朱子語類》卷八十）

> 公於經術，務究大本，所發明簡易明白。論《詩》曰：「察其美刺，知其善惡，以爲勸誡，所謂聖人之志者，本也；因其失傳，妄自爲之說者，經師之末也。今學者得其本而通其末，斯善矣；得其

〔註23〕《呂氏家塾讀詩記‧原序》，叢書集成初編本，第1頁。按：「王《述》」當指王肅《毛詩注》（二十卷），已佚。

本，不通其末，關其所疑可也。」不求異於諸儒，嘗曰：「先儒於經不能無失而所得者固多矣，盡其說而理有不通，然後得以論正，予非好爲異論也。」其於《詩》、《易》多所發明。爲《詩本義》所改百餘篇，其餘則曰「毛鄭之說是矣，復何云乎」。（〔宋〕朱熹纂集《宋名臣言行錄後集》卷二）

朱熹《詩集傳》也直接間接吸收了《詩本義》的一些學術觀點，在學術思想、研究方法〔註24〕以及具體學術觀點上都受到《詩本義》的影響（參見第三章《〈詩本義〉的兩大解經方法及影響》、第六章《〈呂氏家塾讀詩記〉與〈詩本義〉》）。《朱子語類》、《詩集傳》中多有稱引《詩本義》的地方，足見《詩本義》對《詩集傳》的影響之巨。這方面的內容，自然屬於《詩本義》效果史的考察範圍，但在此作個案審視，目的在於呈現《詩本義》對《詩集傳》的具體影響及方式，在微觀角度上是對「《詩本義》效果史研究」的豐富和具體化，二者是縱橫交織、微觀與宏觀的關係，完全可以相得益彰。

明代朱升指出：「朱子之於《詩》也，本歐陽氏之旨而去《序》文。」（《經義考》卷一百零八引）歐陽修《詩本義》對朱熹《詩集傳》的影響和啓發，古人已有揭示，但這種影響到底表現在哪些方面，意義是什麼，則需要更加深入的研究。裴普賢《歐陽修詩本義研究》曾闢專章研究《詩本義》對《詩集傳》的影響，給後學提供了研究的借鑒和基礎，功績甚偉。

《詩本義》對《詩集傳》的影響大體可體現在以下幾個方面：對《詩經》的認識特別是對「淫詩」的認識；對《詩經》「詩人之體」的認識；《詩經》研究方法及關係；賦比興論述的影響；訓詁方法的啓示等。

《鄘風‧牆有茨》「詩人取物比興，本以意有難明，假物見意爾。」（《詩本義》卷三《鄘風‧牆有茨》）類似的《邶風‧靜女》論「彤管」有無比興含義時也涉及到。《王風‧采葛》「論曰：詩人取物爲比，比所刺美之事爾。至於陳己事，可以直述，不假曲取他物以爲辭。」（《詩本義》卷三《王風‧采

〔註24〕「歐陽修《詩本義》曰『刪詩』云者，非止全篇刪去也，或篇刪其章，或章刪其句，或句刪其字，引《唐棣》、《君子偕老》、《節南山》三詩爲證。朱子蓋陰用是例也。陳振孫《書錄解題》載此書，注其下曰：『抱遺經於千載之後，而能卓然悟疑辨惑，非豪傑特起獨立之士，何以及此？此後學所不敢仿傚，而亦不敢擬議也。』斯言允矣。」（《四庫全書總目‧孝經刊誤提要》）《四庫全書》館臣在爲朱熹《孝經刊誤》所作的提要中，已經揭明《詩本義》解《詩》方法以及在某些《詩經》學問題（如「刪詩」等）看法與處理原則的影響，這無疑也是強調了《詩本義》對後世的客觀反響，但往往容易被人們所忽視。

葛》）歐陽修關於賦比興功能和特點的看法對朱熹有直接的啓發作用。

《齊風‧東方之日》：「本義曰：『東方之日』，日之初升也，蓋言『彼姝者子』顏色奮然美盛，如日之升也。『在我室兮，履我即兮』者，相邀以奔之辭也。此述男女淫風，但知稱其美色，以相誇榮，而不顧禮義，所謂不能以禮化也。下章之義亦然。」（《詩本義》卷四《齊風‧東方之日》）〔註25〕《東方之日》最終未逃出朱熹、王柏淫詩之列。歐陽修已將不少詩篇視爲淫詩，朱熹《詩集傳》受其影響，裴普賢著已做了詳盡的研究，茲不贅述。

《陳風‧東門之枌》「論曰：子仲之子，莫知爲男也？女也？而鄭謂之男子。穀旦者，善旦也，猶今言吉日爾。鄭謂朝日善明者，何其迂邪？南方之原，毛以爲陳大夫原氏，而鄭因以此原氏，國中之最上處，而家有美女。附其說者，遂引《春秋》莊公時，季友如陳葬原仲，爲此原氏。且原氏，陳之貴族，宜在國中，而曰「南方之原」者，何哉？據詩人所陳，當在陳國之南方也。而說者又以不績其麻而舞於市者，遂爲原氏之女，皆詩無明文，以意增衍而惑學者，非一人之失也。本義曰：陳俗男女喜淫風，而詩人斥其尤者。子仲之子常婆娑於國中樹下，以相誘說，因道其相誘之語：當以善旦，期於國南之原野，而其婦女亦不務績麻而婆娑於市中。其下文又述其相約以往，而悅慕其容色，贈物以爲好之意。蓋男女淫奔，多在國之郊野。所謂南方之原者，猶東門之墠也。」（《詩本義》卷五《陳風‧東門之枌》）《陳風》中的《東門之枌》，被歐陽修視爲「淫詩」，朱熹等相同。「南方之原」，歐陽修的看法與毛鄭不同，作「原野」理解，逐漸穩定起來，對朱熹影響也大。其他「我心匪鑒，不可以茹」，「茹」作接納理解，也創始於歐陽修，後爲朱熹所接受。

呂祖謙的《呂氏家塾讀詩記》保存了珍貴的《詩本義》資料，可靠性很強，側面反映了《詩本義》對《呂氏家塾讀詩記》的深遠學術影響。前文已闢專章考察討論（第六章《〈呂氏家塾讀詩記〉與〈詩本義〉》），茲處從略。

黃震《讀詩一得》，一卷，《經義考》作「存」，黃震《自序》說：

　　《毛詩》注釋簡古，鄭氏雖以禮說《詩》，於人情或不通，及多改字之弊，然亦多有足以禆《毛詩》之未及者。至孔氏《疏義》出，而二家之說遂明。本朝伊川與歐、蘇諸公又爲發其理趣，《詩》益煥然矣。南渡後，李迂仲集諸家爲之辨而去取之，南軒、東萊止集諸家可取者，視李氏爲徑，而東萊之《詩記》獨行。岷隱戴氏遂爲《續詩記》，建昌

　　段氏又用《詩記》之法爲《集解》，華谷嚴氏又用其法爲《詩緝》，諸
　　家之要者多在焉，此讀《詩》之本說也。雪山王公質、夾漈鄭公樵始
　　皆去《序》而言《詩》，與諸家之說不同。晦庵先生因鄭公之說，盡去
　　美刺，探求古始，其說頗驚俗，雖東萊不能無疑焉。〔註26〕

可見，黃震對朱熹《詩經集傳》服膺有加，但正如《四庫全書總目》認爲的
那樣，不無懷疑；如果從學者認識上說，尊崇朱氏《集傳》似乎在這個時候
已經漸漸地開始了。黃震持論較平允，既明確了鄭玄以禮解《詩》有不合人
情的地方，但又未全盤否定。對孔《疏》也多有褒獎。就宋代《詩經》學言，
黃震基本是按對待《詩序》的態度來勾勒的。北宋程頤、歐陽修、蘇轍等「發
其理趣」。南宋則有李樗、張栻、呂祖謙不同方式的集傳類作品，呂氏獨著，
並影響至戴溪、段昌武和嚴粲。這是後來常說的所謂尊《序》派。黃震認爲
「去《序》言《詩》」則有王質、鄭樵等，朱熹受鄭樵的影響，以己意解《詩》。
這是後來常說的所謂廢《序》派。黃氏對朱熹的「淫詩說」也未全部否定，
而多有推尊《集傳》之意。值得一提的是，黃震的劃分方法對《四庫全書》
的編者及現當代《詩經》學史（或研究史）影響深遠，凡以「尊《序》」（或
崇《序》）「廢《序》」（或「斥《序》」）對立來敘述宋代《詩經》學演變者，
即直接或間接地受其啓發和牢籠。

　　樓鑰（1137～1213）曾說：

　　由漢以至本朝，千餘年間，號爲通經者不過經述毛鄭，莫詳
　　於孔穎達之《疏》，不敢以一語違忤二家，自不相侔者，皆曲爲說
　　以通之。韓文公，大儒也，其上書所引《菁菁者莪》，猶規規然守
　　其說。惟歐陽公《本義》之作，始有以開百世之惑，曾不輕議二
　　家之短長，而能指其不然，以深持詩人之意。其後王文公、蘇文
　　定公、伊川程先生各著其說，更相發明，愈益昭著，其實自歐陽
　　氏發之。〔註27〕

這裡，雖未明晰地劃分宋代整個《詩經》學的演變階段，但根據漢宋《詩經》
學的轉折關鍵來確定歐陽修《詩本義》在宋代《詩經》學中的重要地位，「始

〔註26〕〔清〕朱彝尊編，朱昆田校《經義考》卷一百一十，乾隆四十二年（1777年）
　　　　本，第3～4頁。
〔註27〕〔清〕朱彝尊編，朱昆田校《經義考》卷一百零四，乾隆四十二年（1777年）
　　　　本，第3頁。按：「違忤二家」的「二家」指毛鄭；「曲爲說」，劉毓慶《歷代
　　　　詩經著述考（先秦～元代）》作「爲曲說」（劉著第134頁），疑劉氏偶誤。

有以開百世之惑」，並認爲王安石、蘇轍、程頤等祖歐陽修而「各著其說，更相發明，愈益昭著」。在肯定歐陽修的開創作用上，《四庫全書總目》編者的結論也不過如此。

　　宋代羅大經《鶴林玉露》，在《文章有體》中記載楊萬里的長子楊東山（1150？～1229？）（東山名長孺，字子伯，號東山潛夫，人稱「楊東山」）的一段話（宋羅大經撰《鶴林玉露》卷二、明唐順之撰《稗編》卷七十五《文藝四·文》），「楊東山嘗謂余曰：『文章各有體，歐陽公所以爲一代文章冠冕者，固以其溫純雅正，藹然爲仁人之言，粹然爲治世之音，然亦以其事事合體故也。……作《詩本義》，便能發明毛、鄭之所未到。……』」〔註28〕當時，年齒較羅大經（1195？～1252？）高一兩輩的楊東山能以「便能發明毛、鄭之所未到」概括和評價《詩本義》，的確能夠把握整體和關鍵。周必大、楊萬里、朱熹、呂祖謙等年齒相差不遠，楊東山語極有可能出於朱熹《詩集傳》之後，但至少能夠說明南宋時期《詩本義》依然受到學者們的關注。

　　即使在具體的學術觀點上，《詩本義》的影響也依然歷歷在目。前除《詩集傳》、《呂氏家塾讀詩記》等作品外，還有關於「牟麥」看法的典型例子。「歐陽公《詩本義》云：『牟者，百穀中一穀。』孟子言麰，又言麥，明非一物。若謂來牟爲麥，則非爾。麰既不爲麥，而於《爾雅》亦無他訓詁。旁考《六經》，牟無義訓，多是人名、地名。仁傑按：《詩》美后稷『即有邰家室』，張敞《傳》『后稷封於斄』，師古曰：『斄與邰同。』然則來牟之來，即斄之省文耳。牟，訓麥之外，又爲器名，故志以牟，與豆籩偕言之。《內則》亦云『敦牟巵匜』，注云：『敦牟，黍稷器也。』《思文》之詩『貽我來牟，帝命率育』，蓋言帝賜黍稷之器，使后稷祈穀以均養四方之民，與《生民》詩所詠『于豆于登』義同。《臣工》詩言『於皇來牟』，終之以『迄用』豐年，所以歌詠祈穀之應也。然則所謂『來牟』者，指言后稷初封所賜祭器，詩文從省，而毛鄭乃有赤鳥牟麥俱來之誕，宜爲歐陽公所不取。」〔宋〕吳仁傑撰《兩漢刊誤補遺》卷九）〔註29〕該書《提要》云：「《兩漢刊誤補遺》，宋吳仁傑撰。仁傑，字斗南，一字南英，別號蠹隱居士，崑山人。其稱河南者，舉郡望也。淳熙中登進士，官國子學錄。是書，前有淳

〔註28〕《鶴林玉露》丙編卷二，洪本健編《歐陽修資料彙編》，北京：中華書局，1995年5月版，第389頁。
〔註29〕按：「終之以『迄用』豐年」中的「迄用豐年」，《臣工》原作「迄用康年」。

熙己酉曾絳《序》稱，仁傑知羅田縣時自刊板；又卷末有慶元己未林瀛《跋》，稱陳虔英爲刊於全州郡齋，殆初欲刊而未果，抑虔英又重刊歟？舊刻久佚，此本乃朱彝尊之子昆田抄自山東李開先家，因傳於世。」可見此書爲南宋時期作品，其中記載的《詩本義》的影響，由「车麥」之解也可窺一斑，尤其值得注意的是吳氏通過細緻的考證，進一步佐證了歐陽修《詩》解謹慎周密，雖然他本人並不完全贊同將「车」解爲穀物的看法。《困學紀聞》也有類似的記載，引「歐陽公《詩論》」：「古今諸儒謂『來车』爲麥者，更無他書所見，直用二《頌》毛、鄭之說。來车爲麥，始出於毛、鄭，而二家所據，乃臆度僞《大誓》不可知之言。」（《困學紀聞》卷三《詩》）此處《詩論》當指《詩本義》。

　　兩宋時期《詩本義》影響特點與《詩本義》的傳播具有密切的關係。北宋時期，《詩本義》的重要性已經受到人們的重視，但據流傳典籍分析，書籍引用不廣。兩宋之際，學者們對《詩本義》的優長和不足漸有討論，在一些《詩經》集注及相關的作品中能夠比較多地發現《詩本義》被引用的證據，雖然關於《詩本義》的不足評價有些還不免失於偏頗，但在思想學術原則上則大多受到《詩本義》積極影響。南宋以降直至宋元之際，關於《詩本義》在《詩經》學史上的重要地位以及歐陽修在經學史上的劃時代意義，已經有比較一致的看法，同時也突出了對歐陽修《詩經》學的學術特色的探討，《詩本義》的影響進一步呈現愈益深廣的發展態勢。這種情形一方面奠定了此後《詩本義》學術影響的基礎和基本格局，另一方面也比較形象地展示了《詩本義》影響日漸顯著的歷史趨勢。

第二節　元明時期《詩本義》的影響及特點

一、元代《詩本義》及影響

　　元代朱德潤爲鄭樵《詩傳訓詁》作的《序》中說：

　　　　漢儒專門訓詁一經之旨，揚鑣分路，使後世學者莫適，而經之本文亦乖戾破碎。至宋濂洛諸儒出，然後諸經之旨粲然明白。今考載籍《詩》傳，自伊川、歐、蘇諸先生發其理趣，南渡後李迂仲、張南軒、呂東萊、戴岷隱、嚴華谷諸先生又各自名家。而方今學者

咸宗朱氏者，豈非以其義明理暢足以發詩人比興之旨趣，辭簡意備
足以廣詩人賦詠之性情乎？〔註30〕

　　朱德潤將宋代經學的實質性變化追溯至濂洛諸儒，而《詩經》學則基本
劃分為三個階段，首先是程頤、歐陽修、蘇轍「發其理趣」，其次是南宋李樗、
張栻、呂祖謙、戴溪、嚴粲等各自名家，最後是朱熹《詩經》學獨尊局面的
形成。總體上也是一歷時的劃分，但不甚嚴格。但無疑是將歐陽修「發其理
趣」的《詩經》研究作為兩宋《詩經》研究的一個重要階段，突現了其在《詩
經》學史上的重要地位。

　　元代虞集《鄭氏毛詩序》：「齊、魯、韓詩不傳，而毛氏獨存，言《詩》
之家，千數百年守此而已。至宋歐陽子疑《詩序》之非而著《本義》，蘇欒城
亦疑而去之，不免猶存其首句。譬諸山下之泉，其初出也，壅塞底滯，而端
亦微見矣，漸而清通，沛如江河，後因於先而廓之，而水之源流達矣，亦有
其時也。」〔註31〕對《詩本義》在《詩經》學史上的影響與意義也有形象的
說明，但主要側重的還是《詩本義》在疑《序》方面的貢獻及對蘇轍的開啟
意義。

　　元代許謙撰《詩集傳名物鈔》，解《鵲巢》「諸侯家人美夫人」，說：「《傳》：
一章，歐陽文忠公《詩本義》：『今所謂布穀戴勝者，與鳩絕異。』惟今人直
謂之鳩者，拙鳩也，不能作巢，多在屋瓦間或於木上架構樹枝，初不成巢，
便以生子往往墜隕雛。鵲作巢甚堅，既生雛，散飛則棄而去，容有鳩來處彼
空巢。」（〔元〕許謙撰《詩集傳名物鈔》卷一）許謙注意到歐陽修對「鳩」
與「布穀」鳥的辨析。

　　元代梁益撰《詩傳旁通》，也引用《詩本義》，解《天保》「爾」指「君」，
「歐陽文忠公《詩本義》曰：『詩人爾其君者，蓋稱天以為言耳。』」（〔元〕
梁益撰《詩傳旁通》卷六）解《十月之交》「日食」，「歐陽文忠公《詩本義》
曰：『日，君道也。月，臣道也。』望而至於黃道，是謂臣幹君明則陽斯蝕之；
朔而至於黃道，是謂臣壅君明，則陽為之蝕。《十月之交》，於曆當食，君子
猶以為變，詩人悼之，然則古之太平，日不食，星不孛，蓋有之矣。若過至

〔註30〕〔清〕朱彝尊編，朱昆田校：《經義考》卷一百零六，乾隆四十二年（1777
　　　　年）本，第2頁。
〔註31〕《道園學古錄》卷三十一，洪本健編《歐陽修資料彙編》，北京：中華書局，
　　　　1995年5月版，第458頁。

未分，月或變行以避之，或五星潛在日下禦侮以救之，或涉交數淺，或在陽歷陽盛陰微則不蝕，或德之休明而有小眚焉（眚生之上），則天爲之隱，雖交而不蝕，四者皆德之所由生也。」（〔元〕梁益撰《詩傳旁通》卷八）

元代梁益解《生民》「姜嫄」，引「歐陽文忠公曰：秦漢學者喜爲異說，高辛四妃皆以神異而生子，蓋堯有聖德，稷、契後世皆王天下數百年，學者喜爲之稱述，欲神其事，故務爲之說。文忠公闢祥瑞之說，有《詩本義》。嚴坦叔粲曰：『古無巨跡之說，特《列子》異瑞，司馬遷好奇，鄭氏信讖緯，以帝武疑似之辭，藉口而爲是說。』毛氏不信神怪，其說甚正，後世猶未盡從者，謂其以帝爲帝嚳耳。今依毛以敏爲疾，而不用其帝爲高辛之說；依鄭以帝爲上帝，而不用其敏爲拇指之說，合二家之說而去取之，可以折衷矣。」（〔元〕梁益撰《詩傳旁通》卷十一）〔註32〕這段材料顯示，歐陽修闢神怪、祥瑞，對宋代嚴粲影響深刻；在關於「履帝武敏歆」的看法上，歐陽修的確有過人之處，連朱熹、呂祖謙都有不及，黃震已經明確地指明了這一點。這同時說明，即使在朱熹《詩集傳》流行的時候，歐陽修的《詩本義》依然具有一定的學術影響，而並非湮沒不可聞，「此等文字都不見有了」（〔宋〕朱鑑編《詩傳遺說》卷一，亦見於《朱子語類》卷八十），這是格外值得關注的。

「唐孔穎達氏取毛《傳》、鄭《箋》而疏之，謂之《正義》。詩之制度名物，於是大備，然其訓說，皆不敢背乎《小序》，未有捨《序》而自爲之說者。惟宋歐陽公、王荊公諸先生出，卓然有見，高視千古之上，捨《序》捨《傳》而研究經旨，理明義精，犁然允當。如唐之啖助、趙匡、陸淳捨《傳》言《春秋》，非尋常識見。所及夾漈鄭樵氏漁仲之言曰，風土之音曰風，朝廷之音曰雅，宗廟之音曰頌，且爲作《詩辨妄》六卷，詩經之旨大明，迨晦庵朱子而大定矣。益謂去古未遠，有古書可考，莫若漢儒之毛氏《傳》、鄭氏《箋》；制度述作，物性名件，莫若唐孔氏之《疏》義。讀此經者，所當遍知而不可偏觀也。」（〔元〕梁益撰《詩傳旁通》卷十五《敘》）元代梁益對歐陽修解經（《詩經》）新風及影響已經有簡明扼要的概括，較南宋樓鑰《攻媿集》更加具體細緻，「捨《序》捨《傳》而研究經旨，理明義精，犁然允當」，也是對《詩本義》等的中肯評價。

〔註32〕「可以折衷矣」下，原注：黃東發震曰：「鄭氏謂姜嫄履巨人跡，歆動而生后稷，近世大儒如晦庵、東萊皆從之，惟歐陽公嘗斥其誕，至嚴華谷力主歐陽之說焉。」

　　元代學者對《詩本義》的評價是對南宋的進一步繼承和發展，其中因襲沿革的痕跡很明顯。側重義理，突出《詩本義》在《詩經》學史上的重要轉折地位是這個時期的主要特徵。

二、明代《詩本義》及影響

　　明初著名經史學家、浙東學派的代表人物之一王禕（1321－1372）撰《孔子廟廷從祀議》，認爲：

> 聖人之道，或著之事功，或載之文章，用雖不同，而實則一致。三代以下，人才莫盛於宋東都，其間慨然以聖人之道爲己任而著之行事者，范仲淹而已。其言以爲「士當先天下之憂而憂，後天下之樂而樂」，雖伊尹之任，無以尚之，況當其時，天下學術未知所宗尚，而仲淹首以《中庸》授張載，以爲道學之倡，蓋其爲學本乎《六經》，而其議論無不主於仁義，雖勳業之就未究其志，而事功所及，光明正大，實與司馬光相上下。自聖道不行，世儒徒知章句以爲事，而孰知聖人經世之志，固不專在是也。歐陽修與仲淹同時，實倡明聖賢之學而著之文章，其《易》、《春秋》諸説，《詩本義》等書，發揮經學爲精。至其欲刪諸經《正義》讖緯之説，一歸於正，尤有功於聖道。其爲言根乎仁義而達之政理，所以羽翼《六經》而載之於萬世。至於《本論》等篇，比之韓愈之《原道》，夫復何愧？而世之淺者，每目之爲文人。夫文以載道，道因文而乃著，雖經天緯地者亦謂之文，而顧可少之哉？然則如范仲淹之立功，歐陽修之立名，皆可謂有功於聖人之道者。〔註33〕

《孔子廟廷從祀議》評價宋代學術的轉變，雖目的在於爲討論祀法及從祀的人選和次第問題，但卻比較客觀地表達了對宋代理學家重視「道」的傳承的認可。尤其是「聖人之道，或著之事功，或載之文章，用雖不同，而實則一致」，以體用看待道與文章、事功的關係，對宋代思想學術史演進的勾勒就具有一定的包容性，即使對今天研究宋代儒學包括理學都會有一定的啓發。同

〔註33〕〔明〕王禕撰《王忠文集》卷十五《議・孔子廟庭從祀議》，又見〔明〕賀復徵編《文章辨體彙選》卷四百二十六《議三》之王禕《孔子廟庭從祀議》，〔清〕黃宗羲編《明文海》卷七十四之王禕《孔子廟庭從祀議》，〔清〕秦蕙田撰《五禮通考》卷第一百十九等。

時，王禕從繼承與弘揚道的高度對歐陽修的文章與經學研究作以崇高評價，揭示思想學術發展的複雜原因與歷史面貌，特別注意到歐陽修思想學術與韓愈、范仲淹等的關聯，對慣常的從文學與文士角度來評價歐陽修的現象提出批評，這是很有見地的。關於《詩本義》，則認爲「《詩本義》等書，發揮經學爲精」，也是不菲的褒揚，這也側面體現了歐陽修的思想學術成就以及《詩本義》對後世的深遠影響。

方孝孺（1357～1402）《答王仲縉五首》：「宋之以文名者，曰歐陽氏，曰蘇氏，曰曾氏，曰王氏。此四人之文，尤三百年之傑然者，而未嘗以奇怪爲高。則夫文之不在乎奇怪也久矣，惟其理明辭達而止耳。」〔註34〕這段論述也是從「理明辭達」方面肯定歐陽修等的成就，而不僅僅側重文學形式，是對「文以載道」「文以明道」傳統的繼承和弘揚，但也更加側重「理明」的重要。袁宗道（1560～1600）《論文下》：「漢、唐、宋諸名家，如董、賈、韓、柳、歐、蘇、曾、王諸公及國朝陽明、荊川，皆理充於腹而文隨之。」〔註35〕以「理充於腹而文隨之」概括歐陽修等的作品風貌，也正是有見於文道的文質關係。這種傾向顯示了當時評價重視對「理明」及文質辯證關係的考察。

何喬新（1427～1502）《六經》：「宋歐陽氏、王氏、蘇氏、呂氏，於《詩》皆有訓釋。雖各有發明，而未能無遺憾者。自朱子之傳一出，則『三百篇』之旨，燦然復明，若大空之日月而出於雲霾之積陰也。」〔註36〕雖然對《詩本義》、《詩經新義》、《蘇氏詩集傳》、《呂氏家塾讀詩記》發明義理與詩解都有所肯定，但主要目的在於表彰朱熹《詩集傳》超越前賢的價值，「『三百篇』之旨，燦然復明，若大空之日月而出於雲霾之積陰也」是在傳統詩解的基礎上，經過多代人的努力，相互切磋琢磨，借鑒取捨，才逐步完成的，不過，它卻形象地揭示了宋代《詩經》學經歷的「除蔽」的艱難過程，而朱熹《詩集傳》之所以能夠成爲集大成的作品，其中自然也受到了《詩本義》等的影響（詳可參見裴普賢等人的考察）。這是在朱熹《詩集傳》大盛的情況下依然不廢《詩本義》等的標誌。

〔註34〕《遜志齋集》卷十，洪本健編《歐陽修資料彙編》，北京：中華書局，1995年5月版，第493頁。

〔註35〕《白蘇齋類集》卷二十，洪本健編《歐陽修資料彙編》，北京：中華書局，1995年5月版，第609頁。

〔註36〕《何文肅椒丘先生策府群玉文集》卷上，洪本健編《歐陽修資料彙編》，北京：中華書局，1995年5月版，第510頁；《椒邱文集》，文淵閣《四庫全書》本。

明代毛晉作《陸氏詩疏廣要》曾參考《詩本義》，認為：「今《詩》之『騶虞』，解者類以為此獸。歐陽公《詩本義》獨引賈生說，以為騶者，文王之囿；虞，其官也。然騶虞從古以為獸史之說，有得獸而莫知其名者，東方朔識之曰此所謂騶虞者也，則漢武時嘗有獸號騶虞者矣。古者音聲之假借，以虞為吾，故朔所謂騶虞，則《詩》所謂騶虞者爾，豈可謂虞官也哉？然以為詩直指此獸，又大謬。蓋此物，獸之俊逸者，以其俊逸，故馬之健者比之。」（〔吳〕陸璣撰，〔明〕毛晉廣要《陸氏詩疏廣要》卷下之下《釋獸》）雖然對《詩本義》引用漢人的訓釋作了駁正，但也流露出《詩本義》在明代的影響。實際上，關於「騶虞」的看法，在元代已經有人展開討論，對《詩本義》的見解雖有矯正，但並沒有完全否定。「騶虞，汲冢《周書》《王會》篇云：『騶虞，白虎，黑文，西方之獸。』歐陽公《詩本義》引賈太傅之說，『騶』為文王之囿，固未可據。然『虞』為司獸，不為無理。《書傳》言虞多為掌山澤之官，伯益作虞，遠自舜世。《周禮》分為虞衡，屬之夏官司馬，至如今時京師有仁虞監，取正《詩序》之義而掌畋獵之事焉。」（〔元〕梁益撰《詩傳旁通》卷十五《敘》）

明代詩文雖也有前後七子等的複雜運動，在評價《詩本義》方面也能折射出來，重視「理明」與「辭通」的統一，重視經學研究中的載道傳統是這個時期的主流，《詩本義》影響的重點和特色也以這個方面為主。但是朱熹《詩集傳》的地位日益崇隆，《詩本義》等《詩經》學作品的價值雖然沒有被完全否定，但也僅被視作《詩經》學史上的重要發展階段之一。

第三節　清代《詩本義》的影響與學術紛爭

伴隨著漢宋學術、今古文經之爭，清代《詩經》學史呈現出複雜多樣、不斷融合吸收的形態。在這種情況下，對《詩本義》的褒貶不一，但卻基本說明《詩本義》的確是人們不可忽視的重要的思想學術資源。

一、清初至雍正時期

明末清初學者申涵光（1619～1677）在《荊園進語》中稱：「《集注》未定之先，宋人取士，以注疏為主而旁及諸家。如《易》則胡瑗、石介、歐陽修、王安石……《詩》則歐陽修、蘇軾、程頤、張載……紛紛之說，

安所適從？」〔註37〕強調了歐陽修《詩》解在宋代的客觀影響，而並非湮沒不聞。

　　清初朱子學學者陸隴其（1630～1692）曾說「觀《雜學辨》所辨蘇氏《易解》諸條，真尹和靖所謂訓經而欲新奇，無所不至矣。歐陽公《事跡》曰：『公嘗謂前儒注諸經，惟其所得之多，故能獨出諸家而行於後世，而後之學者各持好勝之心，務欲掩人而揚己，故不止正其所失，雖其是者一切易以己說，欲盡廢前人而自成一家，此學者之大患也。故公作《詩本義》止百餘篇而已，其餘二百篇無所改易。曰：毛鄭之說是也，復何云乎？』嗚呼！此其用心公正，豈子瞻所及哉？宜朱子之有取焉。」（〔清〕陸隴其撰《讀朱隨筆》卷四）雖然轉引歐陽發等《事跡》語，但評價時卻將歐陽修的經學成就與蘇軾作一比較，並揭示歐陽修對朱熹的影響。

　　王士禎（1634～1711）強調「歐陽子作《詩本義》，其《序問》篇云：《毛詩》諸序與《孟子》說詩多合，故吾於《詩》常以《序》為證，惟《周南》、《召南》失者類多，隨而正之。歐陽子所見，豈出朱子下也？」（〔清〕王士禎撰《池北偶談》卷十四）言下之意歐陽修的某些《詩經》學成就並不亞於朱熹。針對歷史上林光朝（艾軒）（1114～1178）批駁《詩本義》的看法，王士禎認為「宋林艾軒光朝與朱子同時同里，說《詩》最不喜歐陽《本義》。《與趙子直書》云：『《詩本義》，初得之，如洗腸胃，讀之三歲，覺得有未穩處。大率歐陽、二蘇及劉貢父談經多如此。』又一書駁《本義》《關雎》、《樛木》、《兔罝》、《麟趾》等解甚悉。大抵歐陽《本義》雖未必盡合，然較考亭盡去《小序》而以臆斷，不啻勝之，未可厚非。」（〔清〕王士禎撰《池北偶談》卷十六）這裡，「歐陽《本義》雖未必盡合，然較考亭盡去《小序》而以臆斷，不啻勝之，未可厚非」，代表了王士禎的基本看法，顯然他屬於尊《序》一派，在反對朱熹「去《序》」的基礎上，對宋代林艾軒批駁《詩本義》的看法作出校正，在某種意義上祐護了《詩本義》。

　　由清陸隴其《讀朱隨筆》卷四、王士禎《池北偶談》卷十四與卷十六所載可見，當時學者討論歐陽修、朱熹《詩經》學觀點，不僅強調朱熹受歐陽修影響，而且甚至在某種程度上認為歐陽修不亞於朱熹。當然，就思想學術史實際而言，這種學術評價也需考慮到清代學者對漢學與宋學的態

〔註37〕《荊園進語》，洪本健編《歐陽修資料彙編》，北京：中華書局，1995 年 5 月版，第 679 頁。

度，兼採漢宋以及獨標漢學的學者，對保留漢學研究成果的《毛傳》自然
會多一些容忍和贊許〔註38〕，這也是合乎情理、并契合清代思想學術發展
內在規律的現象。

陳啓源（？～1689）《毛詩稽古編》對歐陽修《詩本義》也多有探討。該
書曾被譽爲「國初諸家，始變爲徵實之學，以挽頹波，古義彬彬，於斯爲盛，
此編尤其最著也」（《四庫全書總目》卷十六《毛詩稽古編提要》）。《毛詩稽古
編》（三十卷）（江西按察使王昶家藏本），成於康熙二十六年（丁卯）（1687
年），閱十四載，凡三易稿。該書「訓詁一準諸《爾雅》，篇義一準諸《小序》，
而詮釋經旨則一準諸《毛傳》，而《鄭箋》佐之，其名物則多以陸璣《疏》爲
主。題曰『毛詩』，明所宗也；曰『稽古編』，明爲唐以前專門之學也。所辨
正者，惟朱子《集傳》爲多，歐陽修《詩本義》、呂祖謙《讀詩記》次之，嚴
粲《詩緝》又次之。所掊擊者，惟劉瑾《詩集傳通釋》爲甚，輔廣《詩童子
問》次之。其餘偶然一及，率從略焉。」（《四庫全書總目》卷十六《毛詩稽
古編提要》）在《毛詩稽古編》中，《詩本義》等也是被辯駁的重要內容。如
解《關雎》「毛《傳》，雎鳩摯而有別。《箋》申其意，以爲摯之言『至』。《疏》
又申之云：『雌雄情意至厚而能有別，以興后妃說樂君子，情深猶能不淫其色。』
《傳》爲『摯』字，實取『至』義。《箋》、《疏》皆善述《傳》義矣。蓋『至』

〔註38〕 明末清初錢澄之撰於康熙乙卯（1675年）至康熙己巳（1689年）間的《田間
詩學》引用史料很豐富，「大旨以《小序》首句爲主，所採諸儒論説，自《注》、
《疏》、《集傳》以外，凡二程子、張子、歐陽修、蘇轍、王安石、楊時、范
祖禹、呂祖謙、陸佃、羅願、謝枋得、嚴粲、輔廣、眞德秀、鄒忠允、季本、
郝敬、黃道周、何楷二十家……持論頗爲精覈，而於名物、訓詁、山川、地
理，言之尤詳。」（《四庫全書總目‧田間詩學提要》）朱鶴齡《詩經通義》
「專主《小序》而力駁廢《序》之非，所採諸家，於漢用毛鄭，唐用孔穎達，
宋用歐陽修、蘇轍、呂祖謙、嚴粲。」（《四庫全書總目‧詩經通義提要》）
顧鎭《虞東學詩》「大旨以講學諸家，尊《集傳》而抑《小序》；博古諸家，
又申《小序》而疑《集傳》。《集傳》既不敢不從，《小序》又不可竟廢，於
是委曲調停，驛騎於兩家之間，謂其説本無大異，是亦解紛之一術也。徵引
者凡數十家，而歐陽修、蘇轍、呂祖謙、嚴粲四家所取爲多，雖鎔鑄群言，
自爲疏解，而某義本之某人，必於句下注其所出。又《集傳》主於義理，於
名物、訓詁、聲音之學皆在所略，鎭於是數端皆精心考證，具有根柢，不徒
以空談説經，在漢學宋學之間可謂能持其平者矣。書雖晚出，於讀《詩》者
不爲無裨也。」（《四庫全書總目‧虞東學詩提要》）這些著作在宋代主要採
擷的還是尊《序》派，對歐陽修也持肯定的意見，其中《詩本義》也在參考
之列。

與『別』，義正相反，合之方見后妃之德。若作『摯』解，文義偏枯矣。《集傳》云情意深至，亦《箋》、《疏》之意也。歐陽（修）《本義》云：『不取其摯，但取其別。』錢氏《詩詁》亦譏《箋》義爲非，皆未喻《傳》意。按：雎乃雕類，定是鷙鳥。古字『鷙』『摯』亦通用，但詩人取義在『至』不在『鷙』耳。」（〔清〕陳啓源撰《毛詩稽古編》卷一）所引《詩本義》基本與《毛傳》相表裏，但陳啓源認爲，《詩本義》「未喻《傳》意」，是因爲訓解遺漏了「摯」字的「至」意義，不夠全面。而後來的《詩集傳》則在參考毛《傳》、鄭《箋》、孔《疏》詩解上彌補了這個缺憾。

清代著名經學家惠周惕（約 1646～約 1695），長於經學，是吳派經學的奠基者，子士奇、孫棟，世傳其學。他的《詩說》是研究《詩經》的一部著作，在詩經學史上有一定的影響。《詩說》吸收了《詩本義》的部分成果，並做出自己的反思和判斷。如「《揚之水》，《序》爲刺昭公也。昭公分國以封沃，沃盛強，昭公微弱，國人將叛而歸沃焉。歐陽《詩本義》亦云，揚之水，其力弱，以比昭公微弱，不能制曲沃，而桓叔之強於晉國，如白石鑿鑿然見於水中，其民樂而從之。余竊以爲不然，其詩雖刺昭公，實刺桓叔也。桓叔之傾晉，惟潘父變賓之黨從之，國人弗予也。其謀已泄，微聞於晉，晉之臣如師服者已知，晉之不能久，特昭公弗知耳，故其時深識遠慮之人如師服者作此詩，以徵桓叔，蓋亦無謂秦無人意也。」（〔清〕惠周惕撰《詩說》卷中）但直到今天，關於《唐風·揚之水》的解釋也多採用歐陽修的看法。如果聯繫《王風·揚之水》、《鄭風·揚之水》，在歸納的基礎上綜合判斷，「揚之水」的比興，內涵著水流和緩、軟弱無力的意思，所以才多有「揚之水，不流束薪」等語，並與全詩的內容能夠統一協調，進一步肯定「揚之水，其力弱」解說的準確無誤。又如，「《鴻雁》『之子于征』，《傳》云侯伯卿士也，《詩本義》云使臣也，朱子《集傳》云流民自相謂也。按：《周禮·地官》縣都之委積以待凶荒，旅師用粟，春頒而秋斂之。凡新甿之治，皆聽之，使無征役。廩人掌九穀以治年之凶荒，令邦移民就穀，旅師遺人皆士。廩人有下大夫二人，則賑貸存恤之事，必有大夫士以主之，即《詩》所謂『之子』者也。『劬勞于野』，言『之子』拊循流民，身親勞勩之事，所以美之也。若流民相謂，豈特劬勞而已耶？」（〔清〕惠周惕撰《詩說》卷下）關於《鴻雁》「之子于征」中「之子」的理解，惠周惕主要辯駁的是朱熹《詩集傳》「流民自相謂」的觀點，雖更多受毛《傳》的影響，但對《詩本義》基本作了參

考和吸收。《詩說》解《大東》，曾云：「歐陽公謂『維天有漢』以下，仰訴於天之辭。朱子仍用其說。果如歐言，則三垣列宿皆可控告，何獨及是乎？《箋》言眾官廢職，庶幾得之，惜未詳言也。」（〔清〕惠周惕撰《詩說》卷下）體現了獨立思考與嚴謹的治學精神，但能重視《詩本義》與《詩集傳》的研究成果。

嚴虞惇（1650～1713）《讀詩質疑》受《詩本義》探求詩歌本義、裁量古今詩說的影響，也多求「詩本義」，這是《詩本義》在方法原則上對後世《詩經》學研究產生的學術意義。解《關雎》，「歐陽修《本義》駁后妃樂得淑女之說，而以『寤寐求之』為寤寐勤求其事，夫職事固所當求，而荇菜絕非難得，求荇菜之不得而至於輾轉反側，恐非事理宜然。」（〔清〕嚴虞惇撰《讀詩質疑》卷一）這也是根據情理、簡易來判斷訓解是否準確的一個例子，可謂宋代林光朝的同調。當然，判斷也比較有道理，暴露了歐陽修《詩本義》中依然存在著穿鑿之說的不足。

嚴虞惇解《草蟲》，認為：「《草蟲》，三章，章七句。虞惇按：毛鄭以大夫妻為在塗之女，憂心不當夫，恐被出而歸宗，亦非詩本義。既云大夫妻其非在塗之女，可知鄭引男女覯精解『覯止』之『覯』尤屬附會，今削之。『喓喓草蟲』，是託物以起興，三章皆然，《集注》云賦，亦非是。」（〔清〕嚴虞惇撰《讀詩質疑》卷二）解《有狐》，指出：「《有狐》，刺時也。衛之男女失時，喪其妃耦焉，古者國有凶荒則殺禮而多昏，會男女之無夫家者，所以育人民也。虞惇按：『古者國有凶荒』以下序詩者陳古之辭，非詩本義也。」（〔清〕嚴虞惇撰《讀詩質疑》卷五）解《有杕之杜》，則說：「虞惇按：『曷飲食之』，曷，何也。毛鄭云何但飲食之，朱子云無自而得飲食之，而諸家又解作曷不飲食之，皆非詩本義也。孔疏與陳氏說，頗得何字之意，更以鄙見申之。」（〔清〕嚴虞惇撰《讀詩質疑》卷十）解《匪風》，「虞惇按：『匪風發兮』，『匪車偈兮』，毛公與《漢書‧王吉傳》正相合，《集注》過於簡捷，遂失取興之義。今參用蘇氏毛公亨（烹）魚之說，亦非詩本義，而意旨殊妙，故附錄之」（〔清〕嚴虞惇撰《讀詩質疑》卷十三）。解《東山》「虞惇按：『我心西悲』，《傳》云：公族有辟，公親素服，不舉樂，為之變，如其倫之喪，意旨殊勝，然非詩本義也。『勿士行枚』，《箋》云善兵者不陣，亦太迂。『有敦瓜苦，其新孔嘉』，俱不如《集注》之善。『熠耀宵行』，《注》云宵行蟲名，按《爾雅》及《埤雅》諸書俱云熠耀螢火也。朱子避末章之

熠耀而改宵行爲螢火,於經傳未有所據,今從舊。」(〔清〕嚴虞惇撰《讀詩質疑》卷十五)解《南山有臺》「《南山有臺》,五章,章六句。虞惇按:《魚麗》以下諸詩,朱子皆以爲燕饗通用之樂,是矣;而皆以爲無所取義之興,則殊不然。如此詩,《南山有臺》以《序》『樂得賢』之義求之,則意味親切而深厚;若云『無所取』義,便成贅語矣。《鄭箋》云人君得賢,則廣大堅固如南山之有基趾,此又別生枝節,非詩本義。陸佃《埤雅》更以臺萊桑楊杞李栲杻之屬逐物取義,則又矯朱子而失之穿鑿,詩人未必如是之繁碎也。邦家之基,萬壽無期,皆指賢人而言,諸家以《序》有『爲邦家立太平之基』句,遂以爲稱頌得賢之效,其實非也,今正之。」(〔清〕嚴虞惇撰《讀詩質疑》卷十七)解《何人斯》「朱注云:蘇公不欲直斥暴公,故但指其從行者而言,詩既言『唯暴之云』矣,則已明指暴公,何云不欲直斥也?又云以從暴公而不入我門,則暴公之譖己也明矣,竟若此詩之作專責暴公之譖己而借何人以爲辭,則於詩本義全失,毛、鄭、孔《疏》之外,諸家惟蘇氏爲得,今錄之。」(〔清〕嚴虞惇撰《讀詩質疑》卷二十)

這些論述,雖然未必均直接受到歐陽修《詩本義》的影響,但嚴氏解《詩》自覺追求「詩本義」則與《詩本義》不無關係,評價傳統詩解的方法與原則也與歐陽修類似。

解《文王》「《文王》,文王受命作周也。歐陽氏曰:周自后稷以來,積功累仁,至於文王,威德並著,國自此大;武王因之,遂滅商,有天下,是以盛德爲天所相而興周者,自文王始也,故《序》但言『受命作周』,不言『受命稱王』也。虞惇按:《周書·無逸》曰:『文王受命惟中,身厥享國五十年。』《武成》曰:『我文考文王,克成厥勳,誕膺天命,惟九年大統未集。』是文王受命之事也。《帝王世紀》云:『文王即位四十二年,歲在鶉火,文王於是更爲受命之元年,始稱王矣。』《史記·周本紀》:『西伯蓋即位五十年,其囚羑里,蓋益易之八卦爲六十四卦,詩人道西伯蓋受命之年稱王,而斷虞芮之訟後十年而崩。』是文王稱王改元之事也。歐陽氏以文王未嘗稱王改元,故著論以辨之,而於《詩本義》亦極詆毛、鄭之妄,然謂文王未嘗稱王是矣,而謂文王未嘗受命改元則非也。」(〔清〕嚴虞惇撰《讀詩質疑》卷二十四上)嚴虞惇對《詩本義》的觀點進行辯論,能夠比較客觀地予以分析,也說明《詩本義》在清代前期的突出影響。而且,在《讀詩質疑》中,往往將朱熹《詩集傳》的某些觀點作爲研究的重點,讓人體會到《詩集傳》與《詩本義》的

內在相似點，這也是值得人們關注的地方。辨析《詩集傳》是否觸及詩本義、是否簡約，正是對《詩本義》解詩方法的繼承和弘揚〔註39〕。

朱彝尊（1629～1709）《與李武曾論文書》：「魏、晉以降，學者不本經術，惟浮誇是務，文運之厄數百年。賴昌黎韓氏始倡聖賢之學，而歐陽氏、王氏、曾氏繼之，二劉氏、三蘇氏羽翼之，莫不原本經術，故能橫絕一世。蓋文章之壞，至唐始反其正，至宋而始醇。」〔註40〕又在《報李天生書》中說：「僕之深契夫韓、歐陽、曾氏之文者，以其折衷六藝，多近道之言，非謂其文之過於秦漢也。」〔註41〕即使在歐陽修以文名世，後世不斷研求其文法辭章的時候，朱彝尊等強調歐陽修在傳承儒家思想方面的貢獻，就更加具有啓發意義。重視歐陽修等人「原本經術」、「折衷六藝，多近道之言」的重要價值，自然符合「文以載道」的儒學傳統。

王元啓（1714～1786）《讀歐記疑》，在《經旨》中曾討論過《詩解（統）序》：「『序』上加一『統』字，俚鄙不典甚矣。此下九篇原注云：『蜀中《詩本義》有之。』余謂皆出庸妄人僞託，其措辭乖戾，雖半由傳寫之訛，然通此九首觀之，語多鄙拙，於《詩》義又無所發明，第六篇末更攘竊文中子語爲己語，尤足以斷其非公之作，宜盡刪之。」〔註42〕通過文字風格和引用材料判斷眞僞，主張《詩解》不是歐陽修的作品，可備一說。王氏在

〔註39〕 這個時期在《詩經》研究上具有「詩本義」自覺追求的學者很多，其他如顧棟高、黃中松、范家相等。「《正字通》曰：『粺，米，稍疏也。』疏與粺皆喻小人，言小人當引分自廢，非疏喻小人、粺喻君子。朱《傳》因毛云『粺，精也』，故誤以粺屬君子，未詳詩本義耳。」（〔清〕顧棟高撰《毛詩類釋》卷十四〈釋草〉）解《葛覃》「此詩本義蓋言后妃在父母家時，其志固在於女功之事，今歸文王，猶能躬儉節用云云，則文義未始不順也。呂東萊最信《序》說，乃以此序爲後之講師附益，朱子《辨說》更加痛斥，未免有過於惡《序》之失，而《集傳》之義則誠精當巳。」（〔清〕黃中松撰《詩疑辯證》卷一）解《大田》「『來方禋祀，以其騂黑』，《詩記》謂來南方則用騂牲，來北方則用黑牲，獨舉騂黑者，略舉二方以適韻是也。鄭《箋》引《周禮·牧人》陽祀用騂、陰祀用黝，非詩本義，四方之祭不在陽祀陰祀之中，故孔《疏》不從。」（〔清〕范家相撰《詩瀋》卷十三）

〔註40〕 《曝書亭集》卷三十一，洪本健編《歐陽修資料彙編》，北京：中華書局，1995年5月版，第722頁。

〔註41〕 《曝書亭集》卷三十一，洪本健編《歐陽修資料彙編》，北京：中華書局，1995年5月版，第722頁。

〔註42〕 《讀歐記疑·經旨》，洪本健編《歐陽修資料彙編》，北京：中華書局，1995年5月版，第1024頁。

學術和文章方面服膺韓愈和歐陽修，他對《詩本義》的看法雖然突兀率直，但聯繫《詩本義》其他各卷來看，王元啓對《詩解統》的看法不是沒有道理的（詳可參見第四章《今本〈詩本義〉主要卷次內在關係及意義考論》）。

刻成於雍正五年（1727）的《詩經傳說彙纂》〔註43〕對《詩序》的興廢過程作了簡要梳理，客觀上能反映學術變遷的基本面貌，認爲「《詩序》自古無異說，王肅、王基、孫毓、陳統爭毛鄭之得失而已。其捨《序》言《詩》者，萌於歐陽修，成於鄭樵，而定於朱子之《集》，輔廣《童子問》以下遞相羽翼，猶未列學官也。元延祐中行科舉法，始定《詩》義用朱子，猶參用古注疏也。明永樂中，修《詩經大全》，以劉瑾《詩集傳通釋》爲藍本，始獨以《集傳》試士。然數百年來，諸儒多引據古義竊相辨詰，亦如當日之攻毛鄭。蓋《集傳》廢《序》，成於呂祖謙之相激，非朱子之初心，故其間負氣求勝之處，在所不免，原不能如《四書集注》句銖字兩，竭終身之力研辨至精。」（《欽定詩經傳說彙纂》卷首）雖然沒有輕易否定朱熹《詩集傳》的地位，但「尊序」傾向很明顯，對歐陽修、鄭樵等「捨《序》言《詩》」者頗有微詞〔註44〕。「捨《序》言《詩》者，萌於歐陽修」的看法，雖不能完全經得起推敲，但大體在歐陽修那裡不僅在理論上有所探索，而且在實踐中（儘管還只是一部分詩篇）已經比較多地付諸實施了。

二、乾嘉時期

乾隆年間的《御纂詩義折中》對歐陽修的《詩本義》也多有引用。解《王風‧揚之水》，引「歐陽修曰：激揚之水不能流束薪，猶平王政衰不能

〔註43〕「《詩經傳說彙纂》，二十卷，序二卷。康熙末，聖祖仁皇帝御定。刻成於雍正五年，世宗憲皇帝製序頒行。」（《欽定詩經傳說彙纂》卷首）

〔註44〕以至有學者直接視歐陽修、蘇軾等爲「不讀書人」。蘇軾《書》傳「解經，每以強辭奪正理，大之啓南渡改經之漸，小之一掃漢儒舊說，使不學之徒可以憑臆解斷。初聞之，似乎極快而實，則減經之禍皆始於此。此正學人所當戒者。……吾故曰：歐陽修、蘇軾輩，皆不讀書人，非無謂也。」（〔清〕毛奇齡撰《經問》卷四）可見毛奇齡對歐陽修、蘇軾等的偏見之深，議論之烈，與其漢學的學術背景有密切關係。雖然不無偏激，但也觸及了宋代新經學的優長和弊端，因而也具有一定的參考價值。梁啓超說「近儒或以歐陽修、蘇軾爲宋學界之亂，其論稍過」（梁啓超著《論中國學術思想變遷之大勢》第八章《近世之學術（起明亡以迄今日）》，上海：上海古籍出版社，2001年9月版，第117頁），當也與此有關。

令諸侯也。『彼其之子』，周民謂他國之當戍者也。蘇軾曰：『不與戍申』，怨諸侯不至也；『曷月旋歸』，久戍而不得代也。」（《御纂詩義折中》卷五《王風一之六》）解《陳風‧防有鵲巢》，引「歐陽修曰：『中唐有甓』，非一甓也，以積累而成路。『旨鷊』，綬草，雜眾色以成文，猶多言交織以成惑是也。其佈更巧，故憂之，甚而至於懼也。」（《御纂詩義折中》卷八《陳風一之十二》）解《小雅‧常棣》「喪亂既平，既安且寧。雖有兄弟，不如友生」，認為「賦也。此承上文言喪亂之時，雖有良朋，不如兄弟，幸以急難禦侮之故。喪亂平矣，不止身安，亦且家寧，豈可視兄弟反不如友生乎？歐陽修曰：『此責之之辭，所謂弔其不咸也。』」（《御纂詩義折中》卷十《小雅二‧鹿鳴之什二之一》）解《小雅‧湛露》「湛湛露斯，匪陽不晞。厭厭夜飲，不醉無歸」，認為「興也。湛湛，露盛貌。陽，日也。晞，乾也。厭厭，安也，亦久也，足也。夜飲，私燕也。《楚茨》之詩曰『備言燕私』是也。歐陽修曰：『湛湛之露，潤沾於庶物，非至曙則不乾；厭厭之飲，恩被於諸侯，非至醉則不止，見天子待諸侯之厚也。』」（《御纂詩義折中》卷十《小雅二‧白華之什二之二》）這些引證，合乎情理，細膩真切，是難能可貴的。

乾嘉樸學的重要代表人物之一歷史學家王鳴盛（1722～1797）在《蛾術編》中有幾處論述歐陽修《詩本義》，可以作為重要的參考。如關於「騶虞」，「《詩‧騶虞》，《毛傳》以為義獸，疏引鄭志答張逸問：傳云『白虎黑文』，《禮記‧射義》云『樂官備』，何謂？答曰：白虎黑文，《周史‧王會》云備者，取其一發五犯，言多賢也。歐陽修《詩本義》以騶虞為掌苑囿之官，如水虞、澤虞之類，以此解官備，鑿空妄譚也。」但稍晚的迮鶴壽（1773～？）卻認為：「《六韜》言文王拘於羑里，散宜生得騶虞以獻紂。《尚書大傳》言散宜生之於陵氏，取怪獸，尾倍其身，名之曰虞，《山海經》作騶吾。此即《毛傳》所本也。然《魯詩》云：梁騶，古天子囿名。賈誼《新書》云：騶者，文王囿名；虞者，囿之司獸。則不作獸名解。歐陽氏據此以為國君順時畋於騶囿，其虞官乃翼驅五田豕以待射，君有仁心，惟一發而已。陳氏又據《射義》『天子以騶虞為節，樂官備也』之文，以為虞官之明證。嚴氏又據《月令》『季秋田獵，命僕及七騶咸駕』，《左傳》『晉悼公使程鄭為乘馬御，六騶屬焉』，《孟子》『招虞人以旌』之文，以騶為騶御，虞為虞人，騶御、虞人皆不乏人，則官備可知。今按賈誼以騶為囿名，本於《魯詩》；以虞為官名，當即本於《國語》之水虞，《周官》之澤虞。歐陽氏因之，並非鑿空無據。惟嚴華谷謂騶即

騶御，似與《新書》不合，然亦不爲無本。」〔註45〕通過王鳴盛、迮鶴壽的論辨，可見《詩本義》在「騶虞」的訓解上並非鑿空妄論〔註46〕，而是受到《魯詩》的影響，就是一個與三家《詩》相關的確例。迮鶴壽著有《齊詩翼氏學》，對三家《詩》有深入研究。同時，王鳴盛、迮鶴壽二人關於《詩本義》截然不同的看法，也能管窺當時漢宋學術以及今古文之爭的紛雜。

關於「唐棣」：「歐陽氏《詩本義》云：刪詩或篇刪其章，章刪其句，句刪其字。如『唐棣之華，偏其反而。豈不爾思，室是遠而』，此《小雅・常棣》之詩，夫子謂其以室爲遠，害於兄弟之義，故篇刪其章也。按：唐棣、常棣非一物，宋景文云：『世人多誤以常棣爲唐棣，於兄弟用之。』歐公之論，明係杜撰。常棣，《爾雅》所謂棣也；（原注：「子如櫻桃可食。」）唐棣，《爾雅》所謂栘也。（原注：「似白楊。」）『棠棣之華，鄂不韡韡』，『彼爾維何，維常之華』，『裳裳者華，其葉湑兮』，此常棣也。『何彼穠兮，唐棣之華』，『唐棣之華，偏其反而』，此唐棣也。」〔註47〕這是從考據學的角度，對《詩本義》關於「唐棣」與「棠棣」的釋義提出質疑和批評，不爲無見。

關於《伐木》詩兼具饗食燕禮，「歐陽修《詩本義》云：《小雅・伐木》『以速諸父』，毛謂天子謂同姓諸侯曰父，則此詩文王詩也。伐木，庶人賤事，不宜爲文王詩。且文王之詩，雖令泛言凡人，猶當以天子諸侯事爲主，今每以伐木爲言，是以庶人賤事爲主，豈得爲文王詩？按：文王之詩言伐木何害？若以此遂疑爲庶人詩，則《雅》詩之中，不當忽間以一篇庶人宴飲之詩。《曲禮》云：五官之長曰伯，天子同姓謂之伯父，異姓謂之伯舅；九州之長，天子同姓謂之叔父，異姓謂之叔舅。據此，則此詩之稱謂，其非庶人也明矣。《周禮・地官・舍人》：祭祀共簠簋。《冬官》疏云：祭宗廟用木簋，天地用瓦簋。劉氏彝曰：簋八，則籩豆倍之，天子燕禮之數。何氏楷曰：禮有饗有食有燕。饗禮烹太牢以飲賓，體薦而不食，爵盈而不飲；食禮每樂有飯有肴，設酒而不飲；燕禮一獻之禮畢，皆坐而飲酒，其爵無算也，其樂無算也。《詩》言『肥

〔註45〕《蛾術編》卷六十二及迮鶴壽按語，洪本健編《歐陽修資料彙編》，北京：中華書局，1995 年 5 月版，第 1115 頁。
〔註46〕「夫以虞爲司獸，於官字之義合矣，然未見其爲備也，且文王之圃曰靈圃，以騶爲圃名，他書無所考。竊意騶虞皆官名耳。」（《皇清文穎》卷十二之李紱《騶虞解》）
〔註47〕《蛾術編》卷六十二，洪本健編《歐陽修資料彙編》，北京：中華書局，1995年 5 月版，第 1115 頁。

牡』、『肥牬』，是用太牢則同於饗；言『陳饋八簋』，『籩豆有踐』，是有飯有肴則同於食；言『有酒湑我，無酒酤我』，是無算爵，『坎坎鼓我，蹲蹲舞我』，是無算樂；則同於燕。據此則此詩之儀節，其非庶人也又明矣。」〔註48〕此節辨歐陽修《詩本義》之《伐木》詩爲庶人詩的觀點甚力，並結合先秦典籍對《毛詩》的說法作了進一步論證。雖然在某種意義上，它彌補了《詩本義》解《伐木》詩的不足，但也更加凸現了《詩本義》簡易說《詩》的特色，儘管在有些地方可能與古代禮制還存有出入。

阮葵生（1727～1789）認爲「歐陽修重《毛詩》」，「歐公論《詩》曰：邑中失火，邑人走而相告曰，火起某坊；郊野道路之人望而相語曰，人在某坊。將誰從？毛當漢初，去《詩》猶近，後二百年而鄭氏出，又幾及千年而蘇氏出，其孰爲邑中之人，孰爲郊野道路之人歟？則於俱未通之中，毛義必有授受，非若後人之揣摩擬議者耳。」〔註49〕這是以歐陽修論《詩》的原則來揭示歐陽修、蘇轍等人論《詩》可能存在的不足，雖然出於推測，但也是對《詩經》研究方法自覺反省的標誌之一。

或許是出於漢宋學術的門戶之見等，錢大昕（1728～1804）對歐陽修的學術（特別是經學）有一些批評，他在「宋景文識見勝於歐公」中，就認爲宋祁《新唐書‧儒學傳‧啖助論》已經預見到了「以己意解經」之風的弊端，「《唐書》，歐陽修撰本紀、志、表，宋祁撰列傳。後世重歐陽公之名，頗惜列傳不出公手。予讀《儒學傳‧啖助論》云：『啖助在唐，名治《春秋》，摭訕二家，不本所承，自用名學，憑私臆決，尊之曰孔子意也。趙、陸從而唱之，遂顯於時。嗚呼！孔子沒乃數千年，助所推著，果其意乎？其未可必也。以未可必而必之，則固；持一己之固而倡茲世，則誣。誣與固，君子所不取。助果謂可乎？徒令後生穿鑿詭辨，訕前人，捨成說，而自謂紛紛，助所階已。』此等議論，歐陽所不能道。歐陽之《詩童子問》，正宋所議捨成說而訕前人者也。其後王安石、鄭樵輩出，以穿鑿杜撰爲經學，詆毀先儒，肆無忌憚，景文已先見及之矣。」〔註50〕他在「宋儒經學」又說：「宋初儒學者，皆遵守古

〔註48〕《蛾術編》卷六十九，洪本健編《歐陽修資料彙編》，北京：中華書局，1995年5月版，第1116頁。

〔註49〕《茶餘客話》卷十，洪本健編《歐陽修資料彙編》，北京：中華書局，1995年5月版，第1137頁。按：「郊野道路之人望而相語曰，人在某坊」，後一「人」字疑應爲「火」。

〔註50〕《十駕齋養新錄》卷六，洪本健編《歐陽修資料彙編》，北京：中華書局，1995

訓，不敢妄作聰明。宋景文《唐書・儒學傳》，於《啖助贊》深致貶斥。蓋其時孫復、石介輩，已有此等議論，而歐陽公頗好之，故於此傳微示異趣，以防蔑古之漸。」〔註51〕龔自珍也曾引用錢大昕《養新錄》論歐陽修語，作「歐陽之《詩童子問》，正宋所議捨成說而詬前人者也」，並結合歐陽修《春秋論》作了進一步發揮〔註52〕，其中《詩童子問》，似為《易童子問》，根據後文提到的王安石、鄭樵等，則所稱《詩童子問》或即論《詩本義》也有可能。雖然頗多漢宋經學門戶傾軋之嫌，但是在凸現宋代經學（包括《詩經》學）問題方面，的確入木三分，根本問題是宋人所解的經本義是否真正就是經本義，捨棄傳統經解，是否可以保證就能獲得經的本義。直到劉子健《歐陽修的治學與從政》也依然在強調這個關鍵，也是今天反思和評價宋代《詩經》學不能迴避的問題之一。

　　戴震（1723～1777）《詩經補注》是漢宋兼採的《詩經》學作品，並有《毛鄭詩考正》傳世，注重文字考釋與義理探討的有機結合。胡承珙（1776～1823）所撰《毛詩後箋》，以《毛詩》為本，但兼採漢宋學者的觀點，廣泛徵引資料，吸收三家《詩》義，對鄭《箋》辯駁尤力，這也將《詩本義》的工作向前推進了一步。陳奐（1786～1863）《詩毛氏傳疏》集清代《毛詩》研究的大成。在學術傾向上，以三家《詩》說佐證《毛詩》，反駁宋學，辨析鄭《箋》，尊崇毛《傳》與《小序》。

　　李兆洛（1769～1841）雖側重古文經學研究，但與常州今文經學關係密切。他撰寫的《詩經申義序》對歐陽修《詩經》學的特點和地位有很高的評價，「唐以前，成書之傳者已少，惟宋為盛。就宋賢所說，歐陽永叔之學質，故《本義》之詁詩也寬以通；蘇子由之學雅，故《集傳》之詁詩也和以肆；朱子晦庵之學摯，故《集傳》之詁詩也絞以愨；呂東萊之學博，故《家塾讀詩記》之詁詩也節以亮；嚴華谷之學平易，故《詩輯》之詁詩也清以柔。諸賢亦各有得也，各有失也，而無失聖人垂教之意，則一也。」〔註53〕該文比

　　　　年 5 月版，第 1144～1145 頁。

〔註51〕《十駕齋養新錄》卷十八，洪本健編《歐陽修資料彙編》，北京：中華書局，
　　　　1995 年 5 月版，第 1145～1146 頁。

〔註52〕《龔自珍全集》第八輯語錄，洪本健編《歐陽修資料彙編》，北京：中華書局，
　　　　1995 年 5 月版，第 1216 頁。

〔註53〕《養一齋集・養一文集》卷四，洪本健編《歐陽修資料彙編》，北京：中華書
　　　　局，1995 年 5 月版，第 1183 頁。按：《詩輯》通常作《詩緝》。

較扼要地評價了宋代《詩經》學史上一些代表性的著作，有歐陽修的《詩本義》、蘇轍的《蘇氏詩集傳》、朱熹的《詩集傳》（或《詩經集傳》）、呂祖謙的《呂氏家塾讀詩記》、嚴粲的《詩緝》等，以「寬」「通」來評價《詩本義》，對歐陽修《詩經》學的質實特點也有概括，依然能折射出《詩本義》在這個時期的影響。

　　江藩（1761～1830）《國朝經師經義目錄》：「自漢及五代，未有不本毛公而別爲之說者，有之，自歐陽修《詩本義》始，於經義毫無裨益，專務新奇而已。修開妄亂之端，於是攻《小序》者不一其人，攻《大序》者不一其人，若毛《傳》鄭《箋》，則棄之如糞土矣。至程大昌之《詩論》、王柏之《詩疑》，變本加厲，斥之爲異端邪說可也。國朝崇尚實學，稽古之士崛起，然朱鶴齡之《通義》雖力駁廢《序》之非，而又採歐陽修、蘇轍、呂祖謙之說，蓋好博而不純者也。」〔註54〕這段文字顯示了極強學術門戶之見，不少評價發於激憤，不合實際，如歐陽修對待大、小《序》需要具體分析，「若毛《傳》鄭《箋》，則棄之如糞土矣」，極盡誇張。江藩對宋學成見極深，但是也側面透露出了一些學術消息。第一，歐陽修是漢宋《詩經》學演變的過渡環節，是宋代《詩經》學新風的倡導者，對宋代《詩經》學發展產生了深遠的影響。第二，儘管清代學風爲之一變，但是在漢宋學術上，有些學者（如朱鶴齡）吸收兼採漢宋的方法，消除門戶之見，雖然被人所不理解，但是足以證明宋代《詩經》學具有不可漠視的學術價值。

三、道咸同光時期

　　嘉慶道光年間，出現了清代《詩經》學史上又一部重要作品，即馬瑞辰（1782～1853）的《毛詩傳箋通釋》。它雖主《毛詩》，但並不盲從，能夠糾正毛《傳》、鄭《箋》、孔《疏》的錯誤，大膽吸收三家《詩》說，融會創新。儘管恪守《詩序》，但已較毛鄭發生了很大變化。馬瑞辰多吸收漢唐學者以及清代漢學家及今文經學者的成果，可是，這種不專主一家，探求詩義本身和作者原意的努力，實際上都直接間接地受到《詩本義》的啓發，然而該書在宋代《詩經》成果方面，除對朱熹《詩集傳》引用較多外，其他均頗寥寥，但這種情形並不能掩蓋在思想學術原則與方法上受到宋代包括《詩本義》在

〔註54〕〔清〕江藩撰、鍾哲整理《國朝漢學師承記》（附《國朝經師經義目錄》、《國朝宋學淵源記》），北京：中華書局，1983年版，第140～141頁。

內的作品的影響。如在十五國次問題上討論方面，馬瑞辰引述歐陽修《〈詩譜補亡〉後序》，並加按語：「歐陽公所言周太師樂歌之次第，蓋據《左傳》季札觀樂而言，而《鄭譜》次第誤以王列豳後。竊謂國風次序，當以所訂《鄭譜》爲正，周、召、邶、鄘、衛、王、檜、鄭、齊、魏、唐、秦、陳、曹、豳也。其先後次第，非無意義，但不得以一例求之。蓋於二南、邶、鄘、衛、王，可以見殷、周之盛衰焉。二南，周王業所起也。邶、鄘、衛，紂舊都也。王，東遷以後地也。首二南，見周之所以盛；次邶、鄘、衛，見殷之所以亡；次王，見周之所以始盛而終衰也。於檜、鄭、齊、魏、唐、秦，可以覘春秋之國勢焉。春秋之初，鄭最稱強，檜則滅於鄭者也，故檜、鄭爲先。鄭衰而齊桓創霸，故齊次之。齊衰而晉文繼霸，魏則滅於晉者也，故魏、唐次之。晉霸之後，秦穆繼霸，故秦又次之。若夫陳、曹、豳，則又《詩》之廢興所關焉。陳滅於淫，曹滅於奢，而豳則起於勤儉者也。以陳、曹居《變風》之末，見《詩》之所以息；以《豳風》居周《雅》之先，見《詩》之所以興。至豳之後於陳、曹，則又有反本復古之思焉。大抵十五國之《風》，其先後皆以國論，不得以一詩之先後爲定也。邶、鄘滅於衛，檜滅於鄭，魏滅於唐，皆附乎衛、鄭、唐以見，又以見一國之廢興焉，不得以國之小大爲定也。而採得之先後，載籍無徵，其不足以定次序，更無論矣。」〔註55〕這是以殷周二代、十五諸侯國的歷史興衰替革爲序，解釋和說明十五國風詩歌的編次問題，可算一家之言，而且能夠比較融通地解決這個次第的難題。而歐陽修除過在《〈詩譜補亡〉後序》中探討過這個次第問題，還在《十五國次解》專文中討論：「《國風》之號起《周》終《豳》，皆有所次，聖人豈徒云哉！而明《詩》者多泥於疏說而不通，或者又以爲聖人之意不在於先後之次，是皆不足爲訓法者。大抵《國風》之次，以兩而合之，分其次以爲比，則賢善者著而醜惡者明矣。或曰：何如其謂之比乎？曰：《周》、《召》以淺深比也，《衛》、《王》以世爵比也，《鄭》、《齊》以族氏比也，《魏》、《唐》以土地比也，《秦》、《陳》以祖裔比也，《檜》、《曹》以美惡比也，《豳》能終之以正，故居末焉。『淺深』云者，《周》得之深，故先於《召》。『世爵』云者，衛爲紂都而紂不能有之，周幽東遷無異是也，加衛於先，明幽、紂之惡同而不得近於正焉。『姓族』云者，周法尊其同姓而異姓者爲後，鄭先於齊，其理然也。『土地』云者，魏本

〔註55〕〔清〕馬瑞辰撰，陳金生點校《毛詩傳箋通釋》卷一《十五國風次序論》，北京：中華書局，1989年3月版，第8～9頁。

舜地，唐為堯封，以舜先堯，明晉之亂非魏褊儉之等也。『祖裔』云者，陳不能興舜，而襄公能大於秦，子孫之功陳不如矣。」（《詩本義》卷十五《十五國次解》）〔註56〕相較於歐陽修「以兩而合之，分其次以為比」的《詩》序觀，馬瑞辰的解釋更加具有統一性和歷史感，無疑是一種進步。

道光末期，魏源（1794～1857）《詩古微》吸收當時三家《詩》學成果，力詆《毛詩》，獨獲良多，是今文經學的代表作品。其學術精神與原則受歐陽修啟發很大，並在新的歷史情境下有更大的躍遷。皮錫瑞（1850～1908）《經學通論》專門闢文《論三家亡而毛傳孤行人多信毛疑三家魏源駁辨明快可為定論》，力表「魏氏辨駁分明，一掃俗儒之陋」〔註57〕。梁啟超（1873～1929）曾評論：「《詩古微》，始大攻《毛傳》及《大小序》，謂為晚出偽作。其言博辯，比於閻氏之《書疏證》，且亦時有新理解。其論《詩》不為美刺而作，謂：『美刺固《毛詩》一家之例，……作詩者自道其情，情達而止，……豈有歡愉哀樂，專為無病代呻吟者？』（《詩古微·齊魯韓毛異同論中》）此深合『為文藝而作文藝』之旨，直破二千年來文家之束縛。又論詩樂合一，謂：『古者樂以詩為體，孔子正樂即正詩。』（同《夫子正樂論》上）皆能自創新見，使古書頓帶活氣。」〔註58〕我們認為，魏源是繼承了《詩本義》論《詩》的精神的，並向前推進了一步，與明清獨立思考派的《詩經》研究方向一致，這在某種意義上可以說是今文經學的大興，也是宋學精神復蘇的表徵。至於魏源對三家《詩》與《毛詩》關係的過當論述，在清末民初王先謙（1842～1917）《詩三家義集疏》中則得到克服。《詩三家義集疏》與《詩本義》的關係，以及《詩本義》與三家《詩》的關係，已經約略見於前文（詳見第五章《〈詩本義〉與三家〈詩〉的關係》）。

明清獨立思考派的《詩經》研究的代表性作品主要有姚際恒（1647～？）《詩經通論》、崔述（1740～1816）《讀風偶識》與方玉潤（1811～1883）《詩經原始》等。該派之所以被稱作獨立思考派，關鍵在於身居漢宋、今古文經

〔註56〕 按：「世爵云者」，「世爵」《四部叢刊》本作「得失」，《歐陽修集》卷六十一《居士外集》卷十一《經旨十八首》之《十五國次解》與文淵閣本同，作「世爵」；「姓族云者」，「姓族」《四部叢刊》本、文淵閣本《四庫全書》本、《歐陽修集》同，但與前文不侔，似應作「族氏」。

〔註57〕 〔清〕皮錫瑞著《經學通論》二《詩經》，北京：中華書局，1954年10月版，第18頁。

〔註58〕 梁啟超著《清代學術概論》，上海：上海古籍出版社，1998年1月版，第76頁。

學之爭的潮流中，能不囿於門戶之見，淩越於紛爭之上，通過「涵泳篇章、尋繹文義，辨別前說，以從其是而黜其非」（《詩經通論・自序》），當然也有自覺融合漢宋、今古文並別出新解的作品（如《詩經原始》）。方玉潤遙承歐陽修、鄭樵、朱熹疑《序》之風，並受姚際恒《詩經》通論影響，「得姚氏際恒《通論》一書讀之，亦既繁徵遠引，辯論於《序》《傳》二者之間，頗有領悟，十得二三矣」，「反覆涵泳，參論其間，務求得古人作詩本意而止，不顧《序》，不顧《傳》，亦不顧《論》，唯其是者從而非者正，名之曰《原始》，蓋欲原詩人之始意也。雖不知其於詩人本意何如，而循文按義，則古人作詩大旨要亦不外乎是」（《詩經原始・自序》），通過「循文按義」來「原詩人之始意」，正是歐陽修在《本末論》與詩解中強調的基本原則。從思想方法和解說風格分析，獨立思考派受歐陽修《詩本義》及朱熹《詩集傳》的影響更大，特別是《詩本義》的「因文見義」與「以今論古」的方法。但是，這並不意味著該派解《詩》就緊步《詩經》宋學的後塵，方玉潤曾明確地說：「讀《詩》不可以迫狹心神索之，是諸儒之所知；讀《詩》不可以道理格局拘之，非諸儒所能識。而宋儒則尤甚，動輒以道理論《詩》旨，烏能有合詩人意旨乎？」（《詩經原始》卷首下《詩旨》）獨立思考派注重涵泳體味，某種程度上突出了《詩經》的文學因素與鑒賞風格，爲五四前後《詩經》學的新轉向奠定了基礎。

清代《唐宋文醇》強調歐陽修的經學成就和價值，認爲《詩譜補亡後序》、《與宋咸書》、《與徐無黨書》三者能夠簡明地反映歐陽修的經學觀：「修《與宋咸書》謂經非一世之書，其傳之謬非一日之失，其刊正補緝亦非一人之所能。使學者各極其所見而明者擇焉，十取其一，百取其十，雖未能復《六經》於無失，然聚眾善以補緝之，庶幾不至於大謬，可以俟聖人之復生。又《與徐無黨書》謂凡今治經者，莫不患聖人之意不明而爲諸儒以自出之說汩之也。今於經外又自爲說，則是患沙渾水而投土益之也；不若沙土盡去，則水清而明矣。合之此序，三者雖若語相牴牾，而實如五味之相和，可見修於六經潛心自得之趣，而亦可爲後世學人治經之法也。」〔註59〕這段論述有中肯的地方，雖值康乾時期，能不受漢學的範圍，強調歐陽修的經學研究心得，已屬罕見。其中，也透露出歐陽修對「經外又自爲說」好立新奇的解經風習弊端

〔註59〕《唐宋文醇》卷二十四，文淵閣《四庫全書》第 1447 冊；洪本健編《歐陽修資料彙編》，北京：中華書局，1995 年 5 月版，第 938 頁。

的思考，但「沙土盡去，則水清而明」更是恢復經典本身、擺落傳疏窠臼的宋學新風的形象寫照，這種微妙的「牴牾」實際正顯示了歐陽修作為漢宋經學過渡者的獨特品格。

清代思想學術複雜多變，但脈絡可循，從永曆康熙間襲宋學而漢學復興，至乾嘉時期漢學大振，至道咸同時期今文經學又興，而古文經學不衰〔註60〕。整體上，清代經學先有漢宋之學的頡頏，後有今古文經的紛爭，雖兼採漢宋、包容今古的學者亦時有湧現，但「學者不特知漢、宋之別，且皆知今、古文之分」〔註61〕的基本格局鮮明。《詩本義》在清代思想學術史上褒貶不一、起伏變化的地位，實際也是這種基本格局的間接反映。這裡以乾嘉時期作為考察重點，也是試圖來彰顯思想學術史的複雜性，並使具有漢宋學術過渡本質的《詩本義》在清代漢學與宋學的紛爭中現身，以比較集中地折射《詩本義》的基本學術面貌、品格和影響。

第四節　現當代《詩本義》的影響

在現當代《詩經》學史上，《詩本義》基本也是被作為《詩經》學史的重要構成鏈環之一，但不同的學者與作品則有很大不同。

謝无量（1884～1964）的《詩經研究》是較早的一部具有現代意義的《詩經》學研究著作。全書分為五章，依次是《詩經總論》（包括詩經的來歷、義例及詩序與篇次、詩經學流傳及注家研究）、《詩經與當時社會之情勢》（包括古代固有之思想、國家制度與詩經、家族禮制與詩經）、《詩經的歷史上考證》（包括對周室、邶鄘衛、鄭、齊、晉、秦、陳、檜曹的史證）、《詩經的道德觀》（包括家庭、個人、國家的道德）、《詩經的文藝觀》（包括詩形及詩韻、

〔註60〕梁啓超著《論中國學術思想變遷之大勢》第八章《近世之學術（起明亡以迄今日）》，上海：上海古籍出版社，2001年9月版，第100～136頁。

〔註61〕「國朝經學凡三變。國初，漢學方萌芽，皆以宋學為根柢，不分門戶，各取所長，是為漢、宋兼採之學。乾隆以後，許、鄭之學大明，治宋學者已鮮。說經皆主實證，不空談義理。是為專門漢學。嘉、道以後，又由許、鄭之學導源而上，《易》宗虞氏以求孟義，《書》宗伏生、歐陽、夏侯，《詩》宗魯、齊、韓三家，《春秋》宗《公》、《穀》二傳。……是為西漢今文之學。學愈進而愈古，義愈推而愈高；屢遷而返起初，一變而至於道。學者不特知漢、宋之別，且皆知今、古文之分。門徑大開，榛蕪盡闢。」（〔清〕皮錫瑞著，周予同注釋《經學歷史》十《經學復盛時代》，北京：中華書局，2004年7月新1版，第249～250頁）

詩經的修辭法）。基本是材料的類編和條理，但規模初具，指出了多個有待深化的新研究領域。關於漢宋《詩經》學的演變及宋代《詩經》學的發展，他說：

> 漢唐訓詁學，束縛思想太甚。至宋代乃起一大反動。學者主張自由研究眞理，不拘守注疏。對於群經，每用自己之主見，求古人之精神。說《詩》諸家，也多半如此。

> 王得臣、程大昌議《詩序》，實自蘇轍發端。

> 宋代可謂經術革命時期。及朱子出，乃確開一詩學之新局面。〔註62〕

> 要之古代詩學，至北宋即破壞無遺。或疑《毛詩》，疑《鄭箋》，疑《小序》。乃至從古所信之「六義」、「四始」、大小、正變等說，無一不發生問題。朱子出爲之折衷去取，議論稍定。自是《朱注》大行，毛鄭之學，又漸漸衰了。〔註63〕

> 《呂氏家塾讀詩記》仍墨守毛鄭。嚴粲《詩緝》，又宗呂氏。〔註64〕

肯定了蘇轍議《序》、呂祖謙《呂氏家塾讀詩記》對南宋《詩經》學的影響，尤其是突出了朱熹《詩經》學的重要地位，但並未超邁前人論述。「疑《毛詩》，疑《鄭箋》，疑《小序》」，便與《詩本義》關係很密切，但可惜的是謝氏已注意到蘇轍議《序》的重要，但還未明確地點明《詩本義》的意義。

胡樸安（1878－1947）繼承前人的研究成果，分析更加細膩周密，他在所著《詩經學》的《宋元明詩經學》部分中說：

> 自唐以來，說《詩》者悉宗毛鄭，謹守《小序》；至宋而新意日增，舊說幾廢。宋人說《詩》略分三派：一廢《小序》派，二存《小序》派，三名物訓詁派。非《小序》一派，其傳最盛。推原所始，實發於歐陽修之《毛詩本義》。〔註65〕

> 修著《本義》，雖不輕議毛鄭，然亦不確守毛鄭。觀其所言，已

〔註62〕 前述三則材料均見於謝无量：《詩經研究》，商務印書館，1923年初版，1935年第1版，第44頁。按：「《詩》」、「《詩序》」的書名號爲筆者所加。

〔註63〕 謝无量著《詩經研究》，商務印書館，1923年初版，1935年第1版，第45頁。

〔註64〕 謝无量著《詩經研究》，商務印書館，1923年初版，1935年第1版，第45頁。

〔註65〕 胡樸安著《詩經學》，商務印書館，1928年初版，1933年第1版，第97頁。

開宋人以己意說經之始。嗣後蘇轍作《詩集傳》以廣其義。其說以《詩》之《小序》，反覆繁重，類非一人之詞，疑爲毛公之學，衛宏之所集錄，則是對於《小序》，已略有懷疑之意矣。迨至鄭樵作《詩辨妄》，王質作《詩總聞》，毛鄭之義，廢棄無餘矣。〔註66〕

《詩辨妄》六卷，專攻毛鄭之妄，削去《小序》，而以己意說之也。質之《詩總聞》，雖不字字攻詆《小序》，然毅然自用，別出心裁，勇銳之氣，幾掃前說而一空之。此皆廢《小序》之最力者也。朱子作《詩集傳》，頗用調和之說。故雖雜採毛鄭，然卒廢《小序》不用。自是讀《詩》者，幾不知有《小序》矣。《小序》既廢，《詩》義多晦。鄭衛之風，悉爲淫奔之詩。鄭風尤甚。〔註67〕

朱子廢《小序》說《詩》。其傳最盛。一時說《詩》者，雖非朱子（的）〔嫡〕傳，大概悉受朱子之影響，破舊說而持新義。若楊簡之《慈湖詩傳》，袁燮之《絜齋毛詩經筵講義》，皆排斥《序》《傳》，說以義理。楊氏之學，出於陸九淵，高明之過，勇於疑古。其說《詩》也，……思想之所至，遂多新說……穿鑿無根，此其蔽也。袁氏說《詩》，注重時事。……雖經筵之體，義重獻納，然持論不衷於古矣。蓋宋人說《詩》，自朱子而後，多以《集傳》爲宗。如輔廣之《詩童子問》，朱鑒之《詩遺說》，尤其顯然者。又有王柏者著《詩疑》。王爲朱子三傳弟子〔註68〕，其《詩》學亦出於朱子。但其攻斥毛鄭，改刪經文，至削《詩》三十餘篇，並移其篇次，爲變本加厲耳。此一派也。呂氏祖謙，與朱子同時。……後朱子改從鄭樵之說，不用《小序》；呂氏仍守毛鄭。……呂氏《讀詩記》所採朱子之說，而朱子特加以否認也。然呂氏之書，亦頗傳誦於一時。有戴溪者著《續呂氏讀詩記》，以《毛傳》爲宗，折衷眾說。於名物訓詁，頗爲詳悉。不廢古訓，而亦時有新說。……又有嚴粲者著《詩緝》，以呂氏《讀詩記》爲主。……又有段昌武者著《毛詩集解》，大致亦仿呂氏《讀詩記》。……呂氏本《小序》以說《詩》，

〔註66〕 胡樸安著《詩經學》，商務印書館，1928年初版，1933年第1版，第97頁。
〔註67〕 胡樸安著《詩經學》，商務印書館，1928年初版，1933年第1版，第97～98頁。
〔註68〕 胡樸安原注：柏師何基，基師黃榦，黃榦師朱子。

戴氏嚴氏段氏，皆本呂氏而不廢《小序》，然新說亦時時有之，此
又一派也。蔡氏卞王氏應麟，在宋儒之中，其學頗爲徵實。蔡氏著
《毛詩名物解》，踵陸氏之例爲之，而徵引加博。王氏著《詩考》，
搜集三家《詩》遺說，勒爲一書；……搜集三家《詩》，其業剏於
王氏，有足多者。王氏又著《詩地理考》……此又一派也。〔註69〕

相較而言，胡樸安的勾勒比較清晰和流暢，儘管還多沒有完全跳出黃震所劃
分的範圍，但愈益細緻清楚。他將宋代《詩經》學劃分爲三派，其中第三派
「名物訓詁派」還值得進一步商榷。其他對歐陽修的評價、廢《序》的沿革、
《詩經集傳》和《呂氏家塾讀詩記》影響的概括，前人也多有論及。在此，
胡樸安的貢獻不僅在於較清晰完備地勾畫出宋代《詩經》學的脈絡，更重要
的是注意到陸學學者如楊簡、袁燮等的《詩經》學風格和意義。近代學者劉
師培《經學教科書》也以歐陽修爲新風氣的開創者，以攻《序》宗《序》劃
分脈絡，但已以「惟以義理擅長」〔註70〕概括陸學學者的《詩經》學研究，
可惜文字極爲簡短，性質類同人物和作品簡要目錄，只是略具眉目。「推原所
始，實發於歐陽修之《毛詩本義》」，雖注意到歐陽修《詩本義》在《詩經》
宋學發展過程中的奠基地位，但僅作爲「非《小序》」的先河，也是不甚準確
和全面的。

金公亮在通俗的學術著作《詩經學ABC》中說：

三家詩既亡，只存《毛詩》獨行於世，又經孔穎達作疏，於是
毛說成爲《詩》學界中的權威，凡研究《詩經》的人，沒有敢於反
抗的，直到歐陽修、蘇轍、鄭樵、朱熹出來，才開始對於舊說加以
攻擊。歐陽修作《詩本義》、蘇轍作《詩集傳》，已經表示對於舊說
不信任；鄭樵《詩辨妄》更是徹底，痛罵《詩序》的荒謬，極多創
見，傳統的詩經學，在學術上的地位，因之大爲動搖。朱熹的《詩
序辨說》、《詩集傳》，廢《序》言《詩》，別出新解，遂起而握詩學
界的牛耳。此外如程大昌、王質、楊簡等亦都是新派健將。當時正
統派的學者有范處義、呂祖謙、嚴粲、馬端臨等，仍舊擁護毛、鄭，

〔註69〕胡樸安著《詩經學》，商務印書館，1928年初版，1933年第1版，第97～100頁。
〔註70〕劉師培著《中國中古文學史講義》（含《漢魏六朝專家文研究》、《經學教科書》、《兩漢學術發微論》），北京：中國人民大學出版社，2004年版，第208頁。

不過勢力不大，終不能戰勝新派。〔註71〕

金公亮未跳出「正統派」與「新派」，即尊《序》派與斥《序》派二元對立的思維模式，與五四前後的風氣有關。同時末一句論述正統派勢力不大，終不能戰勝云云，不成事實，也有些簡單化處理。《詩本義》亦被視爲「開始對於舊說加以攻擊」的代表作品之一。

與《詩經學 ABC》同時的還有傅斯年（1896～1950）《詩經講義稿》。《詩經講義稿》也基本以對待《詩序》的態度描述宋代《詩經》學，但將重點集中在朱熹與王應麟兩人身上。他高度評價朱熹《詩經》學成果，認爲《詩經集傳》「卻是文公在經學上最大一個貢獻，拿著本文解《詩》義，一些陋說不能附會，而文學的作用赤裸裸地重露出來」，但批評其未將這種方法貫徹到《二雅》、《二南》、《豳風》詩上；認爲王應麟的《詩考》、《詩地理考》「開近代三百年樸學之源」。傅氏對宋代《詩經》學整體評價也比較高，「現在我們就朱彝尊的《經義考》看去，已經可以覺得宋朝人經學思想之解放，眼光之明銳，自然一切妄論謬說層出不窮，然跳梁狐鳴，其中也有可以創業重統者」〔註72〕。朱熹《詩集傳》繼承了《詩本義》的基本學術精神，傅斯年關於《詩集傳》「拿著本文解《詩》義」實際也正是《詩本義》「因文見義」的寫照，關於「宋朝人經學思想之解放，眼光之明銳」，自然應包括歐陽修在內了。

劉師培（1884～1920）在《經學教科書》第一冊第二十五課《宋元明之〈詩〉學》開門見山寫道：「宋儒治《詩經》者，始於歐陽修《毛詩本義》與鄭立異，不主一家。蘇轍廣其義作《詩經說》，立說專務新奇。」〔註73〕他將《詩本義》作爲宋代《詩經》學的奠基性作品，自然沒有歧義，特別是《詩本義》對蘇轍《詩》說（即《蘇氏詩集傳》）影響很大，是形成「專務新奇」的解經風尚的重要因素。但如《四庫全書總目》所言，《詩本義》並沒有特意要在毛鄭之間力分軒輊，而能平心而論，從詩文本身出發，裁奪前人觀點，

〔註71〕金公亮著《詩經學 ABC》第十一《詩經學的流派》，世界書局，1929 年，第140 頁。按：「傳統的詩經學」中的「詩經學」原作「《詩經學》」，標號當爲作者偶誤。

〔註72〕傅斯年著《詩經講義稿》（含《中國古代文學史講義》），北京：中國人民大學出版社，2004 年，第 10 頁。

〔註73〕劉師培著、陳居淵注《經學教科書》，上海：上海古籍出版社，2006 年 7 月版，第 100 頁。

自鑄新解，因此，此處「始於歐陽修《毛詩本義》與鄭立異」，是不準確的。雖然這種判斷有不甚準確的地方，但是它卻是將歐陽修《詩》學放在毛鄭《詩》學長河中觀照的結果，這種方法具有啓示意義。也正是在這個長河中，才能對歐陽修在《詩經》學史特別是在漢宋學術轉型中承上啓下的樞紐地位與作用有一深刻洞察。

當代《詩經》學的奠基之作夏傳才《〈詩經〉研究史概要》在《宋學〈詩經〉研究中的幾個問題》涉及《思辨學風與〈詩經〉研究的革新》、《廢序和尊序的論爭》、《〈詩集傳〉——〈詩經〉研究的第三個里程碑》、《王柏的〈詩疑〉及其刪詩問題》、《〈詩經〉考據學的產生》，將宋代《詩經》學發展分爲「三個時期：北宋時期；南宋初到朱熹完成《詩集傳》的時期；理宗以後的南宋後期」〔註74〕，廢序和尊序依舊是一條重要線索，但對歐陽修《詩本義》關注不夠，是比較遺憾的。

林葉連《中國歷代詩經學》在《宋朝詩經學》部分涉及《宋朝經學背景》、《宋朝經學之發展趨勢》、《歐、呂、朱之詩經學》等，並將宋代《詩經》學細分爲八個流派（議論毛傳鄭箋派、刪削唐人注疏派、廢小序派、存毛鄭小序派、名物訓詁派、圖譜派、借詩寓意派、三家詩派）〔註75〕，較胡樸安更瑣碎，標準亦不一致，但尊序和廢序也被視爲重要的線索，人物專章之所以選歐陽、呂、朱三人，或許這是一個重要依據。洪湛侯《詩經學史》宋代部分較詳備，資料豐富，但基本格局未有實質性變化，包括六章，依次是《宋代疑經改經蔚成風氣》、《北宋〈詩〉學革新浪濤滾滾》（包括歐陽修、王安石、蘇轍）、《關於反〈序〉存〈序〉的論爭》（將楊簡列入反《序》行列）、《「詩經宋學」的形成及其權威著作〈詩集傳〉》、《南宋的重要〈詩〉家》、《宋代學者已注意到〈詩〉的文學特點》〔註76〕。戴維的《詩經研究史》基本也是如此，但要單薄零碎的多。

現當代《詩經》學史研究對歐陽修《詩本義》學術價值的認識與評價，是對宋明以來學者觀點的繼承和發展。關於當代歐陽修《詩本義》研究的具體情況可參看導論（《歐陽修〈詩本義〉研究述評》）和相關綜述文章，這裡

〔註74〕夏傳才著《〈詩經〉研究史概要》，鄭州：中州書畫社，1982年，第132頁；夏傳才著《詩經研究史概要》（增注本），北京：清華大學出版社，2007年6月版，第107頁。

〔註75〕林葉連著《中國歷代詩經學》，臺灣學生書局，1993年版，第246～248頁。

〔註76〕洪湛侯編《詩經學史》，北京：中華書局，2002年版，第285～409頁。

僅結合現代《詩經》學史扼要強調《詩本義》在現代《詩經》學研究轉向中的作用和意義。整體上，將《詩本義》作爲解經新風的開創者，現當代《詩經》研究的文學轉向在歷史與邏輯上都與《詩本義》具有一定的內在聯結，當然，這並不意味著文學轉向是現當代《詩經》研究的唯一轉向〔註77〕。

〔註77〕現當代《詩經》研究具有多元性的特徵，如歷史學、社會學、文化學、文學、語言學等多維面向，但無疑關於《詩經》及《詩經》學的文學研究與清理是這些面向中最重要的一種。至於現代學術思潮與《詩經》學多元展開的關係，詳可參閱趙沛霖著《現代學術文化思潮與詩經研究——二十世紀詩經研究史》，北京：學苑出版社，2006年7月版。

餘　論

　　關於《詩本義》的思想學術價值和意義，拙著將其放在漢唐至宋明《詩經》學轉型的過程中具體考察，以突現學術與思想發展的內在規律和特徵。在《詩經》學發展史中，歐陽修的《詩本義》具有漢宋學術過渡特徵，在某種意義上，它兼有漢宋《詩經》學的學術面貌。歐陽修注重考證，但不繁瑣，反對讖緯迷信和增字解經的風氣；注重義理，努力從文本自身出發，溝通古今人情事理，探求《詩經》詩篇的本義，儘管相當一部分詩歌解釋並沒有完全走出《小序》、毛《傳》、鄭《箋》的牢籠，但這種方法的影響和啓示卻具有新的意義。事實上，在朱熹《詩集傳》出現之前，《詩本義》的影響尤大；即使《詩集傳》被尊崇的時候，《詩本義》的影響依然不絕如縷。特別是在清代漢宋學術、今古文經學紛爭中，對《詩本義》褒貶的細微變化及其思想學術的客觀影響，都映照出《詩本義》兼具漢宋學術的基本特徵，並爲《詩經》學研究的文學轉向及多元展開奠定了一定的基礎，因而也具有重要的現代意義。

　　劉師培在考察三國南北朝隋唐時期《詩經》學發展狀況時就注意到這種變化和線索，將對待毛鄭學術觀點的差異作爲釐清《詩經》學發展階段的標準，而我們在對《詩本義》的考察中，也能夠看到這條線索的痕跡與尾聲，而其鮮明的差異自然也會更加分明。《經學教科書》第一冊第十八課《三國南北朝隋唐之〈詩〉學》：「東漢之末，說《詩》者，咸宗毛、鄭。自魏王肅作《詩解》，述《毛傳》以攻《鄭箋》，蜀儒李譔作《毛詩傳》亦與《鄭箋》立異。惟吳人陸璣作《毛詩草木鳥獸蟲魚疏》詳於名物，有考古之功。及晉永嘉之亂，《齊詩》淪亡，惟韓、魯之說僅在。（原注：晉董景道兼治《韓詩》。）

當南北朝時，《毛傳》、《鄭箋》之學行於河北。通《毛詩》者，始於劉獻之，獻之作《毛詩序義》，以授李周仁、程歸則，歸則傳劉軌思，周仁傳李鉉，鉉作《毛詩義疏》。又劉焯、劉炫咸從軌思受《詩》，炫作《毛詩述義》。而河北治《毛詩》者，復有劉芳、沉重、（原注：《毛詩義》、《毛詩音》。）樂遜、（原注：《毛詩序論》。）魯世達，（原注《毛詩章句義疏》。）大抵兼崇毛、鄭。（原注：以上北學。）江左亦崇《毛詩》，晉王基駁王申鄭；孫毓作《詩評》評論毛、鄭、王三家得失，多屈鄭祖王；而陳統復難孫申鄭，王、鄭兩家互相掊擊，然咸宗《毛傳》。若伏曼容、（原注：《毛詩義》。）崔靈恩、（原注：《毛詩集注》。）何胤、（原注：《毛詩總集》、《毛詩隱義》。）張譏、（原注：《毛詩義》。）顧越（原注：《毛詩傍通義》。）亦治《毛詩》，於鄭、王二家亦間有出入。惟周續之作《詩序義》，最得毛、鄭之旨。（原注：以上南學。）及唐孔穎達作《詩義疏》，亦兼崇毛、鄭，引申兩家之說，不復以己意為進退，守疏不破注之例，故《毛詩》古義賴以僅存，而魯、韓遺說不可復考矣。又唐人治《詩》者，有成伯璵《毛詩指說》，間以己見說經，以《詩序》為毛公所續，（原注：北朝沉重已有此說。）遂開宋儒疑《序》之先。」〔註 1〕劉師培這段論述大概未出《四庫全書總目·毛詩正義提要》牢籠，但更加簡明通暢。劉氏認為東漢末「咸宗毛、鄭」，三國述毛攻鄭；南北朝時期，北學「大抵兼崇毛、鄭」，而南學較為複雜，駁王申鄭尊毛，不一而足，但也基本徘徊於「毛、鄭之旨」間。唐代孔穎達和同南北經學，「兼崇毛、鄭，引申兩家之說，不復以己意為進退」，成伯璵「間以己見說經」對宋代《詩經》學有啓發意義。因此，辨析考察毛鄭得失是東漢至唐末《詩經》學史上的重要內容，歐陽修的《詩經》學重視毛鄭之辨是對這一學術潮流的延伸和發展，但是與此前的《詩經》學者不同的是，歐陽修不尊崇於某一家，即劉師培所說「不主一家」，能夠在義理上貫通毛鄭，並發現和突現毛鄭《詩》解中衝突牴觸的地方，從而為《詩》學的新解與新的發展方向開闢道路。從這個意義上看，歐陽修《詩》學是《詩經》漢宋學轉型過程的重要轉折點，同時兼具「承舊」與「開新」的性質，但尤為重要的是《詩本義》的開新功能，籠罩兩宋，影響深遠，自非一語兩語能夠論述（詳見第四章《〈詩本義〉的兩大解經方法及影響》及第七章《〈詩本義〉效果史研究》）。

〔註 1〕劉師培著、陳居淵注《經學教科書》，上海：上海古籍出版社，2006 年 7 月版，第 68～69 頁。

　　《詩本義》是《詩經》學史上重要的著作，具有承前啓後的作用，體現了漢宋學術的重要變遷，對朱熹、姚際恒等以及現當代《詩經》學發展都有深遠影響。但是目前該領域研究關鍵是缺乏對《詩本義》典籍的系統梳理和考辨，研究也多有陳陳相因的弊端，關於《詩本義》的深入具體以及系統的效果史研究比較薄弱。在材料使用上，對《詩本義》宋、明兩大版本流傳系統及其各自內部關係關注不夠，影響了該課題的深入研究和拓展。臺灣學者車行健曾在專著《詩本義析論》中指出：「對《詩本義》一書的流傳以及爲現代讀者的研讀而言，當務之急應是在宋版系統和明版系統的基礎之上，重新校勘、出版，使這部深具價值的古書更能爲現代人所認識。如此，方能使這部書的諸多版本具有更豐富的價值和意義。」〔註2〕目前，該項目研究依然是極爲薄弱的環節，它直接影響了對《詩本義》的全面和準確把握，也不利於重估《詩本義》的《詩》學價值。

　　關於歐陽修及歐陽修的經學（包括《詩經》學）研究成果較多，但是在史料運用上，往往拘泥於宋版系統中的某一版本，主要是《通志堂經解》本、文淵閣《四庫全書》本，但是這兩個版本均有校勘不精的地方。宋版系統內部，到底有怎樣的分歧，分歧具有怎樣的學術意義，目前研究幾乎空缺，而且缺乏系統全面謹嚴的點校本。車行健雖然略作了梳理，但是一方面過高估價了明版系統（包括刻本和鈔本）的文獻學價值，一方面缺乏對各版本的細緻比勘和研究。立論基礎大多限於前人目錄序跋，也沒有重視《詩本義》自身的複雜性。因此，如果能夠整理出《詩本義》的新校本，自然有助於解決目前相關研究的瓶頸效應問題。此外，在具體整理和細緻分疏的基礎上，系統把握《詩本義》的有關思想學術問題，凸顯《詩本義》的歷史性特徵，爲一些忽視該著歷史性特徵及懸而未決的問題提供解決的思路和嘗試，從而使校釋的基礎文獻整理與專門的學術研究形成爲有機的統一整體，有助於促進歐陽修經學特別是《詩經》學思想研究的新進展。

　　《詩本義》校本將會成爲《詩經》研究史及經學史、經學思想史的重要史料，它是該領域研究的基本文獻，具有重要的學術意義和參考價值。同時，建立在細緻分疏與整理基礎上的專門的《詩本義》個案研究，也會繼承前人研究成果（如裴普賢著《歐陽修詩本義研究》、車行健著《詩本義析論》等）並做出明顯推進。重視結合宋人的行狀、筆記、引用（特別是集傳類作品，

〔註2〕車行健著《詩本義析論》，臺北：里仁書局，2002年2月版，第146頁。

如蘇轍《蘇氏詩集傳》、朱熹《詩集傳》、呂祖謙《呂氏家塾讀詩記》等）、詩文等，為綜合研究《詩本義》的成書與流傳、歐陽修的《詩經》學思想及演變提供豐富而可靠的史料與觀點。這種研究有助於進一步明確《詩本義》宋、明版本系統的關係和各自價值，凸現宋版系統的重要性，對明版系統則持謹慎參考態度。在謹嚴研究的前提下嘗試董理宋版系統《詩本義》的基本面貌，彌補該領域研究的不足和薄弱環節。同時，對《詩本義》的相關學術問題也給與具體分析和解釋。

關於《詩本義》版本的考察和校勘，應主要以宋版系統《四部叢刊》本、《通志堂經解》本、文淵閣《四庫全書》、文津閣《四庫全書》本、摛藻堂《四庫全書》本等的比勘為主，謹慎參考明版系統的多種流傳刻本和鈔本，並在宋版系統的基礎上整理出新校本。在校釋的基礎上，不斷歸納和系統化，對《詩本義》在《詩經》學史上的地位做更加紮實和深入的微觀研究。特別是注意到《詩本義》卷數（十四卷、十五卷、十六卷）的分歧與差異，實際是《詩本義》不斷流傳與修改完善的過程，明版系統對漢唐《詩經》學成果的補充與注明也可從這一視角加以觀照。從景祐、寶元年間到熙寧三年（1070），歐陽修的《詩經》學思想的具體演變脈絡，也可在這些細緻研究的基礎上獲得進一步的呈現，《詩本義》是歐陽修在臨去世前三年左右才完全定稿的作品，是經過深思熟慮和推敲加工的，能夠呈現出《詩本義》反覆修改、不斷完善的寫作過程和思想演進實質。

在比較系統的宋版系統《詩本義》校本的基礎上，展開對《詩本義》的學術創新、方法特徵、思想演變、學術影響、篇章關係以及某些具體的學術問題的進一步深入考察，以努力從多側面體現《詩本義》在《詩經》學史上的重要影響和價值。

歐陽修《詩本義》在《詩經》學史上具有承前啓後的學術意義。通過版本的梳理、對勘與箋釋，可為專門的系統研究提供切實可靠的史料依據，並在歷史與邏輯、文獻與考證相結合的基礎上對一些學術問題作進一步反思和重估。這些學術問題大略有歐陽修的《詩經》觀與突破、歐陽修與漢唐《詩經》學、歐陽修對三家《詩》研究的貢獻、歐陽修疑《詩》及意義、歐陽修與「淫詩說」、歐陽修解《詩》新法及影響、歐陽修《詩經》研究的特徵及思想學術價值等方面。

歐陽修對「六經」有基本一貫的認識，強調「六經」的教化功能，具有「法

不法」和「正不正」的作用，而「不法」與「不正」的社會現實正是「六經」之所以產生的原因。歐陽修認為《詩經》關乎其他「道」之所存的「五經」，並進一步明「用」，而「跡道」與「知用」緊密結合，儘管歐陽修的「用之與奪」主要是指「勸誡」、「美刺」，但實際上已初步糾正了對《詩經》的三種偏見（即「章句之書」、「淫褻之辭」、「猥細之記」），漸次以降，「『六經』皆道之所存」，以至有張程朱陸等學者的理學解讀，所以說歐陽修開啓了宋代以「道」（包括「理」、「心」）為核心的《詩經》研究是毫不誇張的，而且有助於從更深層次的思想文化角度理解《詩經》學術演變的內在規律。結合年譜，歐陽修與理學的奠基者「宋初三先生」胡瑗、石介、孫復以及邵雍等都有比較密切的交往，有助於彰顯學術思想形成的複雜性、深刻性與生動性。歐陽修在《本末論》中集中闡發自己對解《詩》四種情況的本末認識，是理解其解讀《詩經》思想的基礎。他將學《詩》的目的分為四種，即把握詩人之意、聖人之志、太師之職、經師之業，通曉詩人之意、聖人之志則為「本」，瞭解太師之職則為「末」，而經師之業則隨其所求而變化，為本則本，為末則末。

　　歐陽修批判地評價漢唐學者的《詩經》研究成果，主要集中在以《禮》解《詩》與神學附會上，從而奠定了宋代《詩經》學注重文本和理性解《詩》的基本精神。他批評《序》和毛鄭的地方較多，也多中肯綮，持理性態度。儘管他對鄭玄的看法並沒有完全否定，但明顯指責他以禮學附會《詩經》。對於鄭玄解《詩》的禮學依據，歐陽修也多有質疑。儘管歐陽修還不能完全擺脫漢唐傳統，但以己意解《詩》、不受傳統傳注拘束的方法已經很鮮明，很自覺了，對宋代的《詩經》學研究方法的形成有開啓之功。他不信讖緯神學與五行終始之說，一掃漢人的神學解說與附會，顯示了宋人的思辨性和理性自覺。當然在批評毛鄭附會的同時，歐陽修有時又形成新的附會，除過經學觀念之外，更多是因為認「興」為「比」，在這一點上並未完全擺脫毛鄭的影響。宋代《詩經》學學者受這種矛盾困擾者並非歐陽修一人。但就對漢唐學術的總結反思，以及在宋代《詩經》學上的歷史地位而言，歐陽修是比較典型的。

　　歐陽修已經注意到三家《詩》的問題，而且指出《韓詩》遺說多見於他書，對朱熹和王應麟的三家《詩》研究可能有啓發，但南宋王應麟在《詩考》中將這種學術啓悟只追溯至朱熹。這一問題還有待深入挖掘和研究。

　　歐陽修懷疑的範圍已比較廣了（從著作角度分析儘管側重在《書》上），關於《詩經》，主要體現在經典的有無、真偽、作者、釋義、訓詁、篇次等問

題上，而以「釋義」爲核心。即使是《詩序》文字本身，他也敢於懷疑其編次，並作了調整，目的在於恢復《詩》的本義，使詩歌的意義更加完整流暢，體現了理性精神。他已指出《詩序》的不足，尤其是《二南》部分，已不盲目尊崇《詩序》了。

關於「淫詩說」的起源，《詩經》學學術史上主要有三種認識：一是起源於鄭樵，如周孚、朱熹等；一是起源於歐陽修，如《四庫全書》的編撰者；一是起源於《毛詩》，如范家相等。歐陽修雖然還未直接給《詩經》的《風》詩打上「淫詩」的烙印，但已指出個別詩篇（儘管是少數）屬於「男女淫奔之詩」。而范家相將「淫詩說」溯源於《毛詩》，指出《毛詩》解詩增加了不少時代因素、私奔情景，爲後代鄭樵、朱熹、王柏等所本，其實質是批評朱子和宋學。因此，嚴格意義上，「淫詩說」應肇端於歐陽修。

宋代《詩經》學有自己獨特的學術方法，奠基於歐陽修。歐陽修《詩經》學的鮮明特點，也是歷來研究史不甚注意的，是注重詩歌的具體語境、上下文，可以用「據文求義」（「因文見義」）來作概括，還有具體「求」的方法，主要是溝通古今、推於人情的「古今人情一也」（「以今論古」）的方法及理論，強調人情事理的相同相近。這兩個方面儘管更多側重的是方法論層面，但對宋代的《詩經》學研究有深遠的影響，既是衡量此前漢唐傳注研究成果的方法，也是自鑄新義、建構新解的方法，同時兼有破和立的意義。《詩本義》中有大量的表述，可以認爲這兩種方法是歐陽修解釋《詩經》的根本方法。在具體運用時它們往往相互結合，相輔相成。當然，在指導思想上儘管還不能算完全的理學思想，但受儒家的「無邪」「詩教」觀念影響很深，至少還在經學的範圍內。歐陽修追求簡直明易的風格對宋代《詩經》學研究風格的形成有奠基作用，反對迂遠衍義爲說。「據文求義」和「古今人情一也」方法對宋代及以後《詩經》學學者產生了深遠影響，其中包括相當一部分理學家，並逐步突顯「義理」解《詩》傾向。

「六經」雖有《詩》、《書》、《禮》、《樂》、《易》、《春秋》名目的不同，似各有側重，言志、文誥、禮儀、樂教、通變不易之理、史鑒褒貶，而實則並不如此清晰。「六經」的包容性給後人提供了廣闊的解讀空間和多種可能。宋代解《詩》，由恢覆文本義肇端，溝通古今人情，「以人情解《詩》」，進而發展至「以義理解《詩》」，二者相承而有區別。至清姚際恒依然繼承「以人情解《詩》」的傳統，但卻極力反對「義理解《詩》」的傾向，顯示了兩者的悖離和分化。

恢覆文本本義的眞正用意是除蔽，即重新評估古人的解讀成果，從而爲新的解讀奠定基礎。從這種學術史角度審視更容易凸現歐陽修在《詩經》學史上的獨特貢獻和深遠影響。《詩本義》效果史顯示的褒獎和批評同時存在的兩種傾向，就集中展示了歐陽修《詩經》學思想與方法在《詩經》學史的獨特地位。《詩集傳》對《詩本義》的借鑒與改造，也有力地說明了這一點。

　　歐陽修比較系統地確立了《詩經》學研究的「本末」觀念，使學者可以從「太師之職」及一些「經師之說」中擺脫出來，而去體味「詩人之意」和「聖人之志」，奠定了《詩經》研究恢復本義、藉以寓道的理論基礎。歐陽修的批駁重點在鄭（玄），即成熟的典型的漢代《詩經》研究成果，他是宋代《詩經》學研究的開創者和奠基者。他在《詩經》研究中涉及到部分理學問題，既表現了自己受孟荀學術影響的思想痕跡，同時也在一定程度上體現出與理學相近的旨趣，對理學家的解《詩》不無影響。朱熹就曾高度評價過歐陽修《詩本末篇》（《朱子語類》卷八十）。歐陽修治學的理性精神和闕疑態度在宋代《詩經》學發展以及理學家的解《詩》原則上都有突出的反映。

　　目前學術界在宋代《詩經》學研究方面已經出現了一系列成果，比較集中，在人物個案研究中，歐陽修和朱熹的《詩經》學研究受到學者們廣泛和持久的關注，這是可喜的現象。僅就歐陽修個人的《詩經》學研究來看，成果眾多，但是相似者亦多。關於《詩本義》及歐陽修個人在《詩經》學發展史上的定位，還遠沒有超出夏傳才先生在《〈詩經〉研究史概要》中關於《詩經》學的整體評價體系和格局。在這個體系和格局中，主要突出了《詩經》學史的三大里程碑，即毛《傳》、鄭《箋》和朱熹《詩集傳》的地位和影響。誠然，歐陽修《詩本義》是漢宋《詩經》學轉型過程中的代表性作品，而《詩集傳》實際上也是對漢宋《詩經》學總結的結晶，如果從思想學術史的淵源和影響角度把握，《詩本義》在兩宋《詩經》學史上具有深遠的學術魅力，特別是《詩本義》兩種相輔相成的解《詩》方法啓迪尤大，其獨特的解經觀念與載道論，承接中唐《春秋》新學「本諸人情」、「橫斷禮義」的思想，將唐宋新經學思潮和古文復興運動融爲一個整體，在生機勃勃的動態發展中呈現了《詩經》學合邏輯與合歷史的辯證統一。《朱子語類》卷八十記載，朱熹對自己的學生說，在集注類《詩經》學作品（自然包括《詩集傳》、《呂氏家塾讀詩記》等）作品出現前，《詩本義》具有很重要的影響。這從側面可以說明《詩本義》的學術地位。如果將《詩本義》和《詩集傳》作以全面比較（前

輩學者裴普賢《歐陽修詩本義研究》等已經做過部分考察），更能顯示《詩本義》及歐陽修《詩經》學的價值。

鑒於上述內容，筆者著眼於對《詩經》學思想學術史的綜合考察，在「三大里程碑」的基礎上，為了避免漠視學術承革的連續性和複雜性，嘗試將中國古代《詩經》學史概括為這樣四個階段：一是源於春秋時期「賦詩斷章」，以至《論語》開啓「以理解《詩》」與「以禮解《詩》」傳統，肇啓思孟與荀子學派研究《詩經》的不同方向，下開三家《詩》說並立格局與《毛詩》漸興局面，這是中國《詩經》學發展史的第一個階段，也是後來《詩經》漢學與《詩經》宋學的學術源頭；一是秦漢之際，三家《詩》並立學官，毛《詩》初興，兩漢間，今古文經此消彼長，古文經學潛滋暗長，特別是在《毛詩故訓傳》（或《毛詩訓詁傳》）的基礎上，鄭玄融合三家《詩》說，箋注《毛詩》，三家《詩》不過江東，《毛詩》獨傳，促進了《詩經》研究的今古文融合，風習所至，以至魏晉南北朝，南學與北學各有所長，終歸《毛詩正義》，這是《詩經》漢學的興盛與傳播階段；一是唐代中晚葉，受古文復興運動以及《春秋》學解經新風激蕩，歷唐宋變革，直至慶曆蔚然勃興，《詩本義》承上啓下，萌蘗《詩經》宋學，尊《序》與廢《序》交爭與融合，「淫詩」說漸興，三家《詩》研究初具，《詩經》考據學等略呈端倪，鄭樵、朱熹、王柏俱受其沾溉，終至元明朱熹《詩集傳》被勒為功令，地位獨尊，這是《詩經》宋學的形成與發展階段；一是清初繼承元明風氣，《詩經》宋學得到發展，但已顯漢宋學分歧，乾嘉而至頂峰，並有兼採漢宋的《詩經》學研究，嘉道以下，今文經學重振，今古文經學呈紛爭融合趨勢，《詩經》宋學依然暗流不斷，明清獨立思考派迥出漢宋、今古文經之外，兼採獨斷，張大《詩經》宋學精神，下啓現當代《詩經》文學與多元研究的先聲，辛亥革命至五四前後，《詩經》的經學地位動搖，《詩經》傳統的經學研究結束，這是《詩經》漢學與《詩經》宋學相互交融、螺旋上昇以至終結的階段。

前文提到，圍繞《詩本義》和歐陽修《詩經》學研究，成果眾多，但陳陳相因者多，難以將既有研究不斷拓展和深化。筆者認為，主要原因是缺乏歷史視角，特別是存在著沒有從整體把握《詩本義》在漢唐《詩經》學衍變、歐陽修《詩經》學觀點變化、《詩本義》文本的歷史性與歷時性版本存在形態與遞革及其思想學術意義。

因此，拙稿突出了歷史視角，從三個維度切入，試圖呈現《詩本義》的

獨特價值與複雜面貌，並將思想學術探討鎔鑄在整體的歷史考察和辯證中，
以期比較全面和深入地展示《詩本義》在漢宋學術轉折中的獨特貢獻和價值。

這三個維度是：

一是從漢宋《詩經》學轉變視角中確立評價《詩本義》的學術價值和思
想意義。其價值不僅表現在繼承、整理、評判已有漢唐《詩經》學研究成果
上，而且表現在爲新的經解開闢道路，在解經的本末觀念和載道論（道論）
基礎上，形成了比較成熟的解經方法。《詩本義》的影響，特別是受到後代學
者的褒貶，也可以從漢宋學術的差異和長短得到說明。文中考察《詩本義》
和毛《傳》、鄭《箋》，特別是作爲研究的薄弱環節《詩本義》與三家《詩》
的關係，《詩本義》的接受和影響史研究，《詩本義》中的《詩經》觀與解《詩》
方法研究就是這種研究維度折射的光芒。

二是將《詩本義》的形成放在歐陽修《詩經》學思想與研究不斷成熟與
豐富的過程中考察，有助於避免在使用材料上不做辨析、眉毛鬍子一把抓的
現象。歐陽修研究資料（特別是年譜、詩文和書論等）〔註3〕顯示，景祐、寶
元年間，歐陽修三十歲左右的時候，已經出現了《詩解》（或《詩解統》）等
作品，後經過長時期摸索研討，歐陽修在中晚年經受目足病痛折磨的情況下，
在熙寧三年《詩本義》定稿，並準備與好友講評商榷，次年還歸故里，深以
朋友過往不便爲憾，再次年去世。關注歐陽修《詩經》學思想和研究成果，
最主要、最直接的材料依據是他生前定稿的《詩本義》，但是也要顧及以豐富
多彩的形式透露出來的歐陽修《詩經》學觀點及其與《詩本義》的關係。拙
稿考察《詩本義》及歐陽修《詩經》學觀念、解《詩》方法與謫居夷陵的關
係，特別是夷陵巫覡風俗與語言文化差異所帶來的啓示和影響，以及通過詩

〔註3〕2011 年 10 月 5 日西日本新聞社發表消息《九大教授發現 96 封歐陽修的書信》，
　　　　稱九州大學研究生院比較社會文化研究院的東英壽教授（中國文學），在調查
　　　　比較中國國家圖書館（北京市）與日本的宮內廳、天理大學附屬天理圖書館
　　　　（奈良縣）所藏《歐陽文忠公集》三本原始木刻板的時候，發現天理圖書館
　　　　的原始木刻板有 96 封未被收錄的書信。但消息稱「據推斷，周必大編纂的全
　　　　集在完成後也進行過加工，96 封書信可能由此被添入」。這 96 封書信詳見東
　　　　英壽文《新見九十六篇歐陽修散佚書簡輯存稿》〔日〕東英壽撰、陳翀譯《新
　　　　見九十六篇歐陽修散佚書簡輯存稿》，載《中華文史論叢》2012 年第 1 期（總
　　　　第 105 期），上海：《中華文史論叢》編輯部，2012 年 3 月版，第 1～28 頁），
　　　　但在研究歐陽修《詩經》學學術思想方面似並沒有直接聯繫。天理圖書館藏
　　　　《歐陽文忠公集》與世界書局 1936 年影印《歐陽修全集》具有怎樣的聯繫，
　　　　這 96 封書信到底有多大意義，將俟日後跟蹤探討。

文等形式所傳達出來的《詩經》學思想，就是出於這個研究維度的考慮，它們也是對僅僅從《詩本義》文本研究的補充，有助於比較全面理解和把握歐陽修的《詩經》學研究成果和發展歷程。

三是比較全面細密地考察了《詩本義》版本的衍變歷程、卷次關係及其思想學術意義，避免將《詩本義》作為一種靜止的文本來對待。在歐陽發《先公事跡》、韓琦《故觀文殿學士太子少師致仕贈太子太師歐陽公墓誌銘》、蘇轍《歐陽文忠公修神道碑》等作品中，均記載《詩本義》十四卷，後來流傳至今的《詩本義》基本是十五卷和十六卷兩種形式，但版本系統和種類也需深入考察（臺灣學者車行健已有若干探索），在研究《詩本義》主要卷次的關係與校勘基礎上，通過內證和校勘等方法，彰顯《詩本義》的流傳與傳播中的歷史性與歷時性特徵，使人們在利用這些資料時能夠區別對待，能給相關研究以裨益。關於《詩本義》版本考察、卷次關係及學術意義考論等內容就屬於這個部分，《詩本義》與《呂氏家塾讀詩記》的比較也是希望能夠呈現和明晰比較早的《詩本義》版本的基本形態和漢宋學術價值。

通過這三種相輔相成、互相印證的研究維度，研究和反思《詩本義》及歐陽修《詩經》學對《詩經》學史的影響，揭示其在漢宋《詩經》學思想學術研究過渡中的地位和價值，並進而對《詩本義》及歐陽修的《詩經》學研究作些有針對性的考察，將是一件有意義的學術研究工作。

附錄一：《詩本義》卷一至卷十二所選錄詩篇及分佈統計總表

卷次	類　別	選錄詩篇（數量）	未選詩篇（數量）	備　註
卷一	《周南》	《關雎》、《葛覃》、《卷耳》、《樛木》、《螽斯》、《兔罝》、《漢廣》、《汝墳》、《麟之趾》（9首）	《桃夭》、《芣苢》（2首）	《周南》共11首詩
卷二	《召南》	《鵲巢》、《草蟲》、《行露》、《摽有梅》、《野有死麕》、《騶虞》（6首）	《采蘩》、《采蘋》、《甘棠》、《羔羊》、《殷其雷》、小星》、《江有汜》、《何彼襛矣》（8首）	《召南》共14首詩
卷三	《邶風》	《柏舟》、《擊鼓》、《匏有苦葉》 《北風》、《靜女》、《新臺》、《二子乘舟》（7首）	《綠衣》、《燕燕》、《日月》、《終風》、《凱風》、《雄雉》、《谷風》、《式微》、《旄丘》、《簡兮》、《泉水》、《北門》（12首）	《邶風》共19首
	《鄘風》	《牆有茨》、《相鼠》（2首）	《柏舟》、《君子偕老》、《桑中》、《鶉之奔奔》、《定之方中》、《蝃蝀》、《干旄》、《載馳》（8首）	《鄘風》共10首
	《衛風》	《考槃》、《氓》、《竹竿》（3首）	《淇奧》、《碩人》、《芄蘭》、《河廣》、《伯兮》、《有狐》、《木瓜》（7首）	《衛風》共10首
	《王風》	《揚之水》、《兔爰》、《采葛》、《丘中有麻》（4首）	《黍離》、《君子于役》、《君子陽陽》、《中谷有蓷》、《葛藟》、《大車》（6首）	《王風》共10首

卷次	類 別	選錄詩篇（數量）	未選詩篇（數量）	備 註
卷四	《鄭風》	《叔于田》、《羔裘》、《女曰雞鳴》、《有女同車》、《山有扶蘇》、《褰裳》、《子衿》（7首）	《緇衣》、《將仲子》、《大叔于田》、《清人》、《遵大路》、《籜兮》、《狡童》、《丰》、《東門之墠》、《風雨》、《揚之水》、《出其東門》、《野有蔓草》、《溱洧》（14首）	《鄭風》共 21首。按：《詩本義》將《有女同車》、《山有扶蘇》同篇比較。
	《齊風》	《東方之日》、《南山》（2首）	《雞鳴》、《還》、《著》、《東方未明》、《甫田》、《盧令》、《敝笱》、《載驅》、《猗嗟》（9首）	《齊 風》共 11首。按：《魏風》共 7 首，歐陽文忠公《詩本義》未選一首，這些詩歌分別是《葛屨》、《汾沮洳》、《園有桃》、《陟岵》、《十畝之 間》、《伐檀》、《碩鼠》，按次應居於《齊風》後，特具說明。
	《唐風》	《蟋蟀》、《揚之水》、《采苓》（3首）	《山有樞》、《椒聊》、《綢繆》、《杕杜》、《羔裘》、《鴇羽》、《無衣》、《有杕之杜》、《葛生》（9首）	《唐風》共 12首
	《秦風》	《蒹葭》（1首）	《車鄰》、《駟驖》、《小戎》、《終南》、《黃鳥》、《晨風》、《無衣》、《渭陽》、《權輿》（9首）	《秦風》共 10首
卷五	《陳風》	《東門之枌》、《衡門》、《防有鵲巢》（3首）	《宛丘》、《東門之池》、《東門之楊》、《墓門》、《月出》、《株林》、《澤陂》（7首）	《陳風》共 10首
	《檜風》	《匪風》（1首）	《羔裘》、《素冠》、《隰有萇楚》（3首）	《檜風》共 4首
	《曹風》	《候人》、《鳲鳩》（2首）	《蜉蝣》、《下泉》（2首）	《曹風》共 4首
	《豳風》	《鴟鴞》、《破斧》、《伐柯》、《九罭》、《狼跋》（5首）	《七月》、《東山》（2首）	《豳風》共 7首

卷次	類　別	選錄詩篇（數量）	未選詩篇（數量）	備　註
卷六	《小雅·鹿鳴之什》	《鹿鳴》、《皇皇者華》、《常棣》、《伐木》、《天保》、《出車》（6首）	《四牡》、《采薇》、《杕杜》、《魚麗》、《南陔》（5首）	《小雅·鹿鳴之什》共11首詩。按：《南陔》係笙詩。
	《小雅·南有嘉魚之什》	《湛露》（1首）	《南有嘉魚》、《南山有臺》、《崇丘》、《由儀》、《蓼蕭》、《彤弓》、《菁菁者莪》、《六月》、《采芑》、《車攻》、《吉日》（11首）	《小雅·南有嘉魚之什》共12首詩。按：《崇丘》、《由儀》係笙詩。《南陔》、《白華》、《華黍》、《由庚》、《崇丘》、《由儀》六首笙詩的演奏情況，可參見《儀禮》中的《鄉飲酒》與《燕禮》。朱熹重加考訂，分別置於《詩集傳》之《鹿鳴之什》、《白華之什》。這裡採用清馬瑞辰《毛詩傳箋通釋》排序，以見《毛詩》原貌。
卷七	《小雅·鴻雁之什》	《鴻雁》、《沔水》、《黃鳥》、《斯干》、《無羊》（5首）	《庭燎》、《鶴鳴》、《祈父》、《白駒》、《我行其野》（5首）	《小雅·鴻雁之什》共10首詩
卷八	《小雅·節南山之什》	《節南山》、《正月》、《十月》、《雨無正》、《小旻》、《小宛》、《巧言》、《何人斯》（8首）	《小弁》、《巷伯》（2首）	《小雅·節南山之什》共10首詩。按：《十月》（即《十月之交》）、《雨無正》、《小旻》、《小宛》，四首同篇比較。
	《小雅·谷風之什》	《蓼莪》、《大東》、《四月》、《小明》、《鼓鐘》（5首）	《谷風》、《北山》、《無將大車》、《楚茨》、《信南山》（5首）	《小雅·谷風之什》共10首詩
卷九	《小雅·甫田之什》	《裳裳者華》、《鴛鴦》、《車轄》、《青蠅》、《賓之初筵》（5首）	《甫田》、《大田》、《瞻彼洛矣》、《桑扈》、《頍弁》（5首）	《小雅·甫田之什》共10首詩

卷次	類　別	選錄詩篇（數量）	未選詩篇（數量）	備　註
	《小雅·魚藻之什》	《采菽》、《角弓》、《菀柳》、《白華》、《漸漸之石》（5首）	《魚藻》、《都人士》、《采綠》、《黍苗》、《隰桑》、《綿蠻》、《瓠葉》、《苕之華》、《何草不黃》（9首）	《小雅·魚藻之什》共14首詩
卷十	《大雅·文王之什》	《文王》、《棫樸》、《思齊》、《皇矣》（4首）	《大明》、《綿》、《旱麓》、《靈臺》、《下武》、《文王有聲》（6首）	《大雅·文王之什》共10首詩
	《大雅·生民之什》	《生民》、《鳧鷖》、《假樂》（3首）	《行葦》、《既醉》、《公劉》、《泂酌》、《民勞》、《板》（6首）	《大雅·生民之什》共10首詩
卷十一		《卷阿》（1首）		
	《大雅·蕩之什》	《蕩》、《抑》、《桑柔》、《瞻卬》（4首）	《雲漢》、《崧高》、《烝民》、《韓奕》、《江漢》、《常武》、《召旻》（7首）	《大雅·蕩之什》共11首詩
卷十二	《周頌·清廟之什》	《維天之命》、《烈文》、《天作》、《時邁》、《思文》（5首）	《清廟》、《維清》、《昊天有成命》、《我將》、《執競》（5首）	《周頌·清廟之什》共10首詩。按：《思文》、《臣工》合論。
	《周頌·臣工之什》	《臣工》（1首）	《噫嘻》、《振鷺》、《豐年》、《有瞽》、《潛》、《雍》、《載見》、《有客》、《武》（9首）	《周頌·臣工之什》共10首詩
	《周頌·閔予小子之什》	《敬之》、《酌》（2首）	《閔予小子》、《訪落》、《小毖》、《載芟》、《良耜》、《絲衣》、《桓》、《賚》、《般》（9首）	《周頌·閔予小子之什》共11首詩
	《魯頌·駉之什》	《有駜》（1首）	《駉》、《泮水》、《閟宮》（3首）	《魯頌·駉之什》共4首詩
	《商頌》	《那》、《烈祖》、《長發》（3首）	《玄鳥》、《殷武》（2首）	《商頌》共5首詩
合計		114	187（實則184首，其餘3首爲笙詩）	308（按：實則305首，其餘3首爲笙詩；其中包括《魏風》7首，歐陽文忠公《詩本義》未選一首）

附錄二：《詩本義》與三家《詩》、
毛《詩》詩義研究比較詳表
（以《二南》爲例）

卷次與類別	詩篇名稱	《詩本義》		三家《詩》			毛《詩》	備註
		論曰	本義曰	魯《詩》	齊《詩》	韓《詩》		
卷一《周南》（9首）	《關雎》	先儒辨（《四部叢刊》本：「辨」作「辯」。）雎鳩者甚衆，皆不離於水鳥。惟毛公得之，曰鳥摯而有別，謂水上之鳥，捕魚而食，鳥之猛摯者也。而鄭氏轉釋「摯」爲「至」，謂雌雄情意至者，非也。	《關雎》，周衰之作也。太史公曰：「周道缺而《關雎》作，蓋思古以刺今之詩也。」謂此淑女配於君子，不淫其色而能與其左右勤其職事，則可以琴瑟鐘鼓友樂之爾。皆所以刺時之不然。	「關關，音聲和也」（《爾雅·釋詁》）、「鶵鳩，王鶵」（《爾雅·釋鳥》）、「夫雎鳩之鳥，猶未嘗見乘居而匹處也」（《列女傳·魏曲沃負傳》）。「周道缺，詩人本之袵席，《關雎》作。」（《史記·十二諸侯年表》）「周之康王夫人晏出朝，《關雎》預見，思得淑女以配君子。」（《列女傳·魏曲沃負傳》）「周衰而《詩》作，蓋康王時也。康王德缺於房，大臣刺晏，故詩作。」（《論衡·謝短》）	「貞鳥雎鳩，執一無尤。」（《易林·晉之同人》）「孔子論《詩》，以《關雎》爲始。言太上者民之父母，後夫人之行不侔乎天地，則無以奉神靈之統而理萬物之宜，故《詩》曰：『窈窕淑女，君子好仇。』言能致其貞淑，不貳其操，情慾之感無介乎容儀，宴私之意不形乎動靜，夫然後可以配至尊而爲宗廟主。此綱紀之音、王教之端也。」（《漢書·匡衡傳》）	「《關雎》，刺時也。」（《韓敘》）「詩人言雎鳩貞潔慎匹，以聲相求，隱蔽於無人之處，故人君退朝入於私宮，后妃御見有度，應門擊柝，鼓人上堂，退反宴處，體安志明。今時大人內傾於色，賢人見其萌，故詠《關雎》，說淑女、正容儀以刺時。」（《後漢書·明帝紀》李注引《韓詩薛君章句》）	「后妃之德也。風之始也，所以風天下而正夫婦也。故用之鄉人焉，用之邦國焉。」（《毛序》） 「《關雎》樂得淑女以配君子，憂在進賢，不淫其色，哀窈窕、思賢才，而無傷善之心。是《關雎》之義也。」（《毛序》）	《關雎》，三家《詩》雖略有不同，但基本一致，認爲是「刺時」之作。《詩本義》從，所引「太史公」語更是魯《詩》看法。鄭《箋》釋「摯」爲「至」，似是對齊《詩》的暗襲，遭到歐陽修辨駁。

卷次與類別	詩篇名稱	《詩本義》		三家《詩》			毛《詩》	備　註
		論曰	本義曰	魯《詩》	齊《詩》	韓《詩》		
	《葛覃》	《葛覃》之首章，毛《傳》為得而鄭《箋》失之。葛以為絺綌爾，據其下章可驗，安有取喻女之長大哉？黃鳥，栗留也。麥黃椹熟，栗留鳴，蓋知時之鳥也。詩人引之以志夏時草木盛，葛欲成而女功之事將作爾，豈有喻女有才美之聲遠聞哉？	詩人言后妃為女時，勤於女事。見葛生引蔓於中谷，其葉萋萋然茂盛，葛常生於叢木之間，故又仰見叢木之上，黃鳥之嗜嗜然，知此黃鳥之鳴乃盛夏之時，草木方茂，葛將成就而可採，因時感事，樂女功之將作。	「《葛覃》，恐其失時。」（《古文苑》蔡邕《協和婚賦》）「萋萋，茂也」（《廣雅·釋訓》）		「萋萋，盛也。」（《文選》潘岳《籍田賦》李注引《章句》）	「后妃之本也。后妃在父母家，則志在於女功之事，恭儉節用，服澣之衣；尊敬師傅，則可以歸安父母，化天下以婦道也。」（《毛序》）「萋萋，茂盛貌。」（毛《傳》）	《葛覃》，毛鄭詩解未離「后妃之職」（《鄉飲酒·燕禮》鄭注）。歐陽修雖有所質疑，但所解亦未根本脫離此牢籠。歐陽修所辨「安有取喻女之長大哉」實是針對鄭《箋》「葛延蔓於谷中，喻女在父母之家，形體浸浸日長大也。葉萋萋然，喻其容色美盛也」，而鄭《箋》似受到三家《詩》的影響。《古文苑》所載蔡邕《協和婚賦》「《葛覃》恐其失時，《摽梅》求其庶士」，視《葛覃》與《摽有梅》均為恐婚姻失時之作，似得本義。歐陽修所解「黃鳥，栗留也。麥黃椹熟，栗留鳴，蓋知時之鳥也」，實輾轉襲自魯《詩》。黃鳥，亦名黃鸝留、黃栗留、蒼庚、商庚、楚雀、離黃，即黃雀。

卷次與類別	詩篇名稱	《詩本義》		三家《詩》			毛《詩》	備　註
		論曰	本義曰	魯《詩》	齊《詩》	韓《詩》		
	《卷耳》	《卷耳》之義，失之久矣。云卷耳易得，頃筐易盈而不盈者，以其心之憂思在於求賢，而不在於採卷耳，此荀卿子之說也。婦人無外事，求賢審官非后妃之職也。……《序》言知臣下之勤勞，以詩三章考之，如毛鄭之說，則文意乖離而不相屬。	卷耳易得，頃筐小器也。然采采而不能頃盈，后妃以采卷耳之不盈而知求賢之難得，因物託意，諷其君子以謂賢才難得，宜愛惜之。因其勤勞而宴犒之，酌以金罍不爲過禮，但不可以長懷於飲樂爾。…… 詩人述后妃此意以爲言，以見周南君后皆賢。其宮中相語者，如是而已，非有私謁之言也，蓋疾時之不然。	「思古君子官賢人，置之列位也。」（《淮南子·俶眞訓》高注）		「頃筐，欹筐也。」（《經典釋文》引《韓詩》）	「后妃之志也。又當輔佐君子求賢審官，知臣下之勤勞，內有進賢之志，而無險詖私謁之心，朝夕思念，至於憂勤也。」（《毛序》）「頃筐，畚屬，易盈之器也。」（毛《傳》）	《卷耳》，歐陽修詩解義同魯毛。王先謙按語：「此詩爲慕古懷賢，欲得遍置列位，思念深長。諸家無異說。」（《詩三家義集疏》卷一《卷耳》，第23頁）
	《樛木》	據《序》止言后妃能逮下，而無嫉妬之心爾。	詩人以樛木下其枝，使葛藟得託而並茂，如后妃不嫉妬，下其意以和眾妾，眾妾得（《四部叢刊》本無此「得」。文淵閣《四庫全書》本似較長。）附之而並進於君子。后不嫉妬，則妾無怨曠。云「樂只君子，福祿綏之」者，眾妾愛樂其君子之辭也。	《文選》潘安仁《寡婦賦》「顧葛藟之蔓延兮，託微莖於樛木」，李善注：「言二草之託樛木，喻婦人之託夫家也。《詩》曰：『南有樛木，葛藟累之。』」《文選》班孟堅《幽通賦》「葛綿綿於樛木兮，詠南風以爲綏」，李善注引曹大家曰：「《詩》《周南》《國風》曰：『南有樛木，葛藟累之。樂只君子，福履綏之。』此是安樂之象也。」王先謙按：「潘李所用《詩》義，不能明爲何家。大家用齊義而說此詩亦不及『后妃逮下』，知三家與毛義異。」（《詩三家義集疏》卷一《樛木》，第32頁）			「后妃逮下也。言能逮下而無嫉妬之心焉。」（《毛序》）	《樛木》，歐陽修採毛《詩》說，但解「樂只君子，福祿綏之」，與三家同。

卷次與類別	詩篇名稱	《詩本義》		三家《詩》			毛《詩》	備註
		論曰	本義曰	魯《詩》	齊《詩》	韓《詩》		
	《螽斯》	《螽斯》，大義甚明而易得，惟其《序》文顛倒，遂使毛鄭從而解之，失也。螽螽，蝗類，微蟲爾。詩人安能知其心不妒忌，此尤不近人情者。螽螽，多子之蟲也。大率蟲子皆多，詩人偶取其一以為比爾。所比者，但取其多子似螽斯。據《序》，宜言不妒忌則子孫眾多，如螽斯也。今其文倒，故毛鄭遂謂螽斯有不妒忌之性者，失也。振振，群行貌；繩繩，齊一貌；螽螽，眾聚貌，皆謂子孫之多。而毛訓仁厚、戒慎、和集，皆非詩意。其大義則不遠，故不復云。		「螽，靜也。」（《爾雅·釋詁》）		「繩繩，敬貌也。」（《玉篇·系部》引《韓詩》）王先謙曰：「《韓詩外傳》九舉『孟母教子』、『為相還金』二事，終篇兩引《詩》『宜爾子孫，繩繩兮』，言賢母使子孫賢也。……以『振振』、『繩繩』、『螽螽』之義，知韓說此詩美后妃能使子賢也。」（《詩三家義集疏》卷一《螽斯》，第35頁）	「后妃子孫眾多也。言若螽斯，不妒忌，則子孫眾多也。」（《毛序》）「振振，仁厚也」、「薨薨，眾多也。繩繩，戒慎也」、「揖揖，會聚也」、「螽螽，和集也」（毛《傳》）	《螽斯》，歐陽修詩解整體上與《韓詩外傳》同。據王先謙「《外傳》多採雜事，而大義必與《內傳》相應證」（《詩三家義集疏》卷一《螽斯》，第35頁），則也是韓《詩》主張。王先謙語「《序》說『言若螽斯，不妒忌，則子孫眾多』，螽斯微蟲，妒忌與否，非人所知，《箋》說因之而益謬」（《詩三家義集疏》卷一《螽斯》，第35～36頁），實際正本歐陽修《詩本義》。
	《兔罝》	《兔罝》，小人之賤事也。士有既賢且武，又有將帥之德，可任以國守，扞城其民，其謀慮深長，可以折衝禦難於未然。……肅肅，嚴整貌，而毛《傳》以為	捕兔之人，布其網罝於道路林木之下，肅肅嚴整，使兔不能越逸，以興周南之君。列其武夫為國守禦，赳赳然勇力，使奸民不得竊發	「兔罝，網也。」（《呂氏春秋·季春紀》高注《淮南子·時則訓》高注）『肅肅兔罝，椓之丁丁』，言不怠於道也。」（《列女傳·楚接輿傳》）「言賢可為公侯扞難其城藩也。」（《呂氏春秋·報更》高注）「諸侯曰『干	「兔罝之容，不失其恭。」（《易林·坤之困》）	「殷紂之賢人退處山林，網禽獸而食之。」（《文選》桓溫《薦譙元彥表》劉良注）「文王舉閎夭、泰顛於罝網之中。」（《墨子·尚賢》）	「后妃之化也。《關雎》之化行，則莫不好德，賢人眾多也。」（《毛序》）「肅肅，靜也。兔罝，罝兔罝也。」（毛《傳》）	《兔罝》，《詩本義》基本從毛鄭，雖然在「肅肅」的釋義上與三家《詩》和毛鄭不同，但因鄭已融會三家。歐陽修所解「干」、「赳赳」等及詩篇

卷次與類別	詩篇名稱	《詩本義》		三家《詩》			毛《詩》	備　註
		論曰	本義曰	魯《詩》	齊《詩》	韓《詩》		
		敬。且布置椓杙，何容施敬，亦其失也。	爾。此武夫者，外可以扦城其民，內可以爲公侯好匹，其忠信又可倚以爲腹心，以見周南之君好德樂善，得賢眾多，所任守禦之夫猶如此也。	城」，言不敢自專，御於天子也。」（《初學記》卷二十四引《白虎通》逸文）			「干也。城也，皆以禦難也。此置兔之人，賢者也，有武力可任，爲將帥之德，諸侯可任以國守，扦城其民，折衝禦難於未然。」（鄭《箋》）	主旨依然能反映三家《詩》的影響。
	《漢廣》	夫政化之行，可使人顧禮義而不敢肆其欲，不能使人盡無情慾心也。紂時風俗，男女恣其情慾而相奔犯，今被文王之化，男子雖悅慕遊女，而自顧禮法不可得而止也。考詩三章，皆是男子見出遊之女，悅其美色而不可得爾。若鄭《箋》，則不然。	南方之木，高而不可息；漢上之女，美而不求。此一章之義明矣。其二章云「薪刈其楚」者，言眾薪錯雜，我欲刈其尤翹翹者；眾女雜遊，我欲得其尤美者。既知不可得，乃云之子既出遊而歸，我則願秣其馬。此悅慕之辭，猶古人言「雖爲執鞭，猶忻慕焉者」是也。	「翹翹，眾也。」（《廣雅·釋訓》）		「《漢廣》，說人也。」（《韓敘》）「翹翹，眾也。」（《廣雅·釋訓》）（按：清王念孫認爲「蓋本於三家」，王先謙認爲係魯韓《詩》說（《詩三家義集疏》卷一，第54頁）。）	「德廣所及也。文王之道被於南國，美化行乎江漢之域，無思犯禮，求而不可得也。」（《毛序》）「紂時淫風遍於天下，維江漢之域先受文王之教化。」（鄭《箋》）「翹翹，薪貌。」（毛《傳》）「楚，雜薪之中尤翹翹。我欲刈取之，以喻眾女皆貞潔，我又欲取其尤高潔者。」（鄭《箋》）	《漢廣》，三家義同。歐陽修詩解雖不離毛說，但辨駁鄭《箋》甚力。整體上，依然未脫韓《詩》《漢廣》，說人也。」（《韓敘》）的範圍。
	《汝墳》	《序》言婦人能閔其君子。君子，謂周南之大夫，以國事勤勞於外者。然則所謂婦人者，	周南大夫之妻出，見循汝水之墳以伐薪者爲勞役之事，念己君子以國事奔走於	「周南之妻者，周南大夫之妻也。大夫受命平治水土，過時不來，妻恐其懈於王事，蓋與其鄰人陳素與		「《汝墳》，辭家也。」（《韓敘》）「遵，行也。」（《廣雅·釋詁》）	「道化行也。文王之化行乎汝墳之國，婦人能閔其君子，猶勉之以正	《汝墳》，鄭《箋》多有採魯《詩》者。《詩本義》融合毛鄭。在魯、韓《詩》說基礎上，進

卷次與類別	詩篇名稱	《詩本義》		三家《詩》			毛《詩》	備 註
		論曰	本義曰	魯《詩》	齊《詩》	韓《詩》		
		大夫之妻也。如鄭氏之說，伐薪非婦人之事。	外者，其勤勞亦可知。思之欲見，如飢者之思食爾。	大夫言。國家多難，惟勉強之，無有譴怨，遺父母憂。……君子是以知周南之妻而能匡夫也。」（《列女傳‧賢明傳》）「遵，行也。」（《廣雅‧釋詁》）			也。」（《毛序》）「言此婦人被文王之化，厚其君子。」（鄭《箋》）「遵，循也。」（毛《傳》）	一步概括爲「思之欲見」，合情入理。
	《麟之趾》	《二南》，其《序》多失。而《麟趾》、《騶虞》所失尤甚，特不可以爲信。疑此二篇之《序》爲講師以己說泪之，不然，安得繆（《四部叢刊》本，「繆」作「謬」。）論之如此也？據詩直以國君有公子，如麟有趾爾，更無他義也。若《序》言：《關雎》之應，乃是《關雎》化行，天下太平，有瑞麟出而爲應。不惟怪妄不經，且與詩意不類。《關雎》、《麟趾》，作非一人。作《麟趾》者了無及《關雎》之意。	周南風人美其國君之德，化及宗族，同姓之親皆有信厚之行，以輔衛其公室；如麟有足，有額（《四部叢刊》本，「額」作「題」，文義不變。），有角，以輔衛其身爾，其義止於此也。			「《麟趾》，美公族之盛也。」（《文選》王融《曲水詩序》張銑注）	「《關雎》之應也。《關雎》之化行，則天下無犯非禮，雖衰世之公子，皆信厚如麟趾之時也。」（《毛序》）「《關雎》之時，以麟爲應。後世雖衰，猶存《關雎》之化者；君之宗族猶尚振振然，有似麟應之時，無以過也。」（鄭《箋》）	《麟之趾》，歐陽修《詩本義》批駁《序》、《箋》的說法，所解詩旨與韓《詩》合。
卷二《召南》(6首)	《鵲巢》	據詩但言「維鳩居之」，而《序》言「德如鳲鳩，乃可以配」。鄭氏因謂鳲鳩有均一之德。以		「周南召南，聖人所在。」（《易林‧大過之頤》）「以成嘉福。」（《易林‧節之	「其地在南郡南陽之間。」（《水經注‧江水》）	「夫人之德也。國君積行累功，以致爵位，夫人起家而居有之，德如鳲	《鵲巢》歐陽雖未擺脫《毛序》的影響，但視鳩占鵲巢爲新婚詩，與齊《詩》「以

卷次與類別	詩篇名稱	《詩本義》		三家《詩》			毛《詩》	備註
		論曰	本義曰	魯《詩》	齊《詩》	韓《詩》		
		今物理考之，失自《序》始，而鄭氏又增之爾。且詩人本義，直謂鵲有成巢、鳩來居爾，初無配義，況鵲鳩異巢，類不能作配也。……《鵲巢》之義，詩人但取鵲之營巢用功多，以比周室積行累功以成王業；鳩居鵲之成巢，以比夫人起家來居已成之周室爾。			賈》）「鵲以復至之月始作室家，鳲鳩因成事，天性如此。」（《詩緯·推度災》）		鳩，乃可以配焉。」（《毛序》）「起家而居有之，謂嫁於諸侯也。夫人有均一之德如鳲鳩然，而後可配國君。」（鄭《箋》）	成嘉福」同。實際上，在這個婚配的意義上，三家《詩》與《序》《箋》並無根本差異，但《序》《箋》附會貞一之德，受到了歐陽修的批評。
	《草蟲》	草蟲，阜螽，異類而交合，詩人取以為戒；而毛鄭以為同類相求，取以自比。大夫妻，實已嫁之婦，而毛鄭以為在塗之女，其於大義既乖，是以終篇而失也。蓋由毛鄭不以《序》意求詩義，既失其本，故枝辭衍說，文義散離，而與《序》意不合也。	召南之大夫出而行役，妻留在家，當紂之末世，淫風大行，強暴之男侵陵貞女，淫泆之女犯禮求男，此大夫之妻能以禮義自防，不為淫風所化，見彼草蟲喓喓然而鳴呼，阜螽趯趯然而從之，有如男女非其匹偶而相呼誘以淫奔者，故指以為戒，而守禮以自防閒。	「孔子對魯哀公曰：『惡惡道不能甚，則其好善道亦不能甚；好善道不能甚，則百姓親之也亦不能甚。《詩》云：『未見君子，憂心惙惙。亦既見止，亦既覯止，我心則說。』詩人之好善道也如此。」（《說苑·君道》）			「夫人妻能以禮自防也。」（《毛序》）	《草蟲》，《詩本義》基本未超出《毛序》，但對毛鄭詩解作了細微調整。據《左傳·襄公二十七年》鄭七子享趙孟，子展賦《草蟲》，趙孟稱之「民之主也」、「在上不忘降」，則與魯《詩》「好善道」相合。
	《行露》	詩人本述紂世禮俗大壞，及文王之化既行而淫風漸止，然強暴難化	女子自言我當多露之時，豈不欲早夜而出行，猶以露多將被	「召南申女者，申人之女也，既許嫁於豐，夫家禮不備而欲迎之。女與其人言，	「婚禮不明，男女失常。《行露》反言，出爭我訟。」（《易林·	「夫《行露》之人許嫁矣，然而未往也。一物不具，一禮不備，守志貞	「召伯聽訟也。衰亂之俗微，貞信之教興，強暴之男，不能侵	《行露》，《詩本義》繼承毛鄭詩解的基本歷史背景和防閒守貞的基

卷次與類別	詩篇名稱	《詩本義》		三家《詩》			毛《詩》	備　註
		論曰	本義曰	魯《詩》	齊《詩》	韓《詩》		
		之男猶思犯禮，將加侵陵，而女能守正，不可犯，自訴其事，而召伯又能聽決之爾。若如毛、鄭之說，雖有媒妁而言約未許，不待期要而強行「六禮」，乃是男女爭婚之訟爾，非訴強暴侵陵之事也。且男女爭婚，世俗常事而中人皆能聽之，豈足當詩人之所美乎？	沾污而不行，其自防開以保其身如此，然不意強暴之男與我本無室家之道，遽欲侵陵於我，迫我興此獄訟，雖然事終獲辯者，由召伯聽訟之明也。	以為夫婦者人倫之始也，不可不正。」「夫家輕禮違制，不可以行，遂不肯往。」（《列女傳·貞順傳》）	大壯之姤》） 「《行露》之訟，貞女不行。」 （《易林·無妄之剝》）	理，守死不往。君子以為得婦道之宜，故舉而傳之，揚而歌之，以絕無禮之求，防污道之行。」（《韓詩外傳》，按：其中含「《傳》曰」內容，似為《韓詩內傳》。）	陵貞女也。」（《毛序》） 「衰亂之俗微，貞信之教興者，此殷之末世，周之盛德，當文王與紂之時。」（鄭《箋》）	本解釋，但在某種程度上也吸收了韓《詩》的成果。整體上，《行露》詩解，三家《詩》相同，均是指「夫家輕禮違制」、「婚禮不明」。歐陽修認為「男女爭婚，世俗常事而中人皆能聽之」可見並非對三家《詩》解陌生，而實在是有更深廣的考慮。清代王先謙云：「《易林·井之益》：『穿室鑿牆，不直生訟。褰裳涉露，雖勞無功。』『穿室鑿牆』，即詩『穿屋』、『穿墉』之喻。『不直生訟』，以夫家生訟為無禮，聽訟者不直之。『褰裳涉露』，本首章詩意而反用之，守禮者云『謂行多露』，則無禮者是『褰裳涉露』矣。『雖勞無功』，乃此詩訟事究竟，非聖王化洽，賢臣秉公，不能完女節而明禮教。《毛

卷次與類別	詩篇名稱	《詩本義》		三家《詩》			毛《詩》	備 註
		論曰	本義曰	魯《詩》	齊《詩》	韓《詩》		
								序》以為召伯聽訟，蓋信而有徵矣。」（《詩三家義集
	《摽有梅》	《摽有梅》，本謂男女及時之詩也。如毛鄭之說，自首章「梅實七兮」以喻時衰，二章、三章喻衰落又甚，乃是男女失時之詩也。《序》言召南之國被文王之化，男女得以及時，則是紂世男女不得及時，獨被文王之化者乃得及時爾。	梅之盛時，其實落者少而在者七，已而落者多而在者三，已而遂盡落矣。詩人引此以興物之盛時不可久，以言召南之人顧其男女方盛之年，懼其過時，而至衰落乃其求庶士以相婚姻也。所以然者，召南之俗被文王之化，變其先時先奔犯禮之淫俗，男女各得待其嫁娶之年而始求婚姻，故惜其盛年難久，而懼過時也。	「《葛覃》恐其失時，《摽梅》求其庶士。唯休和之盛代，男女得乎年齒。婚姻協而莫違，播欣欣之繁祉。」（蔡邕《協和婚賦》）			「男女及時也。召南之國，被文王之化，男女得以及時也。」（《毛序》）	疏》，第93～94頁）雖本三家，但解《詩》方法和結論與歐陽亦並無二致。《摽有梅》，《詩本義》雖本《毛序》，與毛鄭迥異，但也暗合魯《詩》「男女及時」的詩旨。《左傳·襄公八年》晉范宣子賦《摽有梅》，義取斷章，但亦彰顯「唯恐失時」詩旨。
	《野有死麕》	紂為淫亂，天下成風，猶文王所治不宜如此，於《野有死麕》之《序》僅可為是，而毛鄭皆失其義。	紂時男女淫奔，以成風俗，惟周人被文王之化者能知廉恥而惡其無禮，故見其男女之相誘而淫亂者，惡之曰：「彼野有死麕之肉，汝尚可以（《四部叢刊》本，「可以」作「以可」）食之。」故愛惜而包，以白茅	「春女感陽則思。」（《淮南子·繆稱訓》高誘注）	「平王東遷，諸侯侮法，男女失冠昏（婚）之節，《野麕》之刺興焉。」（《舊唐書·禮儀志》）		「惡無禮也。天下大亂，強暴相陵，遂成淫風。被文王之化，雖當亂世，猶惡無禮也。」（《毛序》）「無禮者，為不由媒妁，雁幣不至，劫脅以成昏（婚），謂紂之世。」	《野有死麕》，《詩本義》依從《毛序》，兼採鄭《箋》，但目《野有死麕》為刺詩，與韓《詩》合。鄭《箋》亦有吸收韓《詩》的痕跡。《左傳·昭公元年》「子皮賦《野有死麕》之卒章，趙孟賦《常棣》，且曰：『吾兄弟比以安，尨

卷次與類別	詩篇名稱	《詩本義》		三家《詩》			毛《詩》	備註
		論曰	本義曰	魯《詩》	齊《詩》	韓《詩》		
			之潔不使爲物所污,奈何彼女懷春,吉士遂誘,而污以非禮。吉士猶然強暴之男可知矣。				(鄭《箋》)	也可使無吠。』杜預注:「義取君子徐以禮來,無使我失節而使狗驚吠。」王先謙云:「詩人覽物起興,言雖野外之死麕,欲取而歸,亦必用白茅裹之,稍示鄭重之意,況昏(婚)姻大事,豈可苟且?乃有女懷春,而爲吉士者,不待父母之命、媒妁之言,遂欲以非禮誘導此女,是愛人不如愛物矣。」《詩三家義集疏》,第112頁)與歐陽所解整體吻合。
	《騶虞》		《召南》風人美其國君有仁德,不多殺以傷生,能以時田獵,而虞官又能供職,故當彼葭草苗然而初生,國君順時畋於騶圍之中,搜索害田之獸,其騶圍之虞官乃翼驅五田豕以待君之射,君有仁心,惟一發矢而已,不盡殺也。	「《騶虞》者,邵國之女所作也。古者役不逾時,不失嘉會。」(《文選》李陵《與蘇武詩》李善注引蔡邕《琴操》)「騶虞,天子掌鳥獸官。」(許慎《五經異義》引「今《詩》韓魯說」同)	「五範四軌,憂得饒有。陳力就列,騶虞悅喜。」(《易林·坤之小畜》)「《騶虞》,樂官備也。」(《禮記·射義》)	「騶虞,天子掌鳥獸官。」(《鍾師疏》引韓《詩》說)	「《鵲巢》之應也。《鵲巢》之化行,人倫既正,朝廷既治,天下純被文王之化,則庶類蕃殖,搜田以時。仁如騶虞,則王道成也。」(《毛序》)	《騶虞》,今宋版《詩本義》有闕文,明版有補,但可靠性待定。由現存「本義」內容分析,《詩本義》所解與三家《詩》關係密切,特別是在關於「騶虞」內涵的理解上。

附錄三：《呂氏家塾讀詩記》引「歐陽氏曰」與《詩本義》比較詳表

《呂氏家塾讀詩記》			《詩本義》				備　註
卷次	篇　目	歐陽氏曰	卷次	篇　目	論　曰	本義曰	
卷一	《刪次》	《周南》、《召南》、《邶》、《鄘》、《衛》、《王》、《鄭》、《齊》、《豳》、《秦》、《魏》、《唐》、《陳》、《曹》，此孔子未刪之前，周太師樂歌之次第也。《周》、《召》、《邶》、《鄘》、《衛》、《王》、《鄭》、《齊》、《魏》、《唐》、《秦》、《陳》、《檜》、《曹》、《豳》，此今詩次第也。《周》、《召》、《邶》、《鄘》、《衛》、《檜》、《鄭》、《齊》、《魏》、《唐》、《秦》、《陳》、《曹》、《豳》、《王》，此鄭氏《詩譜》次第也。					「《周南》、《召南》、《邶》、《鄘》、《衛》、《王》、《鄭》、《齊》、《豳》、《秦》、《魏》、《唐》、《陳》、《曹》，此孔子未刪(按：《歐陽修全集》之《居士集》卷四十一《序‧〈詩譜補亡〉後序》，「刪」下有「詩」。)之前，周大師樂歌之次第也。《周》、《召》、《邶》、《鄘》、《衛》、《王》、《鄭》、《齊》、《魏》、《唐》、《秦》、《陳》、《檜》、《曹》、《豳》(按：《四部叢刊》本，無「齊」字；《歐陽修全集》之《居士集》卷四十一《序‧〈詩譜補亡〉後序》，「檜」置於「鄭」前，據下文「黜《檜》後《陳》」語，《居士集》為妥當，而《四部叢刊》本、文淵閣《四庫全書》本「《陳》、《檜》」則顯係「黜《檜》後《陳》」，與前文不侔。)，此鄭氏《詩譜》次第也。黜《檜》後《陳》，

《呂氏家塾讀詩記》			《詩本義》				備 註
卷次	篇 目	歐陽氏曰	卷次	篇 目	論 曰	本義曰	
							此今《詩》次第（按：《四部叢刊》本、《歐陽修全集》之《居士集》卷四十一《序·〈詩譜補亡〉後序》，「第」作「比」。）也。」（《詩本義》卷十六《〈詩譜補亡〉後序》）
卷一	《大小序》	孟子去《詩》世近而最善言《詩》，推其所說《詩》義，與今《序》意多同，故後儒異說、爲《詩》害者，當賴《序》文爲證。	卷一	《麟之趾》	孟子去《詩》世近而最善言《詩》，推其所說《詩》義與今《序》意多同，故後儒異說、爲《詩》害者，常賴《序》文以爲證。		《讀詩記》與《詩本義》相同，「爲證」，後者作「以爲證」。另，「今考《毛詩》諸《序》與孟子說《詩》多合，故吾於《詩》常以《序》爲證也」（《詩本義》卷十四《序問》）。
卷一	《訓詁傳授》	《六經》焚於秦。自漢以來收拾亡逸，正其訛謬，得以粗備者，豈止一人之力哉？後之學者，徒抱焚餘殘脫之經，佷佷於去聖人千百年後，不見先儒中間之說，而欲特立一家之學者，吾未之信也。先儒之論，苟非詳其終始而牴牾，質諸聖人而悖，有不得已而後改易者，何以徒爲異論以相訾也？					「歐陽子曰：昔者聖人已沒，《六經》之道幾熄於戰國而焚（按：《歐陽修全集》之《居士集》卷四十一《序·〈詩譜補亡〉後序》，「焚」下衍一「棄」字。）於秦。自漢以（按：《四部叢刊》本，「以」作「已」。）來，收拾亡逸，發明遺義，而正其訛謬，得以粗備，傳於今者，豈止（按：《歐陽修全集》之《居士集》卷四十一《序·〈詩譜補亡〉後序》，無「止」。）一人之力哉？後之學者，因跡前世之所傳而較其得失，或有之矣。若使徒抱焚餘殘脫之經，佷佷於去聖人（按：《歐陽修全集》之《居士集》卷四十一《序·〈詩譜補亡〉後序》，無「人」。）千百年後，不見先儒中間之說，而欲特立一家之學者，果有能哉？吾未之信也。先儒（按：《歐

《呂氏家塾讀詩記》			《詩本義》				備　註
卷次	篇　目	歐陽氏曰	卷次	篇　目	論　曰	本義曰	
							陽修全集》之《居士集》卷四十一《序・〈詩譜補亡〉後序》，「先儒」前有「然則」。）之論，苟非詳其終始而牴牾（按：《四部叢刊》本，「牴牾」作「抵捂」。），質諸（按：《歐陽修全集》之《居士集》卷四十一《序・〈詩譜補亡〉後序》，「諸」作「於」。）聖人而悖理，害經之甚，有不得已而後改易者，何以（按：《歐陽修全集》之《居士集》卷四十一《序・〈詩譜補亡〉後序》，「以」作「必」。）徒爲異論以相訾也？」（《詩本義》卷十六《詩譜補亡後序》）呂氏所引是對此段文字的節略。
卷二	《葛覃》	后妃見葛生鳥鳴，因時感事，樂女功之將作，故其次章遂言葛已成就，刈濩而爲絺綌也。	卷一	《葛覃》		詩人言后妃爲女時，勤於女事。見葛生引蔓於中谷，其葉萋萋然茂盛，葛常生於叢木之間，故又仰見叢木之上，黃鳥之聲喈喈然，知此黃鳥之鳴乃盛夏之時，草木方茂，葛將成就而可採，因時感事，樂女功之將作，故其次章遂言葛以成就，刈濩而爲絺綌也。	《讀詩記》與《詩本義》基本相同。《讀詩記》似是對今本《詩本義》的節略和修訂。
卷二	《卷耳》	婦人無外事，求賢審官非后妃之職。蓋后妃諷其君子愛養臣下，愍其勞苦，而接以恩意。其宮中相語者，如是而已，非私謁之言也	卷一	《卷耳》	婦人無外事，求賢審官非后妃之職也。	后妃以采卷耳之不盈而知求賢之難得，因物託意，諷其君子以謂賢才難得，宜愛惜之。因其勤勞而宴犒之，酌以金罍不爲過禮，但不可以長懷於飲樂爾。故	《讀詩記》與《詩本義》基本相同。《讀詩記》似是對今本《詩本義》的節略和修訂。值得注意的是，《讀詩記》此處徵引與眾不同，其文字兼有今本《詩本

《呂氏家塾讀詩記》			《詩本義》				備　　註
卷次	篇　目	歐陽氏曰	卷次	篇　目	論　曰	本義曰	
						曰「維以不永懷」，養愛臣下，愍其勞苦，而接以恩意，酒歡禮失，觥罰以為樂，亦不為過，而於義未傷，故曰「維以不永傷也」。所以宜然者，由賢（按：《四部叢刊》本，「賢」下衍一「者」。）臣勤國事，勞苦之甚，如卒章之所陳也。詩人述后妃此意以為言，以見周南君后皆賢。其宮中相語者，如是而已，非有私謁之言也，蓋疾時之不然。	義》「論曰」、「本義曰」的內容。但關鍵的問題是這種節略是歐陽修後期修訂的，還是呂祖謙引用時酌加的，抑或是版刻不同所致？根據後幾卷引述的精確判斷，呂祖謙改動的可能性很小。
卷二	《兔罝》	肅肅，嚴整貌。	卷一	《兔罝》	肅肅，嚴整貌。		《讀詩記》與《詩本義》完全相同。
卷二	《漢廣》	1. 末乃陳其不可得之辭，如漢廣而不可泳，江永而不可方爾。 2. 既知不可得，乃云之子既出遊而歸，我則願秣其馬。此悅慕之辭，猶古人言「雖為執鞭，猶忻慕焉者」是也。	卷一	《漢廣》		1. 末乃陳其不可之辭，如漢廣而不可泳，江永而不可方爾。 2. 既知不可得，乃云之子既出遊而歸，我則願秣其馬。此悅慕之辭，猶古人言「雖為執鞭，猶忻慕焉者」是也。	《讀詩記》與《詩本義》完全相同。但《讀詩記》所引與今本《詩本義》文字敘述順序前後正好相反。
卷三	《草蟲》	婦人見時物之變新，感其君子。	卷二	《草蟲》		其曰「陟彼南山，采蕨采薇」云者，婦人見時物之變新，感其君子久出而思得見之，庶幾自守能保其全之意也。	《讀詩記》與《詩本義》相同。但《讀詩記》所引句子似不全，這從側面說明《讀詩記》所引可能是對當時《詩本義》的刪節。
卷三	《摽有梅》	謂者，相語也，遣媒妁相語以求之也。	卷二	《摽有梅》		謂者，相語也，遣媒妁相語以求之也。	《讀詩記》與《詩本義》完全相同。
卷三	《野有死麕》		卷二	《野有死麕》		愛惜而包，以白茅之潔不使為物所污，奈何彼女懷春，吉士遂誘，而污以非禮。吉士猶然強	呂祖謙按語：「歐陽氏誤以『誘』為挑誘之誘，遂謂彼女懷春，吉士遂誘而污以非禮。殊不知是詩方惡無禮，

《呂氏家塾讀詩記》			《詩本義》				備　註
卷次	篇　目	歐陽氏曰	卷次	篇　目	論　曰	本義曰	
						暴之男可知矣。	豈有爲挑誘之污行而尙名之吉士者乎？」(《呂氏家塾讀詩記》卷三《召南》)雖未直接引用，但所引歐陽修觀點與《詩本義》相合。
卷四	《柏舟》	1. 其意謂「石席可轉卷，我心匪石席，故不可轉卷也」。 2. 「慍於群小」，群小慍仁人也。 3.「日居月諸，胡疊而微」者，謂仁人傷衛日往月來而漸微爾，猶言日朘月削也。	卷二	《柏舟》	1. 其意謂「石席可轉卷，我心匪石席，故不可轉卷也」。 2. 仁人慍群小爾，以文理考之，當是群小慍仁人也。 3. 「日居月諸，胡疊而微」者，謂仁人傷衛日往月來而漸微爾，猶言日朘月削也。		《讀詩記》與《詩本義》完全相同。但第 1 例《讀詩記》所引實際是歐陽修對毛《傳》、鄭《箋》的進一步闡發；第 2 例《讀詩記》所引則是對「鄭氏云『德備而不遇，所以慍』」的解釋，歐陽修自己的觀點實際上正相反，即：「『憂心悄悄，慍於群小』者，本謂仁人爲群小所怒，故常懼禍而憂心焉。」(《詩本義》卷二《柏舟》)這可能是呂祖謙考察不全的遺憾，在所難免。但更可能昭示了今本《詩本義》對學術觀點的截然相反的調整，是值得注意的。
卷四	《擊鼓》	王肅以下三章衛人從軍者與其室家訣別之辭。士卒將行與其室家訣別，云：「我之是行，未有歸期，亦未知於何所居處，於何所喪其馬，若求我與馬，當於林下求之。」蓋爲必敗之計也。	卷二	《擊鼓》	自「爰居」而下三章，王肅以爲衛人從軍者與其室家訣別之辭。	於其詩載其士卒將行與其室家訣別之語，以見其情，云：「我之是行，未有歸期，亦未知於何所居處，於何所喪其馬，若求我與馬，當於林下求之。」蓋爲必敗之計也。	《讀詩記》與《詩本義》基本相同。《讀詩記》此處徵引，文字亦兼有今本《詩本義》「論曰」、「本義曰」的內容。《讀詩記》似是對今本《詩本義》的節略和修訂。
卷四	《匏有苦葉》	毛鄭謂「走曰牝牡」，《書》「牝雞無晨」，豈爲走獸乎？古語通用。濟盈無不濡之理，而涉者貪於必進，自謂「不濡」，又興宣公貪於淫欲，身蹈罪惡而不自知也。雉鳴求其牡者，又興夫人不顧	卷二	《匏有苦葉》	毛鄭又謂「飛曰雌雄，走曰牝牡」，然《周書》曰「牝雞無晨」(按：《尚書·周書》。)，豈爲走獸乎？古語通用無常也。	濟盈不濡軌者，濟盈無不濡之理，而涉者貪於必進，自謂「不濡」，又興宣公貪於淫欲，身蹈罪惡而不自知也。雉鳴求其牡者，又興夫人不顧禮義而從宣公，如禽鳥之相求，惟	《讀詩記》與《詩本義》基本相同。《讀詩記》此處徵引，文字亦兼有今本《詩本義》「論曰」、「本義曰」的內容。《讀詩記》似是對今本《詩本義》的節略和修訂。

《呂氏家塾讀詩記》			《詩本義》				備　註
卷次	篇　目	歐陽氏曰	卷次	篇　目	論　曰	本義曰	
		禮義而從宣公，如禽鳥之相求，惟知雌雄爲匹，而無親疏父子之別。				知雌雄爲匹，而無親疏父子之別。	
卷四	《谷風》	禁其新昏，「毋逝我梁」、「毋發我笱」，言棄妻將去，猶顧惜其家之物，既而歎曰：「我身不容，安得恤後事乎？」					《詩本義》卷十三《一義解‧谷風》：「其詩曰：『毋逝我梁，毋發我笱。我躬不閱，遑恤我後』者，舊室被棄之辭也，禁其新昏。『毋發我笱』者，言棄妻將去，猶顧惜其家之物，既而歎曰：『我身尚不容，安能恤其後事乎？』」
卷六	《氓》	1. 子初來即我謀，我既許子，而爾乃決以卜筮，於是我從子而往爾。 2.「桑之沃若」喻男情意盛時可愛，至黃而殞又喻男意易得衰落。	卷三	《氓》		1. 子初來即我謀，我既許子，而爾乃決以卜筮，於是我從子而往爾。 2.「桑之沃若」喻男情意盛時可愛，至黃而隕又喻男意易得衰落爾。	《讀詩記》與《詩本義》相同。
卷六	《竹竿》	1. 衛女之思歸者，述其國俗之樂。云有籊籊然執竿以釣於淇者，我在家時，常出而見之。 2. 思衛女之在其國者，巧笑佩玉，威儀閒暇，樂然於二水之上，念己有所不如也。 3. 淇水滺滺然，有乘舟而遊者，亦可樂也。	卷三	《竹竿》		1. 衛女之思歸者，述其國俗之樂。云有籊籊然執竿以釣於淇者，我在家時，常出而見之，今我豈不思復見之乎？ 2. 又思衛女之在其國者，巧笑佩玉，威儀閒暇，樂然於二水之上，念己有所不如也。 3. 淇水滺滺然，有乘舟而遊者，亦可樂也。	《讀詩記》與《詩本義》相同。
卷七	《揚之水》	「揚之水，不流束薪」，猶東周政衰，不能召發諸侯，獨使周人遠戍	卷三	《揚之水》		激揚之水，其力弱，不能流移於束薪，猶東周政衰，不能召發諸	《讀詩記》與《詩本義》相同。

《呂氏家塾讀詩記》			《詩本義》				備　註
卷次	篇　目	歐陽氏曰	卷次	篇　目	論　曰	本義曰	
		久而不得代耳。「彼其之子」，周人謂他諸侯國人之當戍者也。				侯，獨使周人遠戍久而不得代爾。「彼其之子」，周人謂他諸侯國人之當戍者也。	
卷八	《叔于田》	1. 國人愛之，以謂：叔出於田，則所居之巷，若無人矣；非實無人，雖有而不如叔之美且仁也。 2. 叔出則巷無可飲酒之人矣。 3. 叔出則巷無能服馬之人矣。	卷四	《叔于田》		1. 詩人言大叔得眾，國人愛之，以謂：叔出於田，則所居之巷，若無人矣；非實無人，雖有而不如叔之美且仁也。 2. 叔出則巷無可共飲酒之人矣，雖有而不如叔之美且好也。 3. 叔出則巷無能服馬之人矣，雖有而不如叔之美且武也。	《讀詩記》與《詩本義》相同。
卷八	《羔裘》	洵，信也。	卷四	《羔裘》	其一章曰「羔裘如濡，洵直且侯」者，言此裘潤澤，信可以為君朝服。洵，信也。		《讀詩記》與《詩本義》相同。
卷八	《女曰雞鳴》	古賢夫婦相警勵以勤生之語。	卷四	《女曰雞鳴》		詩人刺時好色而不說德，乃陳古賢夫婦相警勵以勤生之語。	《讀詩記》與《詩本義》相同。
卷八	《褰裳》	彼大國，有惠然思念我鄭國之亂，欲求為我討正之者，非道遠而難至，但褰其裳，涉溱水而來則至矣。「子不我思，豈無他人」者，但言諸侯眾矣爾，不我思，則當有他國思我者爾。	卷四	《褰裳》	「子惠思我，褰裳涉溱」者，謂彼大國，有惠然思念我鄭國之亂，欲來為我討正之者，非道遠而難至，但褰其裳，行涉溱水而來則至矣，言甚易而不來爾。而鄭謂有大國思我，則我揭衣渡水往告以難也。且以難告人，豈待其思而後往告，亦不以難（按：《四部叢刊》		《讀詩記》與《詩本義》基本相同。《讀詩記》似是對今本《詩本義》的節略和修訂。兩處異文流露出些許信息，《讀詩記》「欲求為我討正」，《詩本義》作「欲來為我討正」，「求」、「來」字形相近而誤；《讀詩記》「不我思，則當有他國思我者爾」，《詩本義》作「子不我思，則當有他國思我者爾」。可見，《讀詩記》徵引有誤，或係誤刻，或

《呂氏家塾讀詩記》			《詩本義》				備　註
卷次	篇　目	歐陽氏曰	卷次	篇　目	論　曰	本義曰	
					本，「難」作「難難」。「不以難」之「難」，讀爲難易之「難」。）而不往也。「子不我思，豈無他人」者，但言諸侯眾矣，子不我思，則當有他國思我者爾。		係本訛。
卷九	《東方之日》	「在我室兮，履我即兮」，相邀以奔之辭也	卷四	《東方之日》		「在我室兮，履我即兮」者，相邀以奔之辭。	《讀詩記》與《詩本義》相同。
卷九	《載驅》	文姜安然樂易，無慚恥之色也。					「毛云言文姜於是樂易然者，謂文姜爲淫穢之行，曾不畏忌人。而襄公乘驪，垂轡而行魯道，文姜安然樂易，無慚恥之色也。」（《詩本義》卷十三《取捨義》）當從毛。
卷十一	《蟋蟀》	「職思其外」者，謂國君行樂有時，使不廢其職事，而更思其外耳，謂廣周慮也。	卷四	《蟋蟀》	「職思其外」者，謂國君行樂有時，使不廢其職事，而更思其外爾，謂廣爲周慮也。		《讀詩記》與《詩本義》基本相同。《讀詩記》所引「耳」、「廣周慮」，《詩本義》分別作「爾」、「廣爲周慮」，意義無礙。
卷十一	《揚之水》	揚之水，其力弱不能流移白石，興昭公微弱不能制曲沃。而桓叔之強於晉國，如白石鑿鑿然見於水中爾。其民從而樂之，則詩文自見。	卷四	《揚之水》		激揚之水，其力弱不能流移白石，以興昭公微弱，不能制曲沃。而桓叔之強於晉國，如白石鑿鑿然見於水中爾。其民從而樂之，則詩文自見。	《讀詩記》與《詩本義》相同。《讀詩記》所引「興昭公微弱」，《詩本義》作「以興昭公微弱」。
卷十一	《采苓》	戒獻公聞人之言，且勿聽信，置之，且勿以爲然。更考其言何所得，謂「徐察其虛實」也。	卷四	《采苓》		戒獻公（按：指「晉獻公」。）聞人之言，且勿聽信，置之，且勿以爲然。更考其言何所得，謂「徐詧（《四部叢刊》本，「詧」作「察」。）其虛實」也。	《讀詩記》與《詩本義》相同。
卷十二	《蒹葭》	蒹葭，必待霜然後堅實，秦必用周禮以變其夷狄之俗。	卷四	《蒹葭》		蒹葭，水草蒼然茂盛，必待霜降以成其質，然後堅實而可用，以比（按：《四部	《讀詩記》與《詩本義》基本相同。《讀詩記》似是對今本《詩本義》的節略和修訂。

《呂氏家塾讀詩記》			《詩本義》				備　註
卷次	篇　目	歐陽氏曰	卷次	篇　目	論　曰	本義曰	
						叢刊》本，「比」作「此」。形近而誤。）秦雖強盛，必用周禮以變其夷狄之俗，然後可列於諸侯。	
卷十三	《東門之枌》	子仲之子常婆娑於國中樹下，以相誘說，因道其相誘之語，曰：當以善旦，期於國南之原野。下章又述其相約以往。	卷五	《東門之枌》		子仲之子常婆娑於國中樹下，以相誘說，因道其相誘之語：當以善旦，期於國南之原野，而其婦女亦不務績麻而婆娑於市中。其下文又述其相約以往。	《讀詩記》與《詩本義》基本相同。《讀詩記》似是對今本《詩本義》的節略和修訂。
卷十三	《衡門》	1. 衡門雖淺陋，亦可以遊息於其下；泌水洋洋然，閱之而樂，則亦可以忘飢。言陳國雖小，苟有意於立事，則亦可以有為。 2. 其首章既言雖小國，亦有可為。其二章、三章則又言何必大國，然後可為？譬如食魚者，凡魚皆可食，若必待魴鯉，則不食魚矣；譬如取妻，諸姓之女皆可取，若待齊、宋之族，則不取矣。是首章之意言小國皆可為，而二章、三章言大國不可待而得。	卷五	《衡門》		1. 衡門雖淺陋，若居之不以為陋，則亦可以遊息於其下；泌水洋洋然，若閱之而樂，則亦可以忘飢。言陳國雖小，若有意於立事，則亦可以為政，以此勉其不能而誘進之也。 2. 其首章既言雖小，亦有可為。其二章、三章則又言何必大國，然後可為？譬如食魚者，凡魚皆可食，若必待魴鯉，則不食魚矣；譬如娶妻，諸姓之女皆可娶，若必待齊、宋之族，則不娶妻矣。是首章之意言小國皆可有為，而二章、三章言大國不可待而得，此所謂誘掖之也。	《讀詩記》與《詩本義》基本相同。《讀詩記》似是對今本《詩本義》的節略和修訂。
卷十三	《防有鵲巢》	1. 讒言惑人，非一言一日之致，必由積累而成，如防之有	卷五	《防有鵲巢》		1. 讒言惑人，非一言一日之致，必由累積而成，如防之	《讀詩記》與《詩本義》基本相同。第1例，《讀詩記》所引「漸積構成

《呂氏家塾讀詩記》			《詩本義》				備　註
卷次	篇　目	歐陽氏曰	卷次	篇　目	論　曰	本義曰	
		鵲巢，漸積構成之爾；又如苕饒蔓引牽連，將及我也。 2. 中唐有甓，非一甓也，亦以積累而成；綏草雜眾色以成文，猶多言交織以成惡，義與「貝錦」同。				有鵲巢，漸（按：《四部叢刊》本，「漸」作「斯」。）積累成之爾；又如苕饒蔓引牽連，將及我也。 2. 中唐有甓，非一甓也，亦以積累而成；旨鵲綏草，雜眾色以成文，猶多言交織以成惡，義與「貝錦」同。	之」，《詩本義》作「漸（按：《四部叢刊》本，「漸」作「斯」。）積累成之」。
卷十五	《候人》	此鵜當居泥水中，以自求魚而食；今乃邈然高處魚梁之上，竊人之魚以食，而得不濡其翼味，如彼小人竊祿於高位，而不稱其服也。	卷五	《候人》		此鵜當居泥水中，以自求魚而食；今乃邈然高處漁梁之上，竊人之魚以食，而得不濡其翼味，如彼小人竊祿於高位，而不稱其服也。	《讀詩記》與《詩本義》相同。
卷十六	《七月》	農夫在田，婦子往饁，田大夫見其勤農樂業而喜。					「農夫在田，婦子往饁（按：《四部叢刊》本，「饁」作「饋」），田大夫見其勤農樂事而喜爾。」（《詩本義》卷十三《一義解》）《讀詩記》所引「婦子往饋」之「饋」正與《四部叢刊》本《詩本義》相合，而他本多作「饁」。另《讀詩記》所引「勤農樂業」，《詩本義》作「勤農樂事」。
卷十六	《鴟鴞》	鳥之愛其巢者，呼鴟鴞而告之。	卷五	《鴟鴞》		鳥之愛其巢者，呼彼鴟鴞而告之。	《讀詩記》與《詩本義》相同。呂祖謙並按：「歐陽氏雖知其失，乃並與《爾雅》非之，蓋未考郭景純之注耳。」（《讀詩記》卷十六《鴟鴞》）
卷十七	《皇皇者華》	1.「于原隰」者，其道所經也。 2. 諏、謀、度、詢，但變文以叶韻爾，詩家若此	卷六	《皇皇者華》		1. 云「于原隰」（按：詩文有「于彼原隰」。）者，其道路所經也。	《讀詩記》與《詩本義》相同。 呂祖謙並按：「諏、謀、度、詢，必咨於周，而詩文

《呂氏家塾讀詩記》			《詩本義》				備　　註
卷次	篇　目	歐陽氏曰	卷次	篇　目	論　曰	本義曰	
		之類甚多。				2. 謏、謀、度、詢，其義不異，但變文以叶韻爾，詩家若此，其類甚多。	乃云『周爰咨諏』者，古語多倒也。歐陽氏諸說《詩》中亦兼有此意。然《毛傳》乃經之本旨也。」《讀詩記》卷十七《皇皇者華》)歐陽氏開「叶韻」說，當為朱子所承。
卷十七	《常棣》	此乃責之之辭。	卷六	《常棣》		及乎喪亂平而安寧，則反視兄弟不如友生，此乃責之之辭	《讀詩記》與《詩本義》相同
卷十七	《天保》	1. 《天保》，六章，其義一也，皆下愛其上之辭。其文甚顯而易明。大抵此詩六章，文意重複，以見其愛上深至如此爾。 2. 既曰「何福不除」矣，又曰「俾爾戩穀」，又曰「無所不宜」而「受天百祿」，又曰「降爾遐福」，其所以殷勤重複如此，而猶曰「維日不足」也。 3. 既則又言非惟天之福我君如此，至於四時豐潔酒食祀其先公先王，而神亦降之福。 4. 前既欲其興盛，則又欲其永久，故多引常久不虧壞之物以為況。	卷六	《天保》	1. 《天保》，六章，其義一也，皆下愛其上之辭。其文甚顯而易明，然毛、鄭不能無小失。	1. 六章之所陳者，使我君皆承之也。大抵此詩六章，文意重複，以見其愛上深至如此爾。 2. 既曰「何福不除」矣，又曰「俾爾戩穀」，又曰「無所不宜」而「受天百祿」，又曰「降爾遐福」，其所以殷勤重複如此，而猶曰「維日不足」也。 3. 既則又言非惟天之福我君如此，至於四時豐潔酒食祀其先公先君，而神亦詒之多福，使民及群黎百姓皆被之。 4. 前既欲其興盛，則又欲其永久，故多引常久不虧壞之物以為況。	《讀詩記》與《詩本義》基本相同。第 1 例《讀詩記》徵引，文字亦兼有今本《詩本義》「論曰」、「本義曰」的內容。《讀詩記》似是對今本《詩本義》的節略和修訂。第 2、4 例完全相同。第 3 例，基本相同，但存有 3 處異文，《讀詩記》所引「先公先王」、「神亦降之福」，《詩本義》分別作「先公先君」、「神亦詒之多福」，語義並無懸隔。
卷十七	《出車》	1. 南仲為將，始駕戎車，出至於郊，則稱天子之命使我來將此眾，遂戒其僕夫以趨王事之急難。 2. 述其歸時，春日	卷六	《出車》		1. 南仲為將，始駕戎車，出至於郊，則稱天子之命使我來將此眾，遂戒其僕夫以趨王事之急難。	《讀詩記》與《詩本義》相同。第 2 例，《讀詩記》所引「執訊獲醜而歸，豈不美哉」，《詩本義》作「執訊獲醜而歸，豈不樂哉」。

《呂氏家塾讀詩記》			《詩本義》				備　　註
卷次	篇　目	歐陽氏曰	卷次	篇　目	論　曰	本義曰	
		暄妍，草木榮茂，而禽鳥和鳴。於此之時，執訊獲醜而歸，豈不美哉！				2. 其卒章則述其歸時，春日暄妍，草木榮茂，而禽鳥和鳴。於此之時，執訊獲醜而歸，豈不樂哉！	
卷十八	《南山有臺》	高山多草木，如周大國多賢才。					「考詩之義，本謂高山多草木，如周大國多賢才爾。」（《詩本義》卷十三《一義解·南山有臺》）
卷十八	《湛露》	1. 露以夜降者也。因其夜飲，故近取以為比。云：湛湛之露，潤沾於物，非至曙則不乾；厭厭之飲，恩被於諸侯，非至醉則不止。舉其燕私殷勤之意，以見天子恩禮諸侯之厚。 2. 言在彼豐草、杞棘者，以露之被草木，如王恩被諸侯爾。 3. 「令德」、「令儀」者，言此與燕之臣皆有令德令儀爾。 4. 「其桐其椅」，木之美者。「其實離離」然，亦喻諸侯在燕有威儀爾。詩人比事，多於卒章別引他物。	卷六	《湛露》	1. 古雖以禮飲酒，有至夜者，所以申燕私之恩，盡殷勤之意，蓋晝燕常禮不足道，而舉其燕私殷勤之意，以見天子恩禮諸侯之厚。	1. 天之潤澤於物者，若雨，若雪，若水泉之浸，其類非一，而獨以露為言者，露以夜降者也。因其夜飲，故近取以為比。云：湛湛之露，潤沾於物，非至曙則不乾；厭厭之飲，恩被於諸侯，非至醉則不止。 2. 其言在彼豐草、杞棘者，以露之被草木，如王恩被諸侯爾。 3. 「令德」、「令儀」者，言此與燕之臣皆有令德令儀爾。 4. 「其桐其椅」，木之美者。「其實離離」然，亦喻諸侯在燕有威儀爾。詩人比事，多於卒章別引他物，若《下泉》之詩「芃芃黍苗」之類是也。	《讀詩記》與《詩本義》基本相同。第1例，《讀詩記》徵引，文字亦兼有今本《詩本義》「論曰」、「本義曰」的內容。《讀詩記》似是對今本《詩本義》的節略和修訂。第2、3、4例完全相同。
卷十九	《菁菁者莪》	謂此君子樂且有威儀耳。					「謂此君子樂易而有威儀爾。」（《詩本義》卷十三《一義解·菁菁

《呂氏家塾讀詩記》			《詩本義》				備　　註
卷次	篇　目	歐陽氏曰	卷次	篇　目	論　曰	本義曰	
							者莪》）《讀詩記》所引「君子樂且而有威儀」，「樂且」古澀不通，《詩本義》作「樂易」，簡易明白，為長。
卷十九	《鴻雁》	之子，使臣也。	卷六	《鴻雁》		此詩之說但述使臣。	文雖不同，意義相同，《讀詩記》更加簡潔。
卷十九	《沔水》	「鴥彼飛隼，載飛載止」者，言諸侯之來者，如隼之或飛或止，其或來或不來不可常。	卷六	《沔水》		「鴥彼飛隼，載飛載止」者，言諸侯之來者，如隼之或飛或止，其或來或不來不可常，又規王宜常以恩德懷來之也。	《讀詩記》與《詩本義》同。
卷二十	《斯干》	1. 古人成室而落之，必有稱頌禱祝之言，如歌於斯，哭於斯，聚國族於斯，謂之善頌善禱者是矣。若知《斯干》為考室之辭，則一篇之義，簡易而通明矣。 2. 猶，圖也，謀也。 3. 翼，敬也。棘，急也。矢行緩則枉，急則直，謂廉隅繩直，如矢行也。革，變也。 4. 宮寢之制度，其嚴正如人跂而翼也，其四隅如矢行而直也，其竦起如鳥驚變而悚顧也，其軒翔如翬之飛也。 5. 宜君子居之而安寧也。 6. 六章以下至於卒章，盛陳占夢生子之事者，謂安此寢而生男女，男則世為君王，女子宜人之家室，亦禱頌之辭也。	卷七	《斯干》	1. 古人成室而落之，必有稱頌禱祝之言，如歌於斯，哭於斯，聚國族於斯，謂之善頌善禱者是矣。若知《斯干》為考室之辭，則一篇之義，簡易而通明矣。 2.毛訓「猶」為「道」，鄭於他詩皆訓為「圖」為「謀」，又或為「尚」，惟為「圖」「謀」近是。 3. 毛、鄭於他詩皆訓「棘」為「急」，而毛於此詩為「棱廉」，意頗近而簡難曉，鄭訓為「戟」，謂如挾弓矢戟其肘，迂矣。義當為「急」，矢行緩則枉，急則直，謂廉隅繩直，如矢行也。鄭又	4. 宮寢之制度，其嚴正如人跂而翼翼敬也，其四隅如矢行而直也，其竦起如鳥驚而革也，其軒翔如翬之飛也。 5. 宜君子居之而安寧也。 6. 其六章已下至於卒章，盛陳占夢生子之事者，謂安此寢而生男女，男則世為王，女則宜人之家室，而不貽父母之憂，亦禱頌之詞也。	《讀詩記》與《詩本義》同，且第2、3、6例較《詩本義》更加簡潔。《讀詩記》「如鳥驚變而悚顧也」，《詩本義》作「如鳥驚而革也」，《詩本義》「本義曰」與「論曰」相映照。

《呂氏家塾讀詩記》			《詩本義》				備　　註
卷次	篇　目	歐陽氏曰	卷次	篇　目	論　曰	本義曰	
					謂「如鳥斯革」云，夏暑希革，張其翼者，迂之甚也。革，變也，謂如鳥驚變而竦顧也。		
卷二十	《無羊》	1. 呼牧人而告之曰：誰謂爾無牛羊乎？其數若此之多也。 2. 「眾維魚矣」，但言魚之多也。周官司常，縣鄙建旒，州里建旗。（呂氏原注：詳見《出車》）	卷七	《無羊》		1. 呼牧人而告之曰：誰謂爾無牛羊乎？其數若此之多也。 2. 魚之為物，生子最多，故夢魚者占為豐年。	《讀詩記》與《詩本義》同。第2例出入較大。
卷二十	《節南山》	1. 責幽王不自為政，而使此尹氏在位，致百姓於憂勞也。 2. 我駕此大領之四牡，四顧天下，王室昏亂，諸侯交爭，而四方皆無可往之所。	卷七	《節南山》		1. 責幽王不自為政，而使此尹氏在位，致百姓於憂勞也。 2. 我駕此大領之四牡，四顧天下，王室昏亂，諸侯交爭，而四方皆無可往之所。	《讀詩記》與《詩本義》同。
卷二十	《正月》	1. 降霜非時，天災可憂，而民之訛言以害於國，又甚於繁霜之害物。 2. 「念我獨兮，憂心京京」，大夫言己獨為王憂耳，以見幽王之朝多小人，而君臣不知憂懼也。 3. 凡禽鳥之雌雄，多以其首尾毛色不同而別之，鳥之首尾毛故色，雌雄不異，人所難別，引以為言。 4. 此章大夫自傷獨立於昏朝之亂也，大夫既傷獨立而知其無如之何，故於下章遂及亡國之憂。 5. 正、政，古用字	卷七	《正月》		1. 降霜非時，天災可憂，而民之訛言以害於國，又甚於繁霜之害物也 2. 「念我獨兮，憂心京京。哀我小心，癙憂以癢」云者，大夫言己獨為王憂爾，以見幽王之朝多小人，而君臣不知憂懼也。 3. 凡禽鳥之雌雄，多以其首尾毛色不同而別之，鳥之首尾毛色，雌雄不異，人所難別，故引以為言。 4. 其七章曰「瞻彼阪田，有菀	《讀詩記》與《詩本義》同。第2例，《讀詩記》所引省詩句「『哀我小心，癙憂以癢』云者」，更加簡潔集中；第4例，《讀詩記》引徵簡明扼要，「大夫自傷獨立於昏朝之亂也」，《詩本義》「亂」作「辭」，勝於《讀詩記》，《讀詩記》或係字形相近誤刻，餘大多是對今本《詩本義》的節略，該段文字是在今本基礎上刪削而成，抑或是今本擴充的基礎？待考。但今本語言散漫，前文已有「五章」、「六章」義釋，文隔不遠，不必重溯，似非歐陽語，而《讀

《呂氏家塾讀詩記》			《詩本義》				備　註
卷次	篇目	歐陽氏曰	卷次	篇目	論　曰	本義曰	
		多通。 6. 我心之憂如結，而國之政何其惡也！ 7. 此詩上七章皆述王信訛言亂政，至此始言滅周主於褒姒者，謂王溺女色而致昏惑，推其禍亂之本以歸罪也。 8. 戒其無棄爾輔而益其輻，又顧其僕使不覆所載者，謂駕車者當如此，猶恐覆敗，而今乃履絕險而不以為意，則宜其覆矣。				其特。天之扤我，如不我克。彼求我則，如不我得。執我仇仇，亦不我力」云者，大夫自傷獨立於昏朝之辭也。五章既陳戒王之意，六章又戒小人而不見聽，因自傷獨立而無助云，瞻彼阪田之苗，有特立者乃菀然而茂盛，今我獨立於昏朝而勢傾危，「天之扤我」，惟恐不傾折也。又云「彼有欲求我相則效」者，又不與我相遭；其與我同列而耦居者，又不出力助我也。云「天之扤我」者，君子居危，推其命於天也。古言謂「耦」為「仇」，其復言「仇仇」者，猶昔言「兩兩」，今言「雙雙」也。大夫既傷獨力，而知其無如之何，故於下章遂及亡國之憂，然猶欲救之也。 5. 正、政，古用字多通，而毛訓為「長」，非也。 6. 我心之憂如結，而國之政何其惡也！ 7. 詩上七章皆述王信訛言亂政，至此始言滅周主於褒	《詩記》所引頗勝一籌。

《呂氏家塾讀詩記》			《詩本義》				備　註
卷次	篇　目	歐陽氏曰	卷次	篇　目	論　曰	本義曰	
						似者，謂王溺女色而致昏惑，推其禍亂之本以歸罪也。 8. 戒其無棄爾輔而益其輻，又顧其僕使不覆所載者，謂駕車者當如此，猶恐覆敗，而今乃履絕險而不以爲意，則宜其覆矣。	
卷二十	《雨無正》	古之人於詩多不命題，而篇名往往無義例，其或有命名者，則必述詩之意，如《巷伯》、《常武》之類是也。今《雨無正》之名，據《序》曰「雨自上下者也，言眾多如雨，而非政也」，今考詩七章，都無此義，與《序》絕異，當闕其所疑。	卷七	《十月、雨無正、小旻、小宛》	古之人於詩多不命題（《四部叢刊本》，「題」下衍一「篇」。），而篇名往往無義例，其或有命名者，則必述詩之意，如《巷伯》、《常武》之類是也。今《雨無正》之名，據《序》曰「雨自上下者也，言眾多如雨，而非正（按：《四部叢刊》本，「正」作「政」。據後文「所刺屬王下教令繁多如雨而非正爾」，當作「正」。「政」爲訛誤。）也」，此述篇中所刺屬王下教令繁多如雨而非正爾。今考詩七章，都無此義，與《序》絕異。		《讀詩記》所引無「此述篇中所刺屬王下教令繁多如雨而非正爾」。《詩本義》亦缺「當闕其所疑」。 按：《讀詩記》簡明，爲長。
卷二十一	《小宛》	1. 此鳩雖小鳥，亦有高飛及天之志，而王不自勉強奮起，曾飛鳩之不如！以墜其先王之業。 2. 告其速自改悔。云：譬如脊令，且飛且鳴，自勤其身，不少休息。 3. 交交者，參雜相	卷七	《十月、雨無正、小旻、小宛》	3. 交交者，參雜相亂之謂也。	1. 此鳩雖小鳥，亦有高飛及天之志，而王不自勉強奮起，曾飛鳩之不如！以墜其先王之業。 2. 告其速自改悔。云：譬如脊令，且飛且鳴，自勤其身，不少休	《讀詩記》與《詩本義》同。 第 4 例略有個別字出入，但不影響表義。《讀詩記》：「此下二章」，《詩本義》作「其下二章」，「此」、「其」均可；《詩本義》「謂彼桑扈」，《讀詩記》引無「謂」字，似更佳。

《呂氏家塾讀詩記》			《詩本義》				備　　註
卷次	篇　目	歐陽氏曰	卷次	篇　目	論　曰	本義曰	
		亂之謂也。 4. 此下二章則言君子、小人所苦，以見舉國之人皆失所也。彼桑扈，食肉之鳥，今無肉以食，則相與群飛，雜亂循場而爭粟，有如國人失其常業而至於窮寡，乃相與爭訟而入於岸獄，云「宜」者謂其勢不得不然也。				息。 4. 其下二章則言小人、君子所苦，以見舉國之人今皆失所也。謂彼桑扈，食肉之鳥，今無肉以食，則相與群飛，雜亂循場而爭粟，有如國人失其常業，而至於窮寡，乃相與爲爭訟而入於岸獄，云「宜」者謂其勢不得不然也。	
卷二十一	《巧言》	1. 且，語助。 2. 愼，謹愼也。大夫傷遭亂世被讒毀，乃呼天而訴曰：悠悠昊天，爲我父母，我無罪辜，而使我遭此大亂之世。 3. 蛇蛇乃舒遲安閒之貌。 4. 柔木比柔善之人，王宜愛護，使得樹立，勿縱讒邪傷害之也。「往來行言，心焉數之」云者，謂往來行路之言，焉足聽納於心也？ 5. 徐緩敢爲大言，出口而無忌憚。	卷八	《巧言》	1. 「曰父母且」，「且」當爲語助。 3. 委委蛇蛇，古人常語，乃舒遲安閒之貌。	2. 幽王信惑讒言以敗政，大夫己遭此亂世而被讒毀，乃呼天而訴曰：悠悠昊天，爲我父母，我無罪辜，而使我遭此大亂之世，我畏天之威已太甚矣，實謹愼不敢有罪辜也。 4. 柔木比柔善之人，王宜愛護，使得樹立，勿縱讒邪傷害之也。「往來行言，心焉數之」云者，謂往來行路之言，焉足聽納於心也？ 5. 徐緩敢爲大言，出口而無忌憚。	《讀詩記》與《詩本義》基本同。 第1、2、3例略有字句出入，但不影響表義。《讀詩記》所引似更佳。《巧言》第六章曰「蛇蛇碩言，出自口矣。巧言如簧，顏之厚矣」，當直接釋「蛇蛇」爲安。「委委蛇蛇，古人常語，乃舒遲安閒之貌」，反似散漫，與詩文也不盡相侔。
卷二十一	《何人斯》	汝隱匿形跡，能使我不見不覺，如鬼蜮之肆害於人乎？我則不得而知汝。今汝乃人爾，日以面目與我相視無窮，極不可秘藏，我安得不知汝之譖我乎？				汝隱匿形跡，能使我不見不覺，如鬼蜮之肆害於人乎？我則不得而知汝。今汝乃人爾，日以面目與我相視無窮，極不可隱藏，我安得不知汝之譖我乎？	《讀詩記》與《詩本義》基本同。 《讀詩記》「不可秘藏」，《詩本義》作「不可隱藏」。

《呂氏家塾讀詩記》			《詩本義》				備　　註
卷次	篇　目	歐陽氏曰	卷次	篇　目	論　曰	本義曰	
卷二十一	《蓼莪》	「南山烈烈」，望之可畏也。「飄風發發」，暴急而中人也。	卷八	《蓼莪》		「南山烈烈」，望之可畏也。「飄風發發」，暴急而中人也。	《讀詩記》與《詩本義》同。
卷二十一	《大東》	1. 周道平直，而賦役均。 2. 至於窮乏，以葛屨而履霜。 3. 此告病之辭也。 4. 周人方事侈富，潔其衣服以相誇，至於操舟之賤亦衣熊羆之裘，而私家之人皆備百官而祿食。 5. 天雖有織女，不能爲我織而成章；雖有牽牛，不能爲我駕車而輸物；雖有啓明、長庚，不能助日爲晝，俾我營作；雖有天畢，不能爲我掩捕鳥獸。 6. 雖有箕，不能爲我簸揚糠秕；雖有斗，不能爲我挹酌酒漿。箕、斗，非徒不可用而已。箕引其舌，反若有所噬；斗西其柄，反若有所挹取於東也。	卷八	《大東》		1. 周道平直，而賦役均也。 2. 至於窮乏，以葛屨而履霜。 3. 其三章者告病之辭也。 4. 周人方事侈富，潔其衣服以相誇，至於操舟之賤亦衣熊羆之裘，而私家之人皆備百官而祿食。 5. 言天雖有織女，不能爲我織而成章；雖有牽牛，不能爲我駕車而輸物。其七章又言雖有啓明、長庚，不能助日爲晝，俾我營作；雖有天畢，不能爲我掩捕鳥獸。 6. 雖有箕，不能爲我簸揚糠秕，雖有斗，不能爲我挹酌酒漿，其意言我譚人困於供億，其取資於地者皆已竭矣，欲取於天又不可得也。其卒章則又言箕、斗非徒不可用而已，箕張其舌，反若有所噬；斗西其柄，反若有所挹取於東也。	《讀詩記》與《詩本義》同。第5、6例，《讀詩記》所引更加簡潔。第6例，《讀詩記》「箕引其舌」，較《詩本義》「箕張其舌」更加通暢貼切。
卷二十二	《小明》	「嗟爾君子，無恒安處」，乃是大夫自相勞苦之辭也。云無苟偷安，使靖共爾位之職，惟正道是與，則神將祐爾	卷八	《小明》	詩云「嗟爾君子，無恒安處」，乃是大夫自相勞苦之辭。云無苟偷安，但靖共爾位		《讀詩記》與《詩本義》基本同。《讀詩記》「使靖共爾位之職」、「惟正道是與」，《詩本義》分別作「但靖

《呂氏家塾讀詩記》			《詩本義》				備　　註
卷次	篇　目	歐陽氏曰	卷次	篇　目	論　曰	本義曰	
		以福也。			之職，惟正直是與，則神將祐爾以福也。		共爾位之職」、「惟正直是與」。有兩處異文。
卷二十三	《車舝》	「高山仰止，景行行止」者，勉其不已之辭也，以謂賢雖得，求之不已，將有得也，故其下則云「四牡騑騑，六轡如琴」者，謂調和車馬往迎之，如首章車舝也，使我見王得此賢女爲新昏，則慰我心矣。	卷八	《車舝》		「高山仰止，景行行止」者，勉其不已之辭也，以謂賢女難得，求之不已，將有得也，故其下則云「四牡騑騑，六轡如琴」者，謂調和車馬往迎之，如首章車舝也，使我見王得此賢女爲新昏，則慰我心矣。	《讀詩記》與《詩本義》同。 《讀詩記》「以謂賢雖難得」，「賢」下似脫一「女」。值得注意的是，《四部叢刊》本，「使我見王」，作「徒我見正」，前者不通，後者訛誤。《讀詩記》作「使我見王」，與《通志堂經解》、文淵閣《四庫全書》、文津閣《四庫全書》諸本同。
卷二十三	《賓之初筵》	1. 詩人之作，常陳古以刺今，此詩五章，其前二章陳古如彼，其後三章刺時如此。 2. 刺王之君臣上下飲酒，既失威儀，又號呶雜亂，籩豆亦無次序，至於屢舞。	卷九	《賓之初筵》	1. 蓋詩人之作，常陳古以刺今，今詩五章，其前二章陳古如彼，其後三章刺時如此，而鄭氏不分別之，此其所以爲大失也。	2. 刺王之君臣上下飲酒，既失威儀，又號呶雜亂，籩豆亦無次序，至於起舞傾側其冠弁，又立監史以督罰不飲者，皆使之醉，而時人反以不醉爲恥。	《讀詩記》與《詩本義》同。 《讀詩記》「此詩」，《詩本義》作「今詩」，無關宏旨。第2例，略有異文，《詩本義》「至於起舞傾側其冠弁」等，《讀詩記》作「至於屢舞」，更加簡潔。
卷二十三	《魚藻》	「魚在在藻」者，言萬物之得其性也。「王在在鎬」者，謂武王安其樂也。					《讀詩記》所引見於今本《詩本義》卷十三《一義解》：「『魚在在藻』者，言萬物之得其性也；『王在在鎬』者，謂武王安其樂爾。」說明當時《一義解》被收入在《詩本義》中。
卷二十三	《采菽》	紼纚維舟，如天子以爵命維持諸侯爾。	卷九	《采菽》	據詩意紼纚維舟，如天子以爵命維制諸侯爾。		《讀詩記》與《詩本義》同。
卷二十三	《角弓》	1. 弓之爲物，其體往來，張之則內向而來，弛之則外反而去。 2. 王與骨肉如此，則下民亦將仿上之所爲也。 3. 言骨月相殘如	卷九	《角弓》	1. 弓之爲物，其體往來，張之則內向而來，弛之則外反而去。	2. 二章言王與骨肉如此，則下民亦將效上之所爲也。 3. 「如蠻如髦」言骨肉相視如化外，無禮義仁恩也。	《讀詩記》與《詩本義》同。 第2例，《讀詩記》「仿上」，《詩本義》作「效上」，皆可。第3例，《讀詩記》「骨月相殘」，《詩本義》作「骨肉相視」。「

《呂氏家塾讀詩記》			《詩本義》				備　註
卷次	篇　目	歐陽氏曰	卷次	篇　目	論　曰	本義曰	
		夷狄，無禮義仁恩也。					月」、「肉」係古今字，義同；「殘」、「視」皆可，《讀詩記》似更佳。另外，《四部叢刊》本「骨肉相視如夷狄」中的「夷狄」，文淵閣《四庫全書》易作「化外」，爲《四庫全書》典籍整理中一普遍特色。
卷二十三	《菀柳》	1. 靖，安也。 2. 「後予邁焉」，謂待其可往朝則往焉。	卷九	《菀柳》		1. 靖，安也。 2. 惟言「後予邁焉」，謂待其可往朝則往焉。	《讀詩記》與《詩本義》同。
卷二十四	《白華》	1. 「樵彼桑薪，卬烘于煁」者，物失其所也。桑薪宜爨烹餁，而爲燎燭，棄妻自傷失職也。 2. 棄妻指此石常在人下，如妾止當在下爾。今之子遠我而近彼，使我病也。	卷九	《白華》		1. 「樵彼桑薪，卬烘于煁」者，物失其所也。桑薪宜爨烹餁，而爲燎燭，棄妻自傷失職者。 2. 棄妻指此石常在人下而助人升者，如妾止當在下而佐人爾。今之子遠我而進彼，使我病也。	《讀詩記》與《詩本義》基本相同。第 1 例句末語助略有不同，無傷義。第 2 例句，有異文，《讀詩記》所引「此石常在人下」下無「而助人升者」，另「遠我而近彼」，《詩本義》作「遠我而進彼」，遠與近、進與退相對，因此，《讀詩記》所引爲長。
卷二十四	《漸漸之石》	1. 「武人東征，不皇朝矣」者，謂久處於外，不得朝見天子也。 2. 「不皇出矣」者，謂深入險阻之地，將不得出也。 3. 豕涉波而月離畢，將雨之驗也，謂征役者在險阻之中，惟雨是憂，不皇及他也。履險遇雨，征行所尤苦，故以爲言。	卷九	《漸漸之石》		1. 「不皇朝矣」者，謂久處於外，不得朝見天子也。 2. 「不皇出矣」者，謂深入險阻之地，將不得出也。 3. 豕涉波而月離畢，將雨之驗也，謂征役者在險阻之中，惟雨是憂，不皇及他也。履險遇雨，征行所尤苦，故以爲言。	《讀詩記》與《詩本義》同。
卷二十五	《文王》	1. 大哉！天命商之子孫，數甚衆多，而上帝乃命之爲周諸侯。 2. 知天命之不易，	卷十	《文王》		1. 大哉！天命商之子孫，數甚衆多，而上帝乃命之爲周諸侯。 2. 知天命之不	《讀詩記》與《詩本義》同。

《呂氏家塾讀詩記》			《詩本義》				備　註
卷次	篇　目	歐陽氏曰	卷次	篇　目	論　曰	本義曰	
		無使天命至爾躬而止。				易，無使天命至爾躬而止。	
卷二十五	《棫樸》	1. 詩人言芃芃然棫樸，茂盛採之以備薪樢。 2. 言在宗廟則奉璋，助祭皆髦俊之士。 3. 王所官人入宗廟、居軍旅皆可用，文武之材各任其事也。 4. 雲漢在上爲天之文章，猶賢人在朝爲國之光采。	卷十	《棫樸》		1. 詩人言芃芃然棫樸，茂盛採之以備薪樢。 2. 其二章言在宗廟則奉璋，助祭皆髦俊之士。 3. 王所官人入宗廟、居軍旅皆可用，言文武之材各任其事也。 4. 其四章言雲漢在上爲天之文章，猶賢才在朝爲國之光采。	《讀詩記》與《詩本義》同。第3例，《讀詩記》所引，「文武之材」前無「言」字。
卷二十五	《思齊》	1. 大姒每思慕任姜而繼其美聲，有不妒忌之賢。 2. 保，守也。言文王平居在宮中則離離然而和，有事在宗廟則肅肅然而敬。 3. 烈，光也。 4. 光大而無瑕也。式，法也。 5. 事雖未嘗聞，舉必中法；又不待教諫，而入於善。	卷十	《思齊》		1. 大姒每思慕任姜而繼其美聲，有不妒忌之賢而子孫眾多。 2. 文王平居在宮中則離離然而和，有事在宗廟則肅肅然而敬。…保，守也。 3. 烈，光也。 4. 光大而無瑕也。「不聞亦式，不諫亦入」者，式，法也。 5. 事有雖未嘗聞，舉必中法也；又不待教諫，而能入於善也。	《讀詩記》與《詩本義》基本相同。第2例，「保，守也」與「言文王平居」云云語序略呈顛倒。第4例，《讀詩記》所引未有原詩。第5例，《讀詩記》無「有」、「能」、「也」三詞，更加簡潔。
卷二十五	《皇矣》	1. 此章乃本周作宅之始岐，周之民樂就有德，皆共刊除樹木而營理邑居。 2. 省，視也。	卷十	《皇矣》		1. 其二章乃本周作字之始岐，周之民樂就有德，皆共刊除樹木而營理邑居。 2. （無）	《讀詩記》與《詩本義》基本相同。第1例，《詩本義》「本周作字」，《讀詩記》引，「字」作「宅」。第2例，《詩本義》中無，似已刪去，「其三章言帝視岐」實際解釋的正是詩句「帝省其山」，已經包含「省，視也」

《呂氏家塾讀詩記》			《詩本義》				備　　註
卷次	篇目	歐陽氏曰	卷次	篇目	論　曰	本義曰	
							的意思。此條可視作《詩本義》被刪訂的證據。
卷二十六	《鳧鷖》	鳧鷖在涇、在沙，謂公尸和樂，如水鳥在水中及水旁得其所爾。在渚、在潈、在亹，皆水旁爾。鄭氏曲爲分別，以譬在宗廟等處者，皆臆說也。	卷十	《鳧鷖》	鳧鷖在涇、在沙，謂公尸和樂，如水鳥在水中及水旁得其所爾。在沙、在渚、在潈、在亹，皆水旁爾。鄭氏曲爲分別，以譬在宗廟等處者，皆臆說也。		《讀詩記》與《詩本義》基本相同。《詩本義》在「在渚」前有「在沙」二字。《鳧鷖》詩五章，章六句，各章依次言鳧鷖在涇、在沙、在渚、在潈、在亹，《詩本義》「論曰」已言「鳧鷖在涇、在沙，謂公尸和樂」，下當不必復言「在沙」。因此，應以《讀詩記》所引爲精當。
卷二十六	《假樂》	1. 詩人嘉樂成王有顯顯之德，以宜其民，而受天之祿。 2. 言成王有威儀，有令德，其臨下無有怨惡於人，率用群臣以共治之，王享其福祿，總其綱紀而已。	卷十	《假樂》	1. 詩人言：大哉可樂者，彼成王君子！有顯顯之德，以宜其人民，而受天之祿。 2. 其三章言成王外有威儀，內有令德，其臨下無有怨惡於人，率用群臣以共治之，王享其福祿，總其綱紀而已。		《讀詩記》與《詩本義》基本相同。第1例，《讀詩記》「詩人嘉樂成王」、「以宜其民」，《詩本義》分別作：「詩人言：大哉可樂者，彼成王君子！」「以宜其人民」。《讀詩記》更簡潔，「人民」一詞，古籍不甚見。第2例，《讀詩記》「有威儀，有令德」，《詩本義》作「外有威儀，內有令德」，威儀自在外，令德自在內，不言自明。《讀詩記》所引精當簡潔。《讀詩記》所引《詩本義》是否在今流傳《詩本義》的基礎上刪訂而成，或屬於歐陽修晚年的定稿，而當時未定稿、定稿可能分別同時流傳，待考。
卷二十七	《蕩》	1. 穆公見厲王無道，知其必亡而自傷周室爾，所以言不及厲王而遠思文王殷商也。 2. 蕩蕩，廣大也。	卷十一	《蕩》	1. 穆公見厲王無道，知其必亡而自傷周室爾，所以言不及厲王而遠思文	3. 其二章以下，乃條陳王者之過惡，言此等事皆殷紂所行，文王咨嗟以戒於初而厲王踐	《讀詩記》與《詩本義》基本相同。第1例，《讀詩記》「遠思文王殷商也」，《詩本義》作「遠思文王之興也，能事事以殷爲

《呂氏家塾讀詩記》			《詩本義》				備　註
卷次	篇　目	歐陽氏曰	卷次	篇　目	論　曰	本義曰	
		3. 二章以下，乃條陳王者之過惡，言此等事皆殷紂所行，文王咨嗟以戒於初而屬王踐而行之於終也。 4. 「枝葉未有害，本實先撥」者，謂紂時宗廟社稷猶在天下，諸侯未盡叛，但王自爲惡盈滿而禍敗爾，蓋穆公作詩而周室尚存，然知其必亡者以王爲無道、根本先壞爾。王者，國之本也。又曰「殷鑒不遠，在夏后之世」者，言非獨文王之鑒殷，殷之初興以鑒夏之亡也，謂今既然則後之興者，當又鑒屬王也，此言傷之尤深者！			王之興也，能事事以殷爲鑒。 2. 蕩蕩，廣大也，謂蕩然無限畔也。	而行之於終也。 4. 其曰「枝葉未有害，本實先撥」者，謂紂時宗廟社稷猶在天下，諸侯未盡叛，但王自爲惡盈滿而禍敗爾，蓋穆公作詩時，周室尚存，然知其必亡者以王爲無道、根本先壞爾。王者，國之本也。又曰「殷鑒不遠，在夏后氏之世」者，言非獨文王之鑒殷，殷之初興亦鑒夏之亡矣，謂今既然則後之興者，當又鑒屬王也，此言傷之尤深者！	鑒」。《讀詩記》所引是對《詩本義》的節略修訂。第4例，兩處個別字有差異，無傷詩義。
卷二十七	《抑》	1. 覺，警動也，言德行修著可以動人，則四國服從矣。 2. 一章、二章，皆泛論。此章乃專以刺王。 3. 「淪胥以亡」者，君臣皆將滅亡也。 4. 戒王起居，左右當友君子，和柔其順以接之，以習爲善道，則庶幾遠罪也。不遒，遒也，詩人語常如此。 5. 人必先觀其質性之如何也。 6. 靡盈不自滿。 7. 君暗於上而臣憂於下，臣言甚至而君聽甚忽，不以爲德	卷十一	《抑》		1. 覺，警動也，言德行修著可以動人，則四國服從矣。 2. 一章、二章，皆泛論。下章乃專以刺王。 3. 「女雖湛樂從，弗念厥紹？罔敷求先王，克共明刑？肆皇天弗尚，如彼泉流。無淪胥以亡」（按：歐陽修認爲「罔敷求先王，克共明刑」當九言成句，參見前文「論曰」。）云者，言王荒於湛樂，不思繼紹文武之業，又不求先王所	《讀詩記》與《詩本義》基本相同。第2例，兩字略出入，不妨義。第3例，顯證《呂氏家塾讀詩記》所引是對《詩本義》的節略。但《讀詩記》卷二十六《公劉》第一章後，未經呂祖謙親自刪正，或出於門人之手，在引用《詩本義》上，反而文字多有比較大的出入，與前二十六卷不同，但也可作爲參考，以管窺當時《詩本義》的情況。第4例，《讀詩記》所引「和柔其順以接之」，《詩本義》作「和柔其顏以接之」，《詩本義》見長，「順」、

《呂氏家塾讀詩記》			《詩本義》				備　註
卷次	篇　目	歐陽氏曰	卷次	篇　目	論　曰	本義曰	
		而反以為罪也。 8. 我所告爾者，非我妄言，皆據舊事之已然者，庶幾聽我，猶可不至於大悔也。				作之典刑，不知為惡者有戮，乃躬自陷（按：《四部叢刊》本，「陷」作「跆」。）於罪咎而皇天不祐，則大戮當至，如泉水之流，泛濫無不被，而君臣皆將滅亡也。 4. 戒王起居，左右當友君子，和柔其顏以接之，以智為善道，則庶幾遠罪。不遐，遐也，詩人語常如此。 5. 人必先觀其質性之如何也。 6.「民之靡盈，誰夙知而莫成」云者，武公已自悔而又自解也。抱，持也，謂扶持也。假使我未知可否而遽教告王，然我為卿士當扶持王，雖遽教之不為過也，惟人不自滿者何人蚤（按：《四部叢刊》本，「蚤」作「早」。）有知而不成其德，言自是王心自滿，教不可入爾。 7. 君暗於上，臣憂於下，臣言甚至而君聽甚忽，不以為德而反以為罪也。 8. 我小子所告爾者，非我妄言，皆據舊事之已然者，庶幾聽我，猶可	「顏」字形相近而誤。第 6 例，《讀詩記》所引在《詩本義》中無對應語句，但應是在《詩本義》對《抑》第十二章詩解的基礎上刪削而成，或者是該章闡發的基礎。待考。第 8 例，《讀詩記》所引「我所告爾」，《詩本義》作「我小子所告爾」，《詩本義》似長。

《呂氏家塾讀詩記》			《詩本義》				備　註
卷次	篇　目	歐陽氏曰	卷次	篇　目	論　曰	本義曰	
						不至於大悔也。	
卷二十七	《桑柔》	1. 他木皆有枝葉而詩人獨以桑為譬者，惟桑以葉用於人，常見捋採為空枝而人不得蔭其下，故以為喻也。 2. 「君子實維，秉心無競。誰生厲階？至今為梗」者，民歸咎於上之辭也，言君子本無強爭之心，而何人生此禍亂之階，為今人之病，意若禍有根原，其來也遠而今人適遭之耳，其實刺禍由王致也。 3. 「稼穡維寶，代食維好」者，稼穡可寶，當以祿養賢才而刺王不然也。 4. 天降喪亂，將滅亡我王室，而歲又蝗螟為災，稼穡盡病。	卷十一	《桑柔》		1. 他木皆有枝葉而詩人獨以桑為喻者，惟桑以葉用於人，常見捋採為空枝而人不得蔭其下，故以為喻也。 2. 「君子實維，秉心無競。誰生厲階？至今為梗」者，民歸咎於上之辭也，言諸君子本無強爭之心，而何人生此禍亂之階，為今人之病，意若禍有根原，其來也遠而今人適遭之爾，其實刺禍由王致也。 3. 「稼穡維寶，代食維好」者，言稼穡可寶，當以祿養賢才而刺王不然也。 4. 天降喪亂，將滅亡我王室，而歲又蝗螟為災，稼穡盡病。	《讀詩記》與《詩本義》基本相同。第1例，《讀詩記》所引「為譬者」，《詩本義》作「為喻者」，義同。《讀詩記》「為譬者」正是為免與下文「故以為喻也」重複，似為修訂所改。第2例，《讀詩記》所引「言君子」，《詩本義》作「言諸君子」，義同。第3例，與《詩本義》相較，《讀詩記》所引「者」下並無「言」字。但均無關大義。
卷二十七	《雲漢》	「父母先祖，胡寧忍予」，詩人述宣王訴於父母及先祖爾。					今本《詩本義》目錄無《雲漢》。該條見於卷十三《一義解》:《雲漢》「下章又云「父母先祖，胡寧忍予」者，其義同也。而毛、鄭皆謂先祖文武為民父母者，亦非也。蓋詩人述宣王訴於父母及先祖爾。」可見，《呂氏家塾讀詩記》所引則是對《一義解》的節略。
卷二十七	《瞻卬》	1. 述民呼天而仰訴之辭也。言天不惠養我，使久不安而降	卷十一	《瞻卬》		1. 述民呼天而仰訴之辭也。言天不惠養我，	《讀詩記》與《詩本義》基本相同。第2例，《讀詩記》所引較《詩本義》

《呂氏家塾讀詩記》			《詩本義》				備　　註
卷次	篇　目	歐陽氏曰	卷次	篇　目	論　曰	本義曰	
		此大惡，謂命此幽王爲君，故使邦靡有定而士民病也。 2. 士多才智者則能興人之國。 3. 婦寺者，謂婦人與寺人，言婦、寺者，舉類而言爾。			使久不安而降此大惡，謂命此幽王爲君，故使邦靡有定而士民病也，其下遂陳幽王之事也。 2. 士多才智者爲謀慮則能興人之國。 3. 「匪教匪誨，時維婦寺」者，謂婦人與寺人，皆王所親近者，其日相親近則不待教誨而習成其性爾。言婦、寺者，舉類而言爾。		少「爲謀慮」三字。第3例，《讀詩記》所引與《詩本義》有較大出入，但基本是對《詩本義》的節略。
卷二十八	《烈文》	呼助祭之諸侯曰：烈文辟公，文武錫此祉福矣，惠我君臣以無疆之休，子孫其永保之。	卷十二	《烈文》		成王祭於廟，乃呼助祭之諸侯曰：烈文辟公，文武錫此祉福矣，惠我君臣以無疆之休，子孫其永保之。	《讀詩記》與《詩本義》相同。
卷二十八	《時邁》	武王巡守諸國，警動之，而諸侯皆警懼而修職也。	卷十二	《時邁》		「薄言震之，莫不震疊」者，言武王巡守諸國，聊警動之，而諸侯皆警懼而修職也。	《讀詩記》與《詩本義》基本相同。《讀詩記》相較《詩本義》，「警動之」前無「聊」字。
卷三十	《敬之》	但當以日月勉強，積學而增緝廣大，而至於其道光明，然更賴群臣輔助我所負荷之任，而告示我以顯然可修之德行也。	卷十二	《敬之》		但當以日月勉強，積學而增緝廣大，至於其道光明，然更賴群臣輔助我所負荷之任，而告示我以顯然可修之德行也。	《讀詩記》與《詩本義》完全相同。
卷三十	《酌》	1. 遵養，循養也。 2. 「我龍受之」者，謂武王之功興此王業，成王寵受而承之也。「蹻蹻王之造」，言蹻蹻然武功，武王之所	卷十二	《酌》		1. 「遵養時晦」者，循養以自晦之道，謂有師而不耀其威武，養以晦也。 2. 「我龍受之」者，謂武王之	《讀詩記》與《詩本義》基本相同。第2例，《讀詩記》引作「『實維爾公允師』者」，《詩本義》作「『實維爾公』者」，實際上《酌》詩文末一句

《呂氏家塾讀詩記》			《詩本義》				備　　註
卷次	篇　目	歐陽氏曰	卷次	篇　目	論　曰	本義曰	
		爲也。「載用有嗣」者，謂後世能承其業爲有嗣矣。「實維爾公允師」者，武王用師實天下之至公信，可謂「王師」矣。				功興此王業，成王寵受而承之也。「蹻蹻王之造」，言蹻蹻然武功，武王之所爲也。「載用有嗣」者，謂後世能承其業爲有嗣矣。「實維爾公」者，武王用師實天下之至公信，可謂「王師」矣。	即爲「實維爾公允師」。可見，《讀詩記》所引《詩本義》應是歐陽修《詩本義》的修訂本，更加簡潔精當；而流傳的宋版系統的《詩本義》在這個細節上一致，是同一版本源流。
卷三十一	《有駜》	1. 明明，修明其職也。 2. 振鷺，取其修潔、翔集有威儀也	卷十二	《有駜》		1. 「在公明明」者，謂修明其職也。 2. 「振振鷺，鷺于下，鼓咽咽。醉言舞，于胥樂兮」者，言其群臣能自修潔、有威儀，君臣燕飲以相樂也。	《讀詩記》與《詩本義》基本相同。第1、2例，顯係對《詩本義》的節略。
卷三十二	《那》	1. 《書》曰：「下管鼗鼓。」蓋自虞夏以來，舊物常用者。 2. 湯孫斥主祀之時王爾，自太甲以下至紂皆可爲湯孫，不知所斥者何王爾？ 3. 其述樂而間稱湯孫至於再三者，蓋詩無定體，作者之意或然也。	卷十二	《那》	1. 《書》曰：「下管鼗鼓。」蓋自虞夏以來，舊物常用者。 2. 頌言湯孫者，斥主祀之時王爾，自太甲以下至紂皆可爲湯孫，不知頌作於何時，所斥者何王爾？	3. 其述樂先小者而間稱湯孫至於再三者，蓋詩無定體，作者之意或然也。	《讀詩記》與《詩本義》基本相同。第2、3例，顯係對《詩本義》的節略。
卷三十二	《烈祖》	1. 《序》言《烈祖》祀中宗，則「嗟嗟烈祖」者中宗也。如丙以甲爲祖，戊亦可以丙爲祖矣，湯之後世以湯爲祖，中宗之後世以中宗爲祖，此常事也。 2. 爾，時主祀之主也。 3. 上言「既載清	卷十二	《烈祖》	1. 《序》言《烈祖》祀中宗，則「嗟嗟烈祖」者中宗也。鄭執《那》頌烈祖以爲成湯者，非也。如丙以甲爲祖，戊亦可以丙爲祖矣，此古今人之常也。是則湯之後世	2. 爾，時主祀之王也。 4. 執事之臣，總至無喧嘩又不交侵其職位，以見在廟之人皆肅恭而舉動得禮，所以神明錫以眉壽黃耇之福也。 5. 「約軧錯衡，八鸞鶬鶬」者，此始謂助祭之諸侯也。	《讀詩記》與《詩本義》基本相同。第1、6例，顯係對《詩本義》的節略。第2例，《讀詩記》引作「主祀之主」，《詩本義》作「主祀之王」，今本爲妥。第5例，《讀詩記》引作「諸侯既至而助祭」，《詩本義》作「諸侯既至而助享」，略有異文。《讀詩記》與前文

《呂氏家塾讀詩記》			《詩本義》				備　註
卷次	篇　目	歐陽氏曰	卷次	篇　目	論　曰	本義曰	
		酤」，下言「亦有和羹」，乃是直陳祭時酒與羹爾。 4. 執事之臣，總無喧嘩又不交侵其職位，以見在廟之人皆肅恭而舉動得禮，所以神明錫以眉壽黃耇之福也。 5. 「約軧錯衡，八鸞鶬鶬」者，此始謂助祭之諸侯也。「以假以享」者，謂諸侯既至而助祭也。 6. 我時王受天命溥將，天降豐穰，使我備物而祭。 7. 上云「以享」者，謂諸侯皆來助，致享於神也；下云「來饗」者，謂神來至而歆饗也。			以湯為祖，中宗之後世以中宗為祖，此常事也，何必曲為之說哉？ 3. 上言「既載清酤」、下言「亦有和羹」，乃是直陳祭時酒與羹爾。	「以假以享」者，謂諸侯既至而助享也。 6. 我時王受天命溥將，此祭祀而天降豐穰，使我備物而祭，致神歆饗而降福也。 7. 上云「以享」（按：即「以假以享」。）者，謂諸侯來助祭（按：《四部叢刊》本，無此「祭」字。），致享於神也；下云「來饗」（按：即「來假來饗」。）者，謂神來至而歆饗也。	「此始謂助祭之諸侯」中的「助祭」相照映，似更佳。第 7 例，《四部叢刊》本《詩本義》「諸侯來助」，「助」下並無「祭」字，與《讀詩記》所引相同。
卷三十二	《長發》	《書》稱「格王」、「寧王」，蓋古人往往以美稱加王爾。玄者，深微之謂也。老氏言「玄之又玄」是矣，不必為黑也。	卷十二	《長發》	《書》稱「格王正厥事，寧王遺我大寶龜」，《商頌》亦云「武王載斾」之類甚多，蓋古人往往以美稱加王爾。玄者，深微之謂也。老氏言「玄之又玄」是矣，不必為黑也。		《讀詩記》與《詩本義》基本相同，並顯係對《詩本義》的節略。

									《一義解》6
統計	28	80	165	3	12	68	37	127	《取捨義》1
	32	305	168	12		114	164		《〈詩譜補亡〉後序》2
	87.5%	26.2%	98.2%	1.8%	100%	59.6%	22.6%	77.4%	

說明	《呂氏家塾讀詩記》所引「歐陽氏曰」包括涉及今本《詩本義》卷十三《一義解》6 處、《取捨義》1 處，卷十六《詩譜補亡》後序 2 處。

參考文獻

1. 〔宋〕歐陽修撰《詩本義》（十五卷，附錄一卷），《四部叢刊三編》（二），上海：上海書店，1985 年 7 月版（據商務印書館 1935 年影印版重印）。

2. 〔宋〕歐陽修撰《詩本義》（十五卷，補亡一卷），《通志堂經解》（第 7 冊），南京：廣陵書社，2007 年 11 月據清刊本縮拼影印。

3. 〔宋〕歐陽修撰《詩本義》，文淵閣《四庫全書》本（第 70 冊），上海：上海古籍出版社，1987 年影印。

4. 〔宋〕歐陽修撰《詩本義》（十六卷），文津閣《四庫全書》（第 65 冊），北京：商務印書館，2006 年影印。

5. 〔宋〕歐陽修撰《毛詩本義》（十五卷，附錄），摛藻堂《四庫全書薈要》，長春：吉林出版集團有限責任公司，2005 年 5 月影印。

6. 〔北宋〕歐陽修撰，劉心明、楊紀榮校點《詩本義》，北京《儒藏》編纂中心編：《儒藏》精華編第二四冊，北京：北京大學出版社，2008 年 12 月版。

7. 〔宋〕歐陽永叔著《歐陽修全集》，北京：中國書店，1986 年 6 月版（據世界書局 1936 年版影印）。

8. 〔唐〕成伯璵撰《毛詩指說》，文淵閣《四庫全書》本。

9. 〔宋〕韓琦撰《安陽集》，文淵閣《四庫全書》本。

10. 〔宋〕石介著，陳植鍔點校《徂徠石先生文集》，北京：中華書局，1984 年 7 月版。

11. 〔宋〕邵雍撰《皇極經世》，《道藏》（第 23 冊），文物出版社、上海書店、天津古籍出版社 1986 年聯合出版。

12. 〔宋〕劉敞著，黃曙輝點校《公是先生弟子記》，上海：華東師範大學出版社，2010 年 5 月版。

13. 〔宋〕蘇轍撰《欒城後集》，文淵閣《四庫全書》本。

14. 〔宋〕王安石著，邱漢生輯校《詩義鉤沈》，北京：中華書局，1982 年版。

15. 〔宋〕張載：《張載集》，中華書局，1978 年版。

16. 〔宋〕程顥、程頤著，王孝魚點校《二程集》（共四冊），北京：中華書局，1981 年版。

17. 〔宋〕呂本中撰《紫微雜説》，文淵閣《四庫全書》本。

18. 〔宋〕李樗、黃櫄撰《毛詩集解》，文淵閣《四庫全書》本。

19. 〔宋〕林之奇撰《尚書全解》，文淵閣《四庫全書》本。

20. 〔宋〕林光朝撰《艾軒集》，文淵閣《四庫全書》本。

21. 〔宋〕周孚《非詩辨妄》，《叢書集成初編》本，北京：中華書局，1985 年新 1 版。

22. 〔宋〕程大昌撰《詩論》，《叢書集成初編》本。

23. 〔宋〕王質《詩總聞》，《叢書集成初編》本。

24. 〔漢〕毛萇傳述，〔宋〕朱熹辨説：《詩序》，《叢書集成初編》本。

25. 〔宋〕黎靖德編，王星賢點校《朱子語類》，北京：中華書局，1986 年版。

26. 〔宋〕楊簡撰《慈湖詩傳》，文淵閣《四庫全書》本。

27. 〔宋〕楊簡：《慈湖遺書》，文淵閣《四庫全書》本。

28. 〔宋〕戴溪撰《續呂氏家塾讀詩記》，《叢書集成初編》本。

29. 〔宋〕王應麟撰《詩考》，《叢書集成初編》本。

30. 〔宋〕王應麟撰《詩地理考》，《叢書集成初編》本

31. 〔元〕許謙撰《詩集傳名物鈔》，文淵閣《四庫全書》本。

32. 〔元〕梁益撰《詩傳旁通》，文淵閣《四庫全書》本。

33. 〔吳〕陸璣撰，〔明〕毛晉廣要《陸氏詩疏廣要》，文淵閣《四庫全書》本。

34. 〔清〕陸隴其撰《讀朱隨筆》，文淵閣《四庫全書》本。

35. 〔清〕王夫之著，王孝魚點校《詩廣傳》，北京：中華書局，1964 年版。

36. 〔清〕姚際恒著，顧頡剛標點《詩經通論》，北京：中華書局，1958 年 12 月版。

37. 〔清〕王士禎撰《池北偶談》，文淵閣《四庫全書》本。

38. 《唐宋八大家文鈔‧廬陵本傳》，文淵閣《四庫全書》本。

39. 〔清〕陳啟源撰《毛詩稽古編》，《皇清經解》（卷 60～89）。〔清〕阮元、王先謙編《清經解‧清經解續編》（全 12 冊），上海：上海書店，1988 年 10 月版。

40. 〔清〕惠周惕撰《詩説》,《皇清經解》(卷 190～192)。

41. 〔清〕嚴虞惇撰《讀詩質疑》,文淵閣《四庫全書》本。

42. 《欽定詩經傳説彙纂》,文淵閣《四庫全書》本。

43. 《御纂詩義折中》,文淵閣《四庫全書》本。

44. 〔清〕戴震撰《毛鄭詩考正》,《皇清經解》(卷 557～560)。

45. 〔清〕戴震撰《詩經補注》,《皇清經解》(卷 561～562)。

46. 〔清〕陳喬樅撰《三家詩遺説考》,《皇清經解續編》(卷 1118～1166 下)。

47. 〔清〕陳喬樅撰《詩經四家異文考》(即《四家詩異文考》),《皇清經解續編》(卷 1071～1075)。

48. 〔清〕陳喬樅撰《齊詩翼氏學疏證》,《皇清經解續編》(卷 1076～1077)。

49. 〔清〕范家相撰,錢熙祚校《三家詩拾遺》,《叢書集成初編》本。

50. 〔清〕錢澄之撰,朱一清校點《田間詩學》,合肥:黃山書社,2005 年 7 月版。

51. 〔清〕胡承珙撰《毛詩後箋》,《皇清經解續編》(卷 448～477)。

52. 〔清〕陳奐撰《詩毛氏傳疏》,《皇清經解續編》(卷 778～807)。

53. 〔清〕馬瑞辰撰,陳金生點校《毛詩傳箋通釋》,北京:中華書局,1989 年 3 月版。

54. 〔清〕方玉潤撰,李先耕點校《詩經原始》,北京:中華書局,1986 年版。

55. 〔清〕魏源撰《詩古微》,《皇清經解續編》(卷 1292～1308);嶽麓書社本。

56. 《唐宋文醇》,文淵閣《四庫全書》本。

57. 〔清〕永瑢等撰《四庫全書總目》,北京:中華書局,1965 年版。

58. 〔清〕永瑢、紀昀主編《四庫全書總目提要》,海南出版社,1999 年版。

59. 中國科學院圖書館整理《續修四庫全書總目提要》,北京:中華書局,1993 年版。

60. 孫殿起撰《販書偶記(附續編)》,上海:上海古籍出版社,1999 年版。

61. 〔宋〕陳振孫著,徐小蠻、顧美華點校《直齋書錄解題》,上海:上海古籍出版社,1987 年 11 月版。

62. 〔宋〕晁公武撰、孫猛校證《郡齋讀書志校證》,上海:上海古籍出版社,1990 年 10 月版。

63. 〔清〕周中孚撰《鄭堂讀書記》,北京:北京圖書館出版社,2007 年 8 月版。

64. 邵懿辰撰、邵章續錄《增訂四庫簡明目錄標注》,上海:上海古籍出版社,1979 年 7 月新 1 版。

65. 〔戰國〕左丘明撰，〔西晉〕杜預集解《左傳》(《春秋經傳集解》)，上海：上海古籍出版社 1997 年版。

66. 〔清〕焦循撰、沈文倬點校《孟子正義》，北京：中華書局，1987 年 10 月版。

67. 〔清〕阮元校刻《十三經注疏》，北京：中華書局，1980 年影印。

68. 〔漢〕司馬遷撰《史記》，北京：中華書局，1982 年第 2 版。

69. 〔漢〕班固撰，〔唐〕顏師古注《漢書》，北京：中華書局，1962 年版。

70. 〔清〕陳立撰，吳則虞點校《白虎通疏證》，北京：中華書局，1994 年 8 月版。

71. 馮浩菲著《鄭氏詩譜訂考》，上海：上海古籍出版社，2008 年 12 月版。

72. 〔梁〕劉勰著，詹鍈義證《文心雕龍義證》，上海：上海古籍出版社，1989 年版。

73. 〔隋〕王通撰，〔宋〕阮逸注《中說》，文淵閣《四庫全書》本。

74. 〔唐〕魏徵、令狐德棻撰《隋書》，北京：中華書局，1973 年版。

75. 《三朝名臣言行錄》，《四部叢刊》本。

76. 《五朝名臣言行錄》，《四部叢刊》本。

77. 〔宋〕李心傳撰《建炎以來朝野雜記》，《叢書集成初編》本。

78. 〔宋〕李燾撰《續資治通鑒長編》，北京：中華書局，1986 年 5 月版。

79. 〔宋〕祝穆撰《古今事文類聚》別集，文淵閣《四庫全書》本。

80. 〔宋〕洪邁：《容齋隨筆‧容齋續筆》，上海：上海古籍出版社，1996 年版。

81. 〔宋〕蔡絛撰，《鐵圍山叢談》，馮惠民、沈錫麟點校本，北京：中華書局，1983 年版。

82. 〔元〕脫脫等撰《宋史》，北京：中華書局，1985 年版。

83. 〔宋〕呂祖謙編著，黃靈庚、吳戰壘主編《呂祖謙全集》，杭州：浙江古籍出版社，2008 年 1 月版。

84. 〔宋〕呂祖謙撰《呂氏家塾讀詩記》，《叢書集成初編》本。

85. 〔宋〕陸九淵著、鍾哲點校《陸九淵集》，北京：中華書局，1980 年版。

86. 〔宋〕陳亮著、鄧廣銘點校《陳亮集》(增訂本)，北京：中華書局，1987 年 8 月版。

87. 〔宋〕王應麟著，〔清〕翁元圻等注，樂保群、田松青、呂宗力校點《困學紀聞》(全校本)，上海：上海古籍出版社，2008 年 12 月版。

88. 〔清〕黃宗羲原著，全祖望補修，陳金生、梁運華點校《宋元學案》，北京：中華書局，1986 年 12 月版。

89. 〔清〕朱彝尊著，林慶彰、蔣秋華、楊晉龍、張廣慶編審《點校補正經義考》，臺北：中研院文哲所籌備處，1998 年 6 月版。

90. 〔清〕朱彝尊編，朱昆田校《經義考》，乾隆四十二年（1777 年）本。

91. 〔清〕朱彝尊、翁方綱、羅振玉撰《經義考·補正·校記》（合訂本），北京：中國書店，2009 年 1 月影印。〔註1〕

92. 〔清〕翁方綱撰《經義考補正》，載《蘇齋叢書》（十九種），上海博古齋 1924 年影印。

93. 〔清〕張金吾撰《愛日精廬藏書志》（36 卷，續志 4 卷），光緒十三年六月吳縣靈芬閣徐氏用集字版校印本。

94. 〔清〕李慈銘：《越縵堂讀書記》，由雲龍輯本，世紀出版集團上海書店出版社，2000 年版。

95. 〔清〕王先謙撰、吳格點校，《詩三家義集疏》，北京：中華書局，1987 年 2 月版。

96. 王禮卿著《四家詩旨會歸》，上海：華東師範大學出版社，2009 年 8 月版。

97. 〔清〕王先謙撰，沈嘯寰、王星賢點校《荀子集解》，北京：中華書局，1988 年版。

98. 梁啓雄：《荀子簡釋》，北京：中華書局，1983 年新 1 版。

99. 梁啓超著《論中國學術思想變遷之大勢》，上海：上海古籍出版社，2001 年 9 月版。

100. 梁啓超著《清代學術概論》，上海：上海古籍出版社，1998 年 1 月版。

101. 陳鍾凡著《兩宋思想述評》，上海：商務印書館，1933 年版。

102. 夏君虞著《宋學概論》，上海：商務印書館，1937 年版。

103. 漆俠著《宋學的發展和演變》，石家莊：河北人民出版社，2002 年版。

104. 侯外廬主編，侯外廬、趙紀彬、杜國庠、邱漢生、白壽彝、楊榮國、楊向奎、諸青執筆《中國思想通史》（第四卷上冊），北京：人民出版社，1959 年版。

105. 侯外廬、邱漢生、張豈之主編《宋明理學史》，北京：人民出版社，1997 年第 2 版。

106. 李澤厚著《中國古代思想史論》，北京：人民出版社，1985 年版。

107. 〔清〕皮錫瑞著，周予同注釋《經學歷史》，北京：中華書局，1959 年版。

108. 〔清〕皮錫瑞著，周予同注釋《經學歷史》，北京：中華書局，2004 年 7 月新 1 版。

〔註1〕按：該本《經義考》是諸本中最好的，係朱彝尊始刻馬曰琯續成的初刻本在乾隆四十二年（1777 年）前印本。

109. 〔清〕皮錫瑞著《經學通論》，北京：中華書局，1954 年 10 月版。

110. 劉師培著、陳居淵注《經學教科書》，上海：上海古籍出版社，2006 年 7 月版。

111. 許道勳、徐洪興著《中國經學史》，上海：上海人民出版社，2006 年 1 月版。

112. 姜廣輝主編《中國經學思想史》（第三卷），北京：中國社會科學出版社，2010 年 11 月版。

113. 章權才著《宋明經學史》，廣州：廣東人民出版社，1999 年 9 月版。

114. 汪惠敏著《宋代經學之研究》，臺北：師大書苑有限公司，1989 年 4 月版。

115. 葉國良著《宋人疑經改經考》，臺北：臺灣大學出版委員會，1980 年 6 月版。

116. 劉復生著《北宋中期儒學復興運動》，臺北：文津出版社，1991 年 7 月版。

117. 江乾益著《詩經之經義與文學述論》，臺北：文史哲出版社，2004 年 2 月初版。

118. 楊新勳著《宋代疑經研究》，北京：中華書局，2007 年 3 月版。

119. 陳植鍔著，周秀蓉整理《石介事跡著作編年》，北京：中華書局，2003 年 1 月版。

120. 陳植鍔著《北宋文化史述論》，北京：中國社會科學出版社，1992 年 3 月版。

121. 〔日〕土田健次郎著，朱剛譯《道學之形成》，上海：上海古籍出版社，2010 年 4 月版。

122. 朱剛著《唐宋四大家的道論與文學》，北京：東方出版社，1997 年 10 月版。

123. 林素芬著《北宋中期儒學道論類型研究》，臺北：里仁書局，2008 年 12 月版。

124. 劉子健《歐陽修的治學與從政》，臺北：新文豐出版公司，1963 年 5 月初版，1984 年 10 月補正再版。

125. 裴普賢著《歐陽修詩本義研究》，臺北：東大圖書有限公司，1981 年 7 月版。

126. 車行健著《詩本義析論——以歐陽修與龔橙詩義論述為中心》，臺北：里仁書局，2002 年 2 月版。

127. 劉德清著，郭預衡審訂《歐陽修論稿》，北京：北京師範大學出版社，1991 年 9 月版。

128. 嚴傑著《歐陽修年譜》，南京：南京出版社，1993 年 11 月版。

129. 劉德清著《歐陽修紀年錄》，上海：上海古籍出版社，2006 年 7 月版。

130. 顧永新著《歐陽修學術研究》，北京：人民文學出版社，2003 年 8 月版。

131. 余敏輝著《歐陽修文獻學研究》，北京：人民出版社，2010 年 7 月版。

132. 黃進德著《歐陽修評傳》，南京：南京大學出版社，1998 年 10 月版。

133. 洪本健編《歐陽修資料彙編》，北京：中華書局，1995 年 5 月版。

134. 李興武、陸志成著《歐陽修的退卻》，北京：中國大百科全書出版社，2010 年 7 月版。

135. 吳懷祺著《鄭樵研究》，廈門：廈門大學出版社，2010 年 11 月版。

136. 莫礪鋒著《朱熹文學研究》，南京：南京大學出版社，2000 年 5 月版。

137. 檀作文著《朱熹詩經學研究》，北京：學苑出版社，2003 年 8 月版。

138. 杜海軍著《呂祖謙文學研究》，北京：學苑出版社，2003 年版。

139. 程俊英、蔣見元著《詩經注析》，北京：中華書局，1991 年版。

140. 謝无量著《詩學指南》，上海：中華書局，1918 年版。

141. 謝无量著《詩經研究》，上海：商務印書館，1923 年初版，1935 年第 1 版。

142. 胡樸安著《詩經學》，上海：商務印書館，1928 年初版，1933 年第 1 版。

143. 金公亮著《詩經學 ABC》，上海：世界書局，1929 年版。

144. 傅斯年著《詩經講義稿》（含《中國古代文學史講義》），北京：中國人民大學出版社，2004 年版。

145. 張西堂著《詩經六論》，上海：商務印書館，1957 年 9 月版。

146. 陳子展撰述《詩經直解》，上海：復旦大學出版社，1983 年版。

147. 陳子展撰述《詩三百解題》，上海：復旦大學出版社，2001 年版。

148. 夏傳才著《〈詩經〉研究史概要》，鄭州：中州書畫社，1982 年版。

149. 夏傳才著《詩經研究史概要》（增注本），北京：清華大學出版社，2007 年 6 月版。

150. 趙沛霖著《詩經研究反思》，天津：天津教育出版社，1989 年版。

151. 戴維著《〈詩經〉研究史》，長沙：湖南教育出版社，2001 年 9 月版。

152. 林葉連著《中國歷代詩經學》，臺北：學生書局，1993 年版。

153. 蕭華榮著《中國詩學思想史》，上海：華東師範大學出版社，1996 年版。

154. 洪湛侯編著《詩經學史》，北京：中華書局，2002 年版。

155. 梁錫鋒著《鄭玄以禮箋〈詩〉研究》，北京：學苑出版社，2005 年 1 月版。

156. 譚德興著《宋代詩經學研究》，貴陽：貴州人民出版社，2005 年 5 月版。

157. 陳戰峰著《宋代〈詩經〉學與理學——關於〈詩經〉學的思想學術史考察》，西安：陝西人民出版社，2006 年 7 月版。

158. 劉毓慶著《從經學到文學──明代〈詩經〉學史論》，北京：商務印書館，
2001 年版。

159. 劉毓慶著《歷代詩經著述考（先秦──元代）》，北京：中華書局，2002
年 5 月版。

160. 趙沛霖著《現代學術文化思潮與詩經研究──二十世紀詩經研究史》，北
京：學苑出版社，2006 年 7 月版。

161.〔美〕艾爾曼（Benjamin A. Elman）：《經學、政治和宗族──中華帝國晚
期常州今文學派研究》，趙剛譯本，南京：江蘇人民出版社，1998 年版。

162. 李零著《郭店楚簡校讀記》（增訂本），北京：北京大學出版社，2002 年
3 月版。

163. 馬承源主編《上博館藏戰國楚竹書》（四），上海：上海古籍出版社，2004
年 12 月版。

164. 馬承源主編《上博館藏戰國楚竹書》（五），上海：上海古籍出版社，2005
年 12 月版。

165. 曾建林《歐陽修經學思想研究》，浙江大學博士學位論文，2007 年。

166. 白雲姣《歐陽修〈詩本義〉研究》，河北大學碩士學位論文，2007 年。

167. 楊麗萍《歐陽修〈詩本義〉詮釋思想研究》，首都師範大學碩士學位論文，
2007 年。

168. 李君華《歐陽修〈詩本義〉研究》，浙江大學碩士學位論文，2008 年。

169. 靳利敏《兩漢詩經學研究》，蘇州大學碩士學位論文，2009 年。

170. 戶瑞奇《魏晉詩經學研究》，蘇州大學碩士學位論文，2009 年。

171. 劉新忠《南北朝詩經學研究》，蘇州大學碩士學位論文，2009 年。

181. 易衛華《北宋政治變革與〈詩經〉學發展》，河北師範大學博士學位論文，
2010 年。

182. 商意盈《歐陽修〈詩本義〉研究》，浙江大學碩士學位論文，2010 年。

183. 王慶玲《〈詩本義〉研究》，山東大學碩士學位論文，2010 年。

184. 郭丹丹《唐宋〈詩經〉學研究》，蘇州大學碩士學位論文，2010 年。

185. 崔路明《歐陽修排佛思想研究》，山東大學碩士學位論文，2010 年。

186. 李小成《文中子考論》，西北師範大學博士學位論文，2005 年。

187. 蕭華榮《試論漢、宋〈詩經〉學的根本分歧》，《文學評論》1995 年第 1
期。

188. 徐洪興、楊月清《試論歐陽修與北宋理學思潮的興起》，《復旦學報》（社
會科學版）1997 年第 6 期。

189. 王國良、郭蕾《歐陽修與北宋儒學復興運動》，《安徽大學學報》（哲學社
會科學版）2007 年第 6 期。

190. 石文英《宋代學風變古中的〈詩經〉研究》，載林慶彰編《中國經學史論文選集》，臺北：文史哲出版社，1993 年 3 月版。

191. 夏傳才《現代詩經學的發展與展望》，《文學遺產》1997 年第 3 期。

192. 張啓成《成伯嶼與〈毛詩指說〉新探》，《貴州教育學院學報》（社會科學版）1997 年第 4 期。

193. 張啓成《論歐陽修〈詩本義〉的創新精神》，《貴州社會科學》1999 年第 5 期。

194. 莫礪鋒《從經學走向文學：朱熹「淫詩」說實質》，《文學評論》2001 年第 2 期。

195. 蔣立甫《歐陽修是開拓〈詩經〉文學研究的第一人》，《安徽師範大學學報》（人文社會科學版）2002 年第 1 期。

196. 曾建林《宋初經學的轉型與歐陽修經學的特點》，《浙江大學學報》（人文社會科學版）2002 年第 2 期。

197. 譚德興《論歐陽修〈詩本義〉的文學思想》，《貴州教育學院學報》（社會科學）2004 年第 1 期。

198. 鄒其昌：《「以〈詩〉說〈詩〉」與「以〈序〉解〈詩〉」——朱熹〈詩經〉詮釋學美學基本原則研究之二》，載中國詩經學會編《詩經研究叢刊》（第六輯），學苑出版社，2004 年。

199. 李梅訓《歐陽修〈詩本義〉對〈詩序〉的批評及影響》，《安徽師範大學學報》（人文社會科學版）2004 年第 4 期。

200. 李梅訓《歐陽修〈詩本義〉名湮不彰的原因》，《社會科學家》2005 年第 6 期。

201. 陳冬根《歐陽修「詩本義」的詩學闡釋》，《中州學刊》2007 年第 2 期。

202. 馬秀娟《歐陽修〈詩本義〉及其對宋學的影響》，《中國典籍與文化論叢》（第三輯），北京：中華書局，1995 年版。

203. 耿紀平《朱熹〈詩集傳〉徵引宋人〈詩〉說考論》，《河南教育學院學報》（哲學社會科學版）2006 年第 2 期。

204. 蔡方鹿《呂祖謙的經學思想及其方法論原則》，《中國哲學史》2008 年第 2 期。

205. 劉茜《文學與經學的相融——論二蘇的〈詩經〉學思想》，《文學遺產》2008 年第 5 期。

206. 胡曉軍《「詩意」與「詩義」：歐陽修「詩本義」的現代闡釋》，《四川大學學報》（哲學社會科學版）2007 年第 2 期。

207. 吳政翰《歐陽修的詞學主張與創作分期淺探》，《修平人文社會學報》第 8 期，2007 年 3 月。

208. 王學文《歐陽修〈詩本義〉傳世版本之我見》,《蘭臺世界》2010 年 7 月下

209. 寇淑慧編《二十世紀詩經研究文獻目錄》,北京:學苑出版社,2001 年版。

210. 傅建忠《宋代詩經學研究百年綜述》,《中國韻文學刊》2008 年第 1 期。

211. 唐海燕《歐陽修〈詩本義〉研究綜述》,《齊齊哈爾大學學報》(哲學社會科學版)2010 年第 6 期。

後 記

這部論文行將告畢，往事如煙，感慨良多。

歐陽修的道德與文章，令人歎爲觀止。或許《與高司諫書》的慷慨激昂還縈繞在耳際，據理力爭，不計名利，錚錚風骨，提攜後進，重振士風，不阿世，不驕橫，沾漑學林，何可勝道？雖長期被目爲文士和儒者，但他遙承唐代中晚期的解經新風，在堯舜之道與周公之禮的對立和分合中，繼承韓愈學術，溝通人情事理，使經典的平易簡易、合乎人情事理的品格得到弘揚，成爲人們砥礪德行、把握「道」的有效憑藉，並在實踐中不斷張大其風。歐陽修與宋初三先生（胡瑗、孫復、石介）有密切的交往，與邵雍也有間接往來，在義理之學的成熟以及以後理學的形成發展中具有重要的影響。特別是《詩本義》等經史詩文作品，是歐陽修在長期飽受目力衰竭疼痛、肢體行動不便的情況下完成的，其學術精神與道德風範不禁讓人肅然起敬。

關於歐陽修《詩本義》的考察，六七年前我已有這樣的打算。雖然，我多年注意考察經學（特別是《詩經》學）與理學的關係，但是也曾留意《詩經》學史上的重要文化經典的傳播和研究狀況。因爲往往囿於成見，一些眞正在思想學術史上的經典作品隱而不彰，是特別令人遺憾的事情，《詩本義》就是其中之一。我博士畢業後，在繁忙的工作之餘，比較關注《詩本義》的存留版本與研究動態，並計劃利用業餘的時間對其作以個案的考察，但又不限於經典本身。因爲，目前在歐陽修的研究中，經學作品與成就雖然已引起人們重視，但是從理論與具體的思想學術史角度進行的研究仍然不能盡使人愜意。

　　當然，關於《詩本義》的研究，學術界早有裴普賢女士的研究專著，相關單篇論文也比較浩繁，近多年港臺與大陸的學者以其作爲學位論文選題也不鮮見，比如 2010 年畢業的多位碩士生就以其作爲研究的題目。因爲是一個老題目，需要在思想學術意義上重新定位考察，將歐陽修放置在自己學術思想觀念變化、《詩經》學史、《詩本義》的演變遞革的思想學術史中觀照，作微觀與宏觀相結合的考察，無疑會有助於呈現一些具體學術問題的眞正面目與思想學術史意義。比如《詩本義》反映的研究方法與原則，筆者一直堅持兩種相輔相成的方法與原則，即「因文見義」與「以今論古」，基於古今人情事理的溝通，在結合歐陽修同時代的一些思想家的論述和交往（如邵雍），進一步彰顯這種方法論的理論意義和合理性；關於《詩本義》具體的創作歷程，拙稿在梳理歐陽修《詩》學觀念變化的基礎上，做了進一步的考察；貶謫夷陵時期，夷陵獨特的風土人情，對歐陽修《詩》解觀念的形成產生了很深刻的影響，這是學術界不甚關注的一個問題；今本《詩本義》的版本沿革與卷次關係，時人研究大多未超出裴普賢等先生的成果，筆者結合《詩本義》本身及《歐陽修全集》的相關內容，作了辨析和考察，使該著逐步增益及某些卷次「續貂」的本質更加鮮明；《詩本義》與三家《詩》的關係研究，目前學術界關注不夠，則專闢章節考察；《詩本義》對朱熹《詩集傳》的影響和啓發，研究的學者較多，略事增踵，以期有所補益；呂祖謙《呂氏家塾讀詩記》是很有特色的一部《詩經》學作品，與歐陽修《詩本義》關係密切，但歷來鮮有問津者，作了比較細緻和系統的考察，以彌補缺憾；《詩本義》效果史的研究，人們罕有論述，也作了考察。通過上述工作，試圖彰顯《詩本義》在漢宋《詩經》學發展史上繼往開來的重要地位，它是一部極其重要的具有里程碑意義的《詩經》學作品。《詩本義》解經方法與《易童子問》（三卷）有類似的可以貫通的地方，也體現了歐陽修經學思想與方法的成熟。至於一些具體細膩的思想學術問題的討論與辨正，不一而足。他山之石，可以攻玉。筆者在勘察研究動態的基礎上，查遺補缺，努力實事求是地推進某些環節的研究，以免陳陳相因、重複勞作。至於究竟做到了幾分，則需要提請方家和讀者朋友批評。

　　在關於《詩本義》研究的過程中，筆者竭力清理《詩本義》宋明兩大版本系統，並嘗試作以考察和點校，這項工作不僅爲論文寫作提供了竭澤而漁的便利，也實現了多年來的夙願。期望憑藉綿薄之力，改變近年來臺

灣學者所感慨的《詩本義》缺乏較好的點校本的狀況。當然，因爲時間延擱，筆者難孚首次出版《詩本義》校點本的厚望。2008 年 12 月《儒藏》精華編第二四冊（包括歐陽修《詩本義》、蘇轍《詩集傳》、朱熹《詩集傳》校點本）出版，筆者輾轉於今年五月下旬才從網上購置一冊，普通讀者更難覓蹤跡。其中《詩本義》以《四部叢刊》本爲底本，《通志堂經解》本爲校本，文淵閣《四庫全書》本爲參校本，《鄭氏詩譜補亡》部分依照摛藻堂《四庫全書薈要》變換格式。所選四種《詩本義》本子均屬宋版系統，其中底本《四部叢刊》本有六卷係抄配（如一至五卷，八至九卷部分，十五卷部分），張元濟《跋》所稱已佚「開禧三年張璪跋」實可據《經義考》卷一百四補出，但未必與《四部叢刊》是同一宋版系統，其它不一一枚舉。因此，相形之下，筆者已有的「存異本、董源流」的獨立的校箋努力依然自有其不可更易的價值。

需要說明的是，第三章《〈詩本義〉的兩大解經方法及影響》、第五章《〈詩本義〉與三家〈詩〉的關係》第一節《宋代〈詩經〉學與三家〈詩〉的關係》，是在原博士論文相關章節的基礎上，重新檢討形成的。第四章《今本〈詩本義〉主要卷次內在關係及意義考論》的部分內容，在今年三月中旬臺灣大學舉辦的經學國際學術會議上交流過。

論文研究和撰寫中，得到不少師長和親友的關懷，在此謹致以誠摯的謝忱！

我所在中國思想文化研究所濃鬱的研究氛圍，爲自己苦心孤詣提供了精神動力和鞭策。多年來，張豈之先生對我耳提面命，在文風與學風方面不斷錘鍊和示範，感念尤深，先生叮囑選與既往學科與研究相關的題目作以鍛鍊，也堅定了我研究的意志和毅力。西北政法大學趙馥潔先生，寬宏大度，溫文爾雅，對後學不吝賜教，多次垂詢指點我學術研究，並給以熱情鼓勵和深切關懷，這些都讓我倍感長者道德文章的可貴可敬。西北大學文學院中國語言文學博士後流動站合作導師李浩教授一直給予我無私的關懷，精心組織專家開會討論選題的可行性，特別是注意祐護我原有的專門史的學科背景與思想學術史的研究興趣，多次提醒不要著急，人文學術研究不是一朝一夕的事情，應該重視健康和休息，並多有學術點撥和啓迪。

經過集腋成裘、利用零碎時間完成的這部習作，希望能使師長、親友、讀者以及我自己不至於太過失望。

　　經典與生活、傳統與現代、研究與普及，一直是人文學科難以迴避的問題，《詩本義》的貢獻和不足，恰能給人們以深刻的啓示和反思。

　　是爲記。

陳戰峰

2011 年 6 月初稿、9 月修改稿

於西北大學澡雪齋